89,-

GCN General Consulting Network
Bätscher/Lürzer
Qualitätsmanagement in der Assekuranz

Rudolf Bätscher/Rudolf Lürzer (Hrsg.)

# Qualitätsmanagement in der Assekuranz

## Konzepte auf dem Prüfstand

Die Deutsche Bibliothek – CIP-Einheitsaufnahme

**Qualitätsmanagement in der Asekuranz :**
Konzepte auf dem Prüfstand / Rudolf Bätscher /
Rudolf Lürzer (Hrsg.). –
ISBN 3-409-18542-9
NE: Bätscher, Rudolf [Hrsg.]

Der Gabler Verlag ist ein Unternehmen der Bertelsmann Fachinformation.

© Betriebswirtschaftlicher Verlag Dr. Th. Gabler GmbH, Wiesbaden 1996
Lektorat: Christian Rieker

Das Werk einschließlich aller seiner Teile ist urheberrechtlich geschützt. Jede Verwertung außerhalb der engen Grenzen des Urheberrechtsgesetzes ist ohne Zustimmung des Verlags unzulässig und strafbar. Das gilt insbesondere für Vervielfältigungen, Übersetzungen, Mikroverfilmungen und die Einspeicherung und Verarbeitung in elektronischen Systemen.

Höchste inhaltliche und technische Qualität unserer Produkte ist unser Ziel. Bei der Produktion und Verbreitung unserer Bücher wollen wir die Umwelt schonen: Dieses Buch ist auf säurefreiem und chlorfrei gebleichtem Papier gedruckt. Die Einschweißfolie besteht aus Polyäthylen und damit aus organischen Grundstoffen, die weder bei der Herstellung noch bei der Verbrennung Schadstoffe freisetzen.

Die Wiedergabe von Gebrauchsnamen, Handelsnamen, Warenbezeichnungen usw. in diesem Werk berechtigt auch ohne besondere Kennzeichnung nicht zu der Annahme, daß solche Namen im Sinne der Warenzeichen- und Markenschutz-Gesetzgebung als frei zu betrachten wären und daher von jedermann benutzt werden dürften.

Satz: FROMM MediaDesign GmbH, Selters/Ts.
Druck und Bindung: Wilhelm & Adam, Heusenstamm
Printed in Germany

ISBN 3-409-18542-9

# Vorwort der Herausgeber

Qualitätsmanagement, was ist das? Etwas Neues? Unbekanntes? Altbewährtes? Business as usual? Eine Worthülse? ISO 9001? EFQM? Prozeßmanagement? Organisationsentwicklung? ... Drei Gründe haben die Herausgeber bewogen, das vorliegende Werk zu erstellen. Drei Gründe sollen die LeserInnen bewegen, diesem Werk ihre Zeit zu widmen:

1. Das nach wie vor unzureichende Qualitätsbewußtsein in der Assekuranz, das dringend gesteigert werden muß.
2. Die vielen Mißverständnisse, die aufgrund uneinheitlicher Verwendung von Begriffen des Qualitätsmanagements in den Unternehmen zu Akzeptanzproblemen führen.
3. Die mangelnde Erfahrung und geringe Lernbereitschaft, die eine professionelle Umsetzung des Gedankengutes erschweren.

*Erster Grund: Unzureichendes Qualitätsbewußtsein*

Die Erfahrungen zeigen bis heute immer wieder einen großen Widerspruch: Qualitätsmanagement in der Assekuranz wird oft mit ungeheurer Lautstärke verkündet, in Wirklichkeit aber nicht gelebt. Das Qualitätsbewußtsein ist unzureichend. Kunden-/Lieferantenbeziehungen sind wenig transparent. Führungskräfte sind überfordert. Für MitarbeiterInnen erschöpft sich derart umgesetztes Qualitätsmanagement in Kontrolle um der Kontrolle willen. Die materielle Qualität in Form von meßbaren Qualitätsstandards ist vielleicht sogar oberflächlich beschrieben, bereits diese Beschreibung wird jedoch von vielen MitarbeiterInnen aus Sorge um eine Beschränkung der eigenen Handlungsfreiheit abgelehnt.

Systematische Qualitätssicherung und -förderung wird nicht betrieben. In sich konsistente, ganzheitliche Qualitätsmanagement-Systeme zur Gewährleistung von Nachhaltigkeit, effizienter und effektiver Selbstkontrolle sowie professioneller Führung fehlen. Der Weg von der Vision zur Aktion ist steil und beschwerlich. Vor den Hindernissen schrecken viele zurück, meinen, der Aufwand zur Überwindung lohne sich nicht.

Wie der Weg von der Vision zur Aktion beschrieben werden kann, zeigen die folgenden Beiträge. Sie zeigen den LeserInnen das Vorgehen konzeptionell auf; Erfahrungen von Versicherungsunternehmen aus Deutschland, Österreich und der Schweiz bei Aufbau und Einführung von Qualitätsmanagement ergänzen das Konzept aus praxisorientierter Sicht.

*Zweiter Grund: Uneinheitliche Verwendung von Begriffen*

Begriffe spielen auch im Qualitätsmanagement eine wichtige Rolle. Viele sind in der Assekuranz noch fremd, gehören aber in anderen Wirtschaftszweigen zum Standardvokabular, sind mit Inhalten gefüllt, mit Bedeutung versehen, als Instrumente verstanden und eingesetzt. Ein Glossar zum Qualitätsmanagement dient Angehörigen der Assekuranz als Nachschlagewerk. Begriffe, die im Zusammenhang mit Qualitätsmanagement immer wieder auftauchen, werden erläutert, ihre Herkunft erklärt. Vorstellungen, Philosophien und Definitionen zu Qualität, Qualitätsmanagement und zu Qualitätsmanagement-Systemen werden beschrieben. Qualitätsmanagement-Instrumente werden vorgestellt.

*Dritter Grund: Mangelnde Erfahrung und geringe Lernbereitschaft*

Voneinander lernen ist ein wichtiges Element des Qualitätsmanagements. In der Versicherungswirtschaft sind Konzepte des Qualitätsmanagements vielen Führungskräften noch unbekannt. ISO 9001 zum Beispiel: Für viele ein Buch mit sieben Siegeln. Gut für die Industrie, aber nicht für die Dienstleistung Versicherung. Oder TQM, Total Quality Management nach EFQM, dem Qualitätsmanagement-Modell der European Foundation for Quality Management. Was verbirgt sich dahinter? Und das Messen von Qualität? Genügt ein „Happy Customer Index"? Oder braucht auch ein Versicherer mehr? Antworten auf diese und andere Fragen werden in systematischer Form gegeben und mit Praxisbeispielen untermauert.

Insgesamt wird im vorliegenden Werk Qualitätsmanagement in der Assekuranz aus konzeptioneller und pragmatischer Sicht durch Autoren aus der Top-Management-Ebene und durch erfahrene Unternehmensberater beleuchtet. Die Herausgeber versprechen sich davon für alle LeserInnen eine Sensibilisierung für Qualitätsmanagement, aber auch eine Konkretisierung in der Anwendung von Qualitätsmanagement in ihrem Versicherungsunternehmen.

Auf Reaktionen, Fragen, Anregungen und Diskussionswünsche freuen wir uns. Auch zur Beantwortung von Fragen bei der Umsetzung stehen wir jederzeit gerne zur Verfügung.

Winterthur, Bregenz im Frühjahr 1996　　　　　　RUDOLF BÄTSCHER
　　　　　　　　　　　　　　　　　　　　　　　　RUDOLF LÜRZER

# Inhaltsübersicht

## 1. Kapitel:
**Wettbewerbsvorteile durch Qualität** .................... 15

*Rudolf Bätscher/Rudolf Lürzer*
Qualitätsmanagement in der Assekuranz
Von der Vision zur Aktion ............................. 17

*Helmut Fink/Rudolf Lürzer*
Qualität in Versicherungsunternehmen
Defizite und Potentiale aus empirischer Sicht ............. 37

*Andreas Pöll*
„Happy Customer Index"
Mehr als eine Modeerscheinung? ........................ 51

*Heinz Gaugler*
Total Quality Management (TQM)
Der Kern in Kürze .................................... 65

## 2. Kapitel:
**Die Normenreihe ISO 9000 ff. – und eine Alternative** ..... 73

*Ulrike Vogt*
Die Normenreihe ISO 9000 ff.
Ansätze zur Interpretation für Versicherer ................ 75

*Rudolf Bätscher/Helmut Fink*
Aufbau und Einführung eines Qualitätsmanagement-Systems
nach ISO 9000 ff.
Ein Leitfaden entlang von acht Fragen und Antworten ....... 89

*Rudolf Lürzer/Helmut Fink*
Total Quality Management (TQM) im Versicherungsunternehmen
Ein Ansatz auf der Grundlage des Europäischen
Qualitätspreises .................................... 117

## 3. Kapitel: Erfahrungsberichte aus der Versicherungswirtschaft ..... 131

*Ulrich Jansen*
Qualitätsmanagement als OE-Prozeß
Ergebnisse eines Projektes der PROVINZIAL
Feuerversicherungsanstalt der Rheinprovinz, Düsseldorf ..... 133

*Josef Svoboda*
Qualität als Erfolgsfaktor eines Kompositversicherers
Der Weg der INTERUNFALL, Wien ..... 147

*Diether Kuhn*
Der Weg zum Qualitätsmanagement
Erfahrungen der Winterthur-Versicherungen, Winterthur ..... 163

**Anhang** ..... 177

*Rudolf Bätscher/Rudolf Lürzer*
Qualitätsmanagement und ISO 9000 in Versicherungen
Ein Kompendium ..... 179

*Rudolf Bätscher/Christoph Grossmann*
Glossar Qualitätsmanagement
Die nackte Wahrheit unter Begriffshüllen
(unter besonderer Berücksichtigung
der Dienstleistungs- und Versicherungsbranche) ..... 193

**Verzeichnis der Herausgeber und Autoren** ..... 231

**Literaturhinweise** ..... 235

# Inhaltsverzeichnis

Vorwort der Herausgeber ............................... 5

1. **Kapitel:**
   **Wettbewerbsvorteile durch Qualität** .................. 15

*Rudolf Bätscher/Rudolf Lürzer*
Qualitätsmanagement in der Assekuranz
Von der Vision zur Aktion ............................ 17

1. Die Vision: Nachhaltige Wettbewerbsvorteile
   durch herausragende Qualität ......................... 19
   1.1 Positionierung im Finanzdienstleistungssektor ......... 20
   1.2 Positionierung im Vertrieb ........................ 21
   1.3 Subjektivierung der Qualität ...................... 23
2. Die Wirklichkeit: Ansprüche der Kunden und die eigenen
   Werbeaussagen werden nicht erfüllt .................... 25
3. Der Weg zum Ziel: Integriertes Qualitätsmanagement (IQM)
   im gesamten Geschäftssystem ......................... 28
   3.1 Kernbereiche des IQM ............................ 29
   3.2 Ebenen von Qualitätsmanagement ................... 29
      3.2.1 Die Ermittlungsphase ....................... 31
      3.2.2 Die Entwicklungsphase ..................... 32
      3.2.3 Die Erfahrungsphase ....................... 32
      3.2.4 Die Zertifizierungsphase ................... 34
4. Das Ergebnis: Die realisierte Vision .................... 34

*Helmut Fink/Rudolf Lürzer*
Qualität in Versicherungsunternehmen
   Defizite und Potentiale aus empirischer Sicht ............. 37

1. Erfolgreiches Qualitätsmanagement bewirkt signifikant
   bessere Ergebnisse .................................. 37
2. Gezieltes Qualitätsmanagement erfordert klare Ziele
   und eine periodische Messung der Ergebnisse ............. 42
3. Verbesserungspotentiale in allen Bereichen
   des Geschäftssystems ................................ 43

3.1 Qualität im Außendienst beeinflußt nachhaltig
die Kundenzufriedenheit ............................. 43
3.2 Verbesserungspotentiale im Innendienst ............... 47
4. Integriertes Qualitätsmanagement zur Nutzung
der Verbesserungspotentiale ........................... 48

*Andreas Pöll*
„Happy Customer Index"
Mehr als eine Modeerscheinung? ........................ 51

1. Historisches, Dogmatisches und Grundsätzliches
   zur Kundenzufriedenheit ............................. 53
2. Qualität von Versicherungsleistungen aus Kundensicht ...... 57
3. Indexbildung als Instrument zur Verdichtung
   von Qualitätsdaten .................................. 61

*Heinz Gaugler*
Total Quality Management (TQM)
Der Kern in Kürze ...................................... 65

1. Was ist TQM? ......................................... 67
2. Was will TQM? ........................................ 69
3. Warum TQM im Versicherungsunternehmen? ............... 70
4. Was ist zu tun? ...................................... 72

**2. Kapitel:
Die Normenreihe ISO 9000 ff. – und eine Alternative** ..... 73

*Ulrike Vogt*
Die Normenreihe ISO 9000 ff.
Ansätze zur Interpretation für Versicherer ................ 75

1. Wer ist die DQS? ..................................... 77
2. Was ist Qualität? .................................... 79
3. Wozu Qualitätsmanagement? ............................ 79
4. Was ist die ISO 9000er-Normenreihe? .................. 81
   4.1 Die Normen allgemein ............................. 81
   4.2 Ansätze zur Interpretation der Normen für Versicherer ... 86
5. Was bedeutet Zertifizierung? ......................... 87

*Rudolf Bätscher/Helmut Fink*
Aufbau und Einführung eines Qualitätsmanagement-Systems
nach ISO 9000 ff.
    Ein Leitfaden entlang von acht Fragen und Antworten ....... 89

1. Wie entstand die Normenreihe ISO 9000 ff.? .............. 91
2. Wie erlangt man ein Zertifikat nach ISO 9000 ff.? .......... 92
3. Was ist Qualität? ...................................... 94
4. Was kann die ISO 9000 ff.? ............................. 94
5. Welches sind die Elemente von ISO 9001? ................ 95
   5.1  Verantwortung der Leitung ........................ 95
   5.2  Qualitätsmanagement-System (QM-System) .......... 97
   5.3  Vertragsprüfung ................................. 98
   5.4  Designlenkung .................................. 99
   5.5  Lenkung der Dokumente ......................... 101
   5.6  Beschaffung .................................... 102
   5.7  Vom Auftraggeber beigestellte Produkte ............. 103
   5.8  Identifikation und Rückverfolgbarkeit von Produkten ... 103
   5.9  Prozeßlenkung .................................. 104
   5.10 Prüfungen ..................................... 105
   5.11 Prüfmittel ..................................... 106
   5.12 Prüfstatus ..................................... 106
   5.13 Lenkung fehlerhafter Produkte .................... 106
   5.14 Korrektur- und Vorbeugemaßnahmen ............... 107
   5.15 Handhabung, Lagerung, Verpackung, Konservierung
       und Versand ................................... 108
   5.16 Lenkung von Qualitätsaufzeichnungen ............... 108
   5.17 Interne Qualitätsaudits ........................... 109
   5.18 Schulung ...................................... 110
   5.19 Wartung/Kundendienst ........................... 110
   5.20 Statistische Methoden ............................ 111
6. Wie verlaufen Aufbau und Zertifizierung eines QM-Systems
   nach ISO 9001? ....................................... 112
   6.1  Ermittlungsphase ................................ 112
   6.2  Entwicklungsphase .............................. 113
   6.3  Erfahrungsphase ................................ 113
   6.4  Zertifizierungsphase ............................. 113
7. Welche Voraussetzungen gelten für eine Zertifizierung? ...... 113
8. Was ist der Nutzen einer Zertifizierung? ................... 115

## Rudolf Lürzer/Helmut Fink
Total Quality Management (TQM) im Versicherungsunternehmen
Ein Ansatz auf der Grundlage
des Europäischen Qualitätspreises ....................... 117

1. Was ist die European Foundation for Quality Management (EFQM)? ............................................. 119
2. Wie ist das Modell des European Quality Award aufgebaut? .. 120
3. Wie sieht das Bewerbungsverfahren für den European Quality Award aus? ................................... 125
4. Wie führt man ein Qualitätsmanagement-System gemäß den Kategorien des TEQA in Versicherungsunternehmen ein? .... 127
5. Welchen Nutzen bringt das eingeführte System dem Unternehmen? ................................... 129

## 3. Kapitel:
### Erfahrungsberichte aus der Versicherungswirtschaft ..... 131

### Ulrich Jansen
Qualitätsmanagement als OE-Prozeß
Ergebnisse eines Projektes bei der PROVINZIAL
Feuerversicherungsanstalt der Rheinprovinz, Düsseldorf ..... 133

1. Die Provinzial Düsseldorf ............................. 135
2. Kundenorientierung in der Provinzial .................... 135
3. Struktur der Projektarbeit ............................. 137
   3.1 Strategie- und Strukturentwicklung .................. 138
   3.2 Fähigkeitsentwicklung ............................. 140
       3.2.1 Ziele ....................................... 140
       3.2.2 Programm .................................. 141
       3.2.3 Erfahrungen ................................ 143

### Josef Svoboda
Qualität als Erfolgsfaktor eines Kompositversicherers
Der Weg der INTERUNFALL, Wien ...................... 147

1. Die INTERUNFALL ................................. 149
2. Qualität als Wettbewerbsfaktor .......................... 150
3. Der Weg der INTERUNFALL .......................... 152
   3.1 Kundenorientierte Verwaltung ...................... 153

3.2 Integriertes Service-Management im Verkauf .......... 153
3.3 Integriertes Service-Management im Innendienst ....... 155
3.4 Ergebnisse ...................................... 155
4. Das IQM-Projekt nach ISO 9001 ....................... 157
4.1 Die Ebenen von IQM ............................. 157
4.2 Der prozeßorientierte Aufbau ...................... 157
4.3 Das INTERUNFALL-Unternehmensmodell .......... 159
5. Die These .......................................... 159

*Diether Kuhn*
Der Weg zum Qualitätsmanagement
Erfahrungen der Winterthur-Versicherungen, Winterthur ..... 163

1. Die Winterthur-Versicherungen .......................... 165
2. Gründe für ein systematisches Qualitätsmanagement ........ 166
   2.1 Lancierung des Projektes „SPIRIT" ................. 166
   2.2 Erarbeitung der Qualitätspolitik .................... 167
   2.3 Erarbeitung des Vertiefungskonzepts ................ 169
   2.4 Vorbereitung der Qualitäts-Workshops ............... 170
   2.5 Aufbau, Durchführung und Inhalt
       der Qualitäts-Workshops .......................... 171
   2.6 Resultate ....................................... 172
3. Erfahrungen ........................................ 173
   3.1 Vergleich der Wirkungen von Referaten und Workshops . 173
   3.2 Gefahren von Qualitäts-Workshops .................. 174
   3.3 Vorteile der Qualitäts-Workshops ................... 175

**Anhang** ............................................... 177

*Rudolf Bätscher/Rudolf Lürzer*
Qualitätsmanagement und ISO 9000 ff. in der Versicherung
Ein Kompendium .................................... 179

1. Fragen und Antworten zu den Qualitätsnormen ISO 9000 ff. .. 181
2. Fragen und Antworten zu Qualität und Qualitätsmanagement
   generell ............................................ 188
3. Fragen und Antworten zu Qualitätsmanagement
   als OE-Prozeß ...................................... 191

*Rudolf Bätscher/Christoph Grossmann*
Glossar Qualitätsmanagement
   Die nackte Wahrheit hinter Begriffshüllen
   (unter besonderer Berücksichtigung
   der Dienstleistungs- und Versicherungsbranche) ............ 193

**Verzeichnis der Herausgeber und Autoren** ................. 231

**Literaturhinweise** ....................................... 235

1. Kapitel

# Wettbewerbsvorteile durch Qualität

*Rudolf Bätscher/Rudolf Lürzer*

Qualitätsmanagement in der Assekuranz –
Von der Vision zur Aktion

# Qualitätsmanagement in der Assekuranz

„The purpose of every business is to create and retain customers – Das Ziel wirtschaftlichen Handelns ist das Schaffen und Aufrechterhalten von Kundenbeziehungen" (Peter Drucker). Dieses Leitmotiv bildet die Basis auch für das Qualitätsmanagement in der Assekuranz. Der nachfolgend skizzierte Weg von der Vison zur Aktion besteht aus vier Stufen:

- Stufe 1 postuliert als Vision das Erreichen nachhaltiger Wettbewerbsvorteile durch herausragende Qualität.
- Stufe 2 beschreibt die Wirklichkeit: Die Ansprüche der Kunden und die Versprechungen der eigenen Werbeaussagen werden häufig nicht erfüllt.
- Stufe 3 zeigt den Weg zum Ziel auf: Die Einführung eines integrierten Qualitätsmanagements im gesamten Geschäftssystem.
- Stufe 4 ist als Ergebnis die realisierte Vison.

## 1. Die Vision: Nachhaltige Wettbewerbsvorteile durch herausragende Qualität

Wenn ein Versicherer die Vision nachhaltiger Wettbewerbsvorteile durch herausragende Qualität verfolgt, dann muß er diese so differenzieren, daß er daraus konkrete Handlungen ableiten kann. In der heutigen Wettbewerbssituation bietet sich dazu eine Dreiteilung an:

1. Positionierung im Finanzdienstleistungssektor,
2. Positionierung im Vertrieb,
3. Subjektivierung der Qualität.

## 1.1 Positionierung im Finanzdienstleistungssektor

Der Finanzdienstleistungssektor ist heute durch hohe Komplexität und Dynamik gekennzeichnet. Aus dem Blickwinkel des Kunden ist er praktisch nicht mehr überschaubar. Aus dem Blickwinkel des Anbieters besteht aber die Notwendigkeit, sich gegenüber den Wettbewerbern abzugrenzen. Vor dem Hintergrund der Vision soll diese Abgrenzung durch herausragende Qualität geschehen. Deshalb ist es nowendig, sich als Anbieter im Finanzdienstleistungsmarkt klar zu positionieren. Diese Forderung gilt auch für Versicherer.

Zweckmäßig ist zunächst eine funktionsorientierte Bestandsaufnahme. Sie nimmt die finanzwirtschaftlichen Grundfunktionen eines Kunden als Ausgangspunkt. Diese sind:

- Das *Einnehmen* von Geld aus einer Vielzahl von Quellen: Arbeit, Vermögen, Versicherungen, Erbschaften, Geschenke, Spielgewinne, Betriebserträge etc.

- Das *Ausgeben* von Geld für den Bezug von Gütern oder Dienstleistungen.

- Das Sparen bzw. das *Bilden von Vermögen*: Was von den Einnahmen nicht ausgegeben wird, dient der Vermögensbildung.

- Das *Anlegen* verleiht der abstrakten Funktion „Vermögen bilden" einen greifbaren Ausdruck.

- Das *Sichern* besitzt den Charakter einer latent vorhandenen Funktion und wird manifest, wenn die Erfüllung der übrigen finanzwirtschaftlichen Grundfunktionen nicht mehr den Erwartungen entspricht und das Bedürfnis nach Absicherung (z. B. vor Einnahmeverlusten, zusätzlichen Ausgaben oder Vermögensverlusten) befriedigt werden soll.

- Das *Verteilen* der Einnahmen (auf die verschiedenen Quellen), des Vermögens (auf die verschiedenen Anlagekategorien) und der Absicherungen (auf die verschiedenen Sicherungsmaßnahmen).

Jeder Kunde hat nun ein eminentes Interesse an einer optimalen Erfüllung seiner finanzwirtschaftlichen Grundfunktionen. Ihre dauerhafte Erfüllung kann als Problem verstanden werden, das nach einer strukturierten Problemlösungssystematik verlangt:

1. Es muß die weitere *Umwelt* betrachtet werden.
2. Es müssen *Ziele* gesetzt werden.
3. Der *Ist-Zustand* ist zu analysieren.
4. Durch einen Abgleich von Zielen mit dem Ist-Zustand sind *Handlungsalternativen zu ermitteln*.
5. Die Handlungsalternativen müssen *bewertet* werden.
6. *Entscheidungen* sind zu treffen.
7. Getroffene Entscheidungen müssen *umgesetzt* werden.
8. Die Umsetzung ist im Hinblick auf ihre Wirksamkeit zu *kontrollieren* und der Problemlösungskreislauf beginnt von neuem.

Damit verfügen Kunden grundsätzlich über die Möglichkeit, ihre finanzwirtschaftlichen Probleme rational und effizient zu lösen. Hierzu ist jedoch viel Zeit und Wissen erforderlich. Unzureichendes Wissen, Zeitknappheit und mangelnde Motivation generieren vielfach den Ruf nach externen Finanzdienstleistungsanbietern. Sie sollen bei der Erfüllung dieser Funktionen behilflich sein oder deren Erfüllung ganz übernehmen. Auf diese Weise stellt sich der Finanzdienstleistungsmarkt als System dar, in welchem sich viele unterschiedliche Anbieter bewegen (vgl. Abbildung 1).

Somit besteht der erste Teil der Vision darin, sich in diesem vielfältigen Finanzdienstleistungsmarkt durch Qualität nachhaltig von den anderen Wettbewerbern abzuheben.

## 1.2 Positionierung im Vertrieb

Nicht nur ein Blick in die Vergangenheit, sondern auch in die Gegenwart zeigt, daß eine vertriebsorientierte Positionierung im Qualitätswettbewerb immer noch auf der Basis der Hypothese erfolgt, daß Qualität mit sinkendem Preis abnehmen und mit steigendem Preis zunehmen müsse. Dies führt dann z. B. zu Vertriebsstrategien, bei denen mit einem preisgünstigen Struktur- oder Direktvertrieb der Qualität keine hohe Bedeutung beigemessen wird. Andererseits werden zur Aufrechterhaltung oder Steigerung der Qualität eines kostenintensiven Ausschließlichkeitsvertriebs oder der Maklerschiene enorme Investitionen getätigt. Eine Recht-

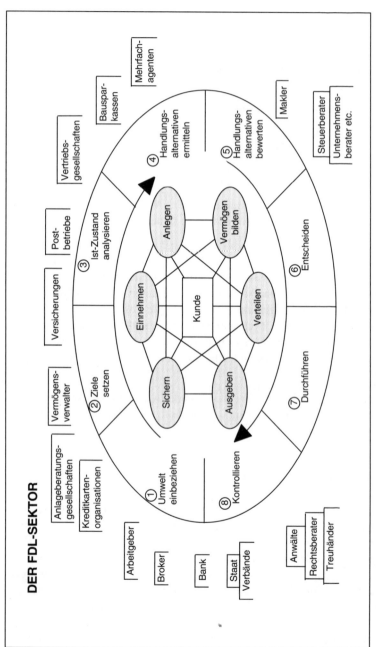

Abbildung 1: Im Finanzdienstleistungssektor (FDL-Sektor) bewegen sich viele unterschiedliche Anbieter

fertigung erfolgt jeweils mit dem Argument, daß nur der sogenannte persönliche Service mit hervorragender Qualität im Vertrieb gleichzusetzen ist. Dies führt dann auch zum Fehlschluß, daß niedrige Vertriebskosten verbunden mit hoher Qualität ein „Underpricing" zur Folge haben und demzufolge betriebswirtschaftlich zu vermeiden seien.

Dieses sogenannte „alte Denkmodell" mag vor Jahren, als es galt, in der Assekuranz das Verständnis für vertriebsstrategische Positionierungen zu wecken, seine Berechtigung gehabt haben. In der heutigen Zeit mit der Notwendigkeit einer qualitätsstrategischen Positionierung im Vertrieb muß das alte durch ein „neues Denkmodell" ersetzt werden. Dieses ist gekennzeichnet durch die Forderung, daß jeder Versicherer unabhängig vom Preisniveau im Vertrieb eine durchgehend hohe Qualität zu liefern hat. Nur so ist die Vision, im Vertrieb einen nachhaltigen Wettbewerbsvorteil durch herausragende Qualität zu erreichen, aufrechtzuerhalten (vgl. Abbildung 2).

Der Wechsel vom alten zum neuen Denkmodell erfordert jedoch auch ein anderes Verständnis von Qualität. Beim alten Denkmodell wird von einer objektiv faßbaren, allgemeingültigen Qualität ausgegangen; dem neuen Denkmodell liegt jedoch ein subjektiv faß- und formulierbarer Qualitätsbegriff zugrunde.

## 1.3 Subjektivierung der Qualität

Im neuen Denkmodell steht damit die Subjektivität im Vordergrund. Drei Aspekte sind dabei wichtig:

- Qualität wird verstanden als das Ergebnis einer subjektiven Beurteilung des Nutzens, den eine Finanzdienstleistung dem Kunden in bezug auf seine Erwartungen vermittelt.

- Qualität konkretisiert sich dabei vor, während und nach dem gesamten Finanzdienstleistungsprozeß.

- Qualität wird durch sechs wichtige Merkmale bestimmt:
  1. *Subjektivität:* Sie besagt, daß die vom Anbieter definierte, objektive Qualität letztlich unerheblich ist. Entscheidend ist vielmehr die empfundene Qualität im Urteil des Kunden.

## 24 Wettbewerbsvorteile durch Qualität

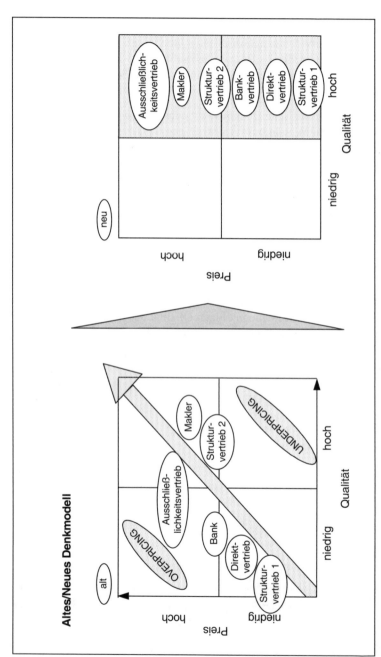

Abbildung 2: Jedes Unternehmen hat unabhängig vom Preisniveau eine durchgehend hohe Qualität zu liefern

2. *Situationsbezug:* Er geht davon aus, daß Ort, Einrichtung und Ambiente des Kundenkontaktes das Qualitätsempfinden maßgeblich beeinflussen.

3. *Relativität* heißt, daß gute Qualität nicht identisch mit Luxus oder teuersten Spitzenleistungen ist. So kann z. B. eine unpersönliche, vollautomatische Finanzdienstleistung im Urteil des Kunden ebenso eine sehr gute oder sehr schlechte Qualität vermitteln wie ein persönlicher, zwischenmenschlicher Kontakt.

4. *Veränderlichkeit:* Die Qualität einer Finanzdienstleistung ist nicht fest vorgegeben, sondern entsteht – nicht zuletzt bedingt durch ihr hohes Maß an Individualität – mit jeder Leistungserbringung neu.

5. *Kompromißlosigkeit:* Die Qualität einer Finanzdienstleistung hängt oft von kleinen Details ab. Sind kleine oder periphere Leistungsbestandteile von schlechter Qualität, dann überträgt sich dies oft auf die gesamte Dienstleistung. Qualität zu sichern und zu verbessern ist oft das Management der Details.

6. *Keine unmittelbare Kontrollierbarkeit:* Durch die situationsbezogenen, subjektiven Elemente der Interaktion zwischen Unternehmen und Kunde entzieht sich die Leistungserstellung weitgehend einer direkten Einflußnahme. Eine Konzentration auf die Schaffung optimaler Rahmenbedingungen muß deshalb im Vordergrund stehen.

## 2. Die Wirklichkeit: Ansprüche der Kunden und die eigenen Werbeaussagen werden nicht erfüllt

Marktuntersuchungen zeigen für den deutschen Sprachraum aus Kundensicht drei wesentliche Problemkreise:

1. Kunden erhalten in vielen Fällen nicht die Qualität, die sie erwarten bzw. die ihnen versprochen wird. So sind in bestimmten Bundesländern Österreichs beispielsweise bis zu 14 Prozent der Kunden mit der Qualität ihrer Hauptversicherers nicht besonders oder überhaupt nicht zufrieden. Bis zu 29 Prozent der Kunden in einem deutschen Bundesland würden ihre Hauptversicherung nicht weiterempfehlen.

2. Qualitätsmängel treten von der Beratung/Akquisition über die Betreuung, die Bearbeitung von Schäden bis hin zu Inkasso, Briefwechsel etc. in allen Stufen des Geschäftssystems auf. Aus Kundensicht kommt der Qualität im Kontakt mit dem Kundenberater und im Schadenfall dabei eine herausragende Bedeutung zu.

3. Vor allem bei sogenannten „Qualitätsversicherern" ist das Preispremium nicht durch einen entsprechenden Vorsprung in der Dienstleistungsqualität gerechtfertigt. Die Marktuntersuchungen haben ergeben, daß insbesondere klassische Kompositversicherer, die ihr höheres Prämienniveau oft mit dem Argument der besseren Qualität rechtfertigen, große Schwierigkeiten mit der Glaubwürdigkeit haben. Insbesondere in den Bereichen Schriftwechsel, Klarheit von Dokumenten, Qualität im Schaden- und Leistungsfall oder im Inkasso verfügen „Low-Service-Provider" bzw. Direktversicherer im Urteil der Kunden über eine weitaus bessere Qualität.

Die Konsequenzen dieser Wirklichkeit sind für die einzelnen Versicherungsunternehmen sowohl hinsichtlich ihres Images als auch betriebswirtschaftlich drastisch. So lassen sich beispielsweise eindeutige Zusammenhänge zwischen dem Zufriedenheitsgrad der Kunden und den Anbündelungsraten feststellen: In bestimmten Regionen geben über 34 Prozent der sehr zufriedenen Kunden an, fünf und mehr Verträge bei ihrem Hauptversicherer abgeschlossen zu haben, während nur 25 Prozent der weniger bis überhaupt nicht zufriedenen Kunden diese hohe Anbündelungsrate angeben. Da in den wenigsten Versicherungsunternehmen derart präzise Informationen über die Qualität im Bestand zugänglich und die Auswirkungen durchdacht sind, wird zudem häufig der Fehler gemacht, mit hoher Qualität gegenüber allen Kunden zu werben. Im Ergebnis steigen natürlich bei allen Kunden die Erwartungen an das Versicherungsunternehmen. Diese werden in der Realität jedoch nicht erfüllt. Als Konsequenz beginnt eine sich selbst verstärkende Negativentwicklung (vgl. Abbildung 3).

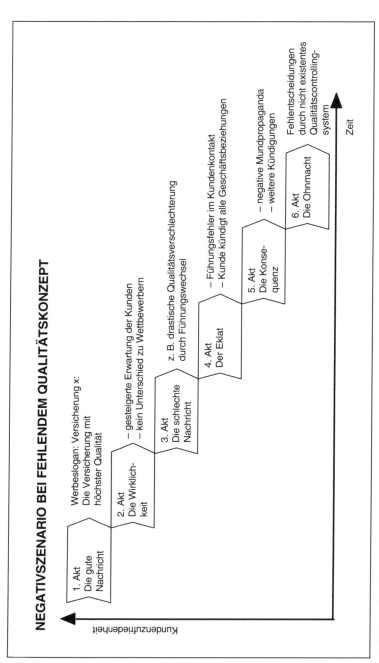

Abbildung 3: Qualität nach außen zu kommunizieren, ohne sie wirklich zu liefern, ist höchst gefährlich

## 3. Der Weg zum Ziel: Integriertes Qualitätsmanagement (IQM) im gesamten Geschäftssystem

Wenn hier von Integriertem Qualitätsmanagement (IQM) gesprochen wird, dann ist gemeint:

- Die konsequente Ausrichtung des gesamten Unternehmens auf Produkte und Dienstleistungen von hoher Qualität,
- die mit hoher Effizienz erstellt werden,
- indem Strategie, Struktur und Fähigkeiten als aktive Führungsleistung aufeinander abgestimmt werden.

„Integriert" heißt mit diesem Verständnis:

1. Ganzheitliche Betrachtung von Qualität und Effizienz im Rahmen von mehreren vernetzten Kernbereichen des Qualitätsmanagements.
2. Normatives, strategisches und operatives Management.

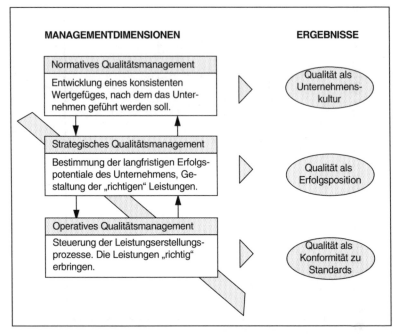

Abbildung 4: Ein Integriertes Qualitätsmanagement umfaßt alle Management- und Unternehmensebenen

## 3.1 Kernbereiche des IQM

IQM beinhaltet eine Fülle von gegenseitig vernetzten Kernbereichen. Im Vordergrund stehen Qualität und Effizienz.

Die *Qualität* wird gemessen an den wahrgenommenen Werten („perceived values") und strebt in letzter Konsequenz nach Perfektion, nach Verwirklichung des Nullfehlerprinzips und nach einem ständigen Verbesserungsprozeß. Das Nullfehlerprinzip besagt, daß dem Kunden kein Fehler entgeht und deshalb die Maxime der permanenten Fehlerminimierung zu befolgen ist. Da insbesondere im Dienstleistungssektor in der Leistungserbringung immer Menschen betroffen sind, kein Mensch aber fehlerfrei ist, muß dem Nullfehlerprinzip in einem ständigen Verbesserungsprozeß nachgelebt werden.

Qualität im oben verstandenen Sinne und für sich allein betrachtet läuft jedoch Gefahr, rasch nicht mehr wirtschaftlich erbracht werden zu können. Aus diesem Grunde ist der Qualität stets auch die *Effizienz* gegenüberzustellen, um auf diese Weise zu einer zwar qualitativ hochwertigen, gleichzeitig aber auch wirtschaftlichen Leistungserbringung zu gelangen, beispielsweise durch Minimierung von Gemeinkosten oder durch Konzentration auf Kernleistungen aus Kundensicht.

Qualität und Effizienz sind desweiteren mit der Mitarbeiterentwicklung, dem Benchmarking, dem Management der Außenbeziehungen und der Prozeßorientierung integriert zu analysieren und zu werten (vgl. Abbildung 5).

## 3.2 Ebenen von Qualitätsmanagement

IQM umfaßt vom normativen über das strategische bis hin zum operativen Qualitätsmanagement alle Management- und Unternehmensebenen.

Auf der Ebene des *normativen* Managements ist auch die Vision verankert. Die Schaffung eines nachhaltigen Wettbewerbsvorteils durch herausragende Qualität stellt auf normativer Ebene ein konsistentes Wertgefüge dar. Nach diesem Wertgefüge soll das Unternehmen geführt werden. Hier manifestiert sich Qualität als Unternehmenskultur.

Über das *strategische* Qualitätsmanagement werden die langfristigen Erfolgspotentiale des Unternehmens bestimmt; hier werden die „richtigen" Leistungen gestaltet. Qualität wird manifest als Erfolgsposition. Als strategisches Qualitätsmanagement kann der Aufbau und die Pflege eines

## 30 Wettbewerbsvorteile durch Qualität

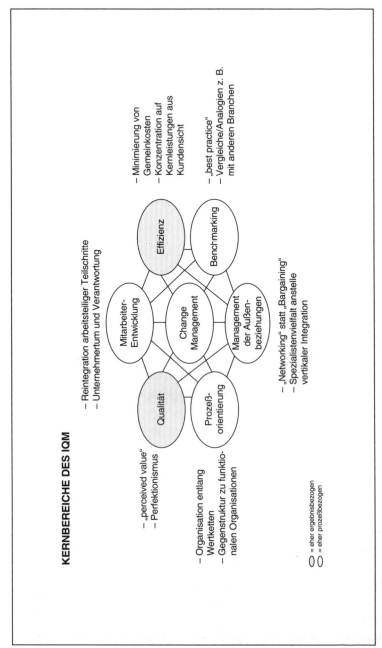

Abbildung 5: Integriertes Qualitätsmanagement beinhaltet eine Fülle von gegenseitig vernetzten Kernbereichen

QM-System nach den Regeln der „European Foundation for Quality Management (EFQM)" betrachtet werden.

Mit dem *operativen* Qualitätsmanagement lassen sich die Leistungserstellungsprozesse steuern, die Leistungen „richtig" erbringen. Qualität heißt hier Konformität zu Verfahrens- und Qualitätsstandards. Zweckmäßig ist auf dieser Ebene der Aufbau und die Pflege eines prozeßorientierten QM-Systems, beispielsweise gemäß der Qualitätsnormenreihe ISO 9000 ff. Ein prozeßorientiertes QM-System hat gegenüber herkömmlichen, nicht prozeßorientierten, den Vorteil, daß

- die Dokumentation in vielen Fällen den tatsächlichen Betriebsabläufen entspricht,
- die Verständlichkeit für Mitarbeiter viel höher und damit der Schulungsaufwand geringer wird,
- Revisionen des QM-Systems leichter an die betrieblichen Erfordernisse angepaßt werden können und
- die Dokumentation von Verfahren die Möglichkeiten zu Prozeßverbesserungen aufzeigt.

Der Aufbau eines prozeßorientierten QM-Systems wird gegliedert in vier Phasen:

1. Ermittlungsphase,
2. Entwicklungsphase,
3. Erfahrungsphase,
4. Zertifizierungsphase.

Diesen vier Phasen ist in der Regel eine Vorbereitungsphase vorgeschaltet, in welcher es um die Feinabstimmung von Zielen, Inhalten und Vorgehensweisen sowie um die Bestimmung organisatorischer Voraussetzungen geht.

### 3.2.1 Die Ermittlungsphase

In der Ermittlungsphase werden in Interviews, Roundtable-Gesprächen und Workshops mit Schlüsselpersonen im Unternehmen

- das Verständnis für ein prozeßorientiertes QM-System erarbeitet,
- eine Bestandsaufnahme zu offen oder latent vorhandenen Zielen, Akzeptanz- und Umsetzungsschwierigkeiten erstellt,
- die bestehenden QM-Instrumente und -Verfahren erhoben,

- Lücken im QM-System ermittelt sowie
- die konkreten Vorgehensschritte beim Aufbau des prozeßorientierten QM-Systems festgelegt.

Die Ergebnisse der Ermittlungsphase sind:

▶ Transparenz über den aktuellen Status des Qualitätsmanagements,

▶ entsprechende Dokumentationen,

▶ informierte bzw. geschulte Mitarbeiter,

▶ detaillierte Aktivitätenpläne.

*3.2.2 Die Entwicklungsphase*

In der Entwicklungsphase werden zunächst Basisarbeiten erledigt. Dazu zählen die Entwicklung eines prozeßorientierten Unternehmensmodells, die Erstellung einer Korrelationsmatrix als Verknüpfung zwischen dem geschäftsprozeßorientierten Unternehmensmodell und den Elementen der ISO 9000-Normenreihe sowie die Strukturierung des QM-Systems.

Das Unternehmensmodell dient als Basis für die Struktur des QM-Handbuchs. Die Entwicklung des Modells ist besonders sorgfältig vorzunehmen, da mit ihm Grundstrukturen für das QM-System gelegt werden. Diese Strukturen sollten, einmal verabschiedet, für längere Zeit Bestand haben. Mit der Korrelationsmatrix wird der Bezug zwischen der Struktur des QM-Systems und den Anforderungen der Normenreihe hergestellt. Jedem Teilsystem, jedem Element des QM-Systems wird auf diese Weise ein entsprechendes Element aus ISO 9000 ff. zugeordnet (vgl. Abbildung 6). Die Ergebnisse der Entwicklungsarbeiten werden in einem QM-Handbuch, in Prozeßbeschreibungen, Verfahrensanweisungen und Hilfsmitteln (Formblätter, Disketten, Datenbanken etc.) dokumentiert. Konkrete Instrumente und Verfahren zur Qualitätssicherung und -förderung werden neu entwickelt, angepaßt oder übernommen und in das QM-System integriert.

*3.2.3 Die Erfahrungsphase*

Die Erfahrungsphase wird durch eine Schulung aller Mitarbeiter in der Handhabung des QM-Systems eingeleitet. Anschließend müssen Erfahrungen in der täglichen Arbeit systematisch gesammelt und ausgewertet

# Bezug zu ISO 9001-Systematik (Korrelationsmatrix)

| Elemente QM-Handbuch | ISO 9001-Elemente | | | | | | | | | | | | | | | | | | | |
|---|---|---|---|---|---|---|---|---|---|---|---|---|---|---|---|---|---|---|---|---|
| | 1 | 2 | 3 | 4 | 5 | 6 | 7 | 8 | 9 | 10 | 11 | 12 | 13 | 14 | 15 | 16 | 17 | 18 | 19 | 20 |
| 1. Einleitung | | x | | | | | | | | | | | | | | | | | | |
| 2. Management | x | | | | | | | | x | x | x | x | | | | | | | | |
| 3. Verbesserungen | | | | | | | | | x | x | x | x | x | x | | x | x | | | x |
| 4. Dienstleistungsprozeß | | | | x | | | | | x | x | x | x | | | | | | | | x |
| 4.1 Produktentwicklung | | | x | | | | x | | | x | x | x | | | | | | | x | |
| 4.2 Akquisition | | | | | | | | | x | x | x | x | | | | | | | | |
| 4.3 Betreuung | | | | | | | x | | x | x | x | x | | | | | | | | |
| 4.4 Schadenerledigung | | | | | | | | x | x | x | x | x | | | | | | | | |
| 5. Mitarbeiter | | | | | | x | | | | | | | | | | | | x | | |
| 6. Kommunikation | | | | | | x | | | x | x | x | x | | | | | | | | |
| 7. Unterstützende Prozesse | | | | | x | x | | | | | | | | | x | x | | | | |

Abbildung 6: Korrelationsmatrix zur Verknüpfung der ISO 9001 mit Elementen des QM-Systems

werden. Interne Audits, unternehmenseigene Controllinginstrumente sowie Instrumente und Verfahren zur Qualitätsverbesserung (z. B. Reklamationsmanagement, Betriebliches Vorschlagswesen, Qualitätszirkel etc.) ermöglichen einen Gesamtüberblick; laufend erstellte Nachweise über die Wirksamkeit des eingeführten QM-Systems dienen der Dokumentation und der Systematisierung der Erfahrungen. Die gesammelten Erfahrungen führen zu entsprechenden Anpassungen des QM-Systems.

*3.2.4 Die Zertifizierungsphase*

Die Zertifizierungsphase umfaßt in der Regel ein Voraudit und ein Zertifizierungsaudit. Mit dem Voraudit wird gewissermaßen in einer ,,scharfen" Trockenübung der Status des QM-Systems durchleuchtet. Schwachstellen lassen sich auf diese Weise ohne gravierende Folgen für die Zertifizierung aufdecken und es verbleibt bis zum Zertifizierungsaudit noch genügend Zeit für ihre Beseitigung.

## 4. Das Ergebnis: Die realisierte Vision

Die erfolgreiche Realisierung von Qualität führt zu einer Fülle von positiven Konsequenzen beim Kunden, beim Versicherungsunternehmen sowie bei den Mitarbeitern und ist in der Summe ein ,,win-win-game":

- Beim Kunden kommt es zu einem positiven Vergleich der Erwartungen mit der erlebten Qualität. Dadurch steigt die Bereitschaft, dem Unternehmen die Treue zu halten und sich für unternehmerische Anliegen einzusetzen.

- Beim Unternehmen steigen sowohl die Anbündelungsquote als auch die Wiederkaufrate bei Bestandskunden. Die Stornosituation verbessert sich. Durch die positive Mund-zu-Mund-Propaganda gelingt es einfacher, neue Kunden zu gewinnen. Auf der Kostenseite sinkt der Aufwand für die Nacharbeit von Fehlern, weil verstärkt in Fehlervermeidung investiert wird. Es können konkrete wirtschaftliche Erfolge nachgewiesen werden.

- Der einzelne Mitarbeiter wird in seiner Arbeit zufriedener, weil er in Verbesserungsprozesse eingebunden wird, an der Realisierung von Ideen mitwirkt und weniger durch negative Kundenaussagen einerseits sowie lästige Nacharbeiten oder Korrekturen andererseits belastet ist.

*Helmut Fink/Rudolf Lürzer*

Qualität in Versicherungsunternehmen –
Defizite und Potentiale aus empirischer Sicht

# Qualität in Versicherungsunternehmen

Was macht ein Versicherungsunternehmen erfolgreich? Empirische Ergebnisse bestätigen, daß die Fähigkeit, Kundenerwartungen zu erfüllen, ein wesentlicher Erfolgsfaktor ist. Unternehmen mit überdurchschnittlich zufriedenen Kunden erreichen mittelfristig ein signifikant höheres Wachstums- und Ertragsniveau. Der Grund liegt in höheren Anbündelungsraten, geringeren Stornoquoten, höheren Weiterempfehlungsraten und niedrigeren Akquisitionskosten. Die Zufriedenheitsrate der Kunden wird dabei weniger durch die Produkte im engeren Sinne, sondern vielmehr durch die Qualität im Innen- und im Außendienst bestimmt. Empirische Untersuchungen in verschiedenen Gebieten des deutschsprachigen Raumes zeigen konkrete Ansätze zur Verbesserung dieser unternehmensindividuellen Servicequalität auf.

## 1. Erfolgreiches Qualitätsmanagement bewirkt signifikant bessere Ergebnisse

Kunden, die zufrieden sind, bleiben Kunden und kaufen wieder. Sie erzählen ihre positiven Erfahrungen weiter und empfehlen das Unternehmen ihren Bekannten. Diese Grundhypothese gilt auch in der Versicherungswirtschaft. Unternehmen, die ihr Gesamtleistungsangebot an den Bedürfnissen der Kunden ausrichten, erreichen eine strategische Erfolgsposition, die sie erfolgreicher macht als ihre Wettbewerber.

Diese Fähigkeit, kundenorientierte Dienstleistungen anzubieten, ist für die Versicherungswirtschaft – vor dem Hintergrund der Deregulierung – besonders wichtig. Der Druck der Wettbewerber nimmt zu. Die Vertragslaufzeiten werden kürzer. Die Kunden sind „ihrem" Versicherungsunternehmen gegenüber weniger loyal. Die Wahrscheinlichkeit eines Versicherungswechsels steigt (vgl. Abbildung 1).

Daß diese Aussagen nicht nur konzeptionellen Charakter haben, läßt sich durch empirische Daten und eine einfache Modellrechnung nachweisen:

## 38 Wettbewerbsvorteile durch Qualität

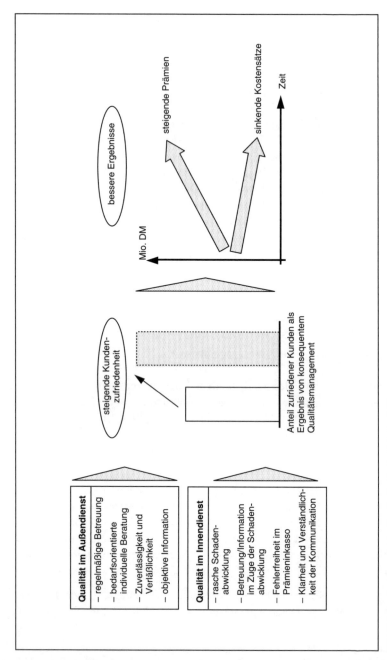

Abbildung 1: Kundenzufriedenheit als Erfolgsfaktor

# Helmut Fink/Rudolf Lürzer: Qualität in Versicherungsunternehmen

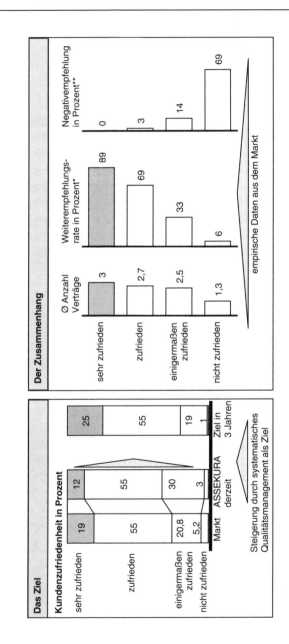

Abbildung 2: Ausgangslage der ASSEKURA

Ein Modellunternehmen – nennen wir es „ASSEKURA" – mit 300 000 Kunden und einem Prämienvolumen von ca. 400 Millionen DM könnte sich beispielsweise die Frage stellen, was eine ca. 20prozentige Steigerung der Kundenzufriedenheit vom derzeitigen Niveau auf 25 Prozent „sehr zufriedene" und 55 Prozent „zufriedene" Kunden bewirken würde (vgl. Abbildung 2 auf der vorangehenden Seite).

Aus Marktdaten läßt sich nachweisen, daß bei Erreichen der Zielsetzung eine Steigerung des Cross-Sellings und höhere Weiterempfehlungsraten erzielt werden. Diese im Markt ermittelten Zusammenhänge können nun mit einer Simulationsrechnung auf das Modellunternehmen angewendet werden. Die Ergebnisse sind verblüffend. Selbst diese vorsichtige Zielsetzung ergibt eine Steigerung der Vertragszahl im Zehn-Jahreszeitraum von 30 Prozent gegenüber dem Status quo. Oder anders ausgedrückt: Hätte das Unternehmen schon vor zehn Jahren mit konsequentem Qualitätsmanagement begonnen, könnte das Prämienvolumen heute um mehr als 100 Millionen DM höher liegen (vgl. Abbildung 3).

Wie kommt dieses Ergebnis zustande?

Der erste Wachstumseffekt ergibt sich durch eine *Steigerung des Cross-Sellings*. Aufgrund der Tatsache, daß zufriedene Kunden eine signifikant höhere Vertragsbündelung bei ihrem Versicherungsunternehmen haben, steigt die zu erwartende Vertragszahl je Kunde von 2,63 auf 2,72. Der zweite und über die Zeit sich kumulierende Effekt ergibt sich durch die *Weiterempfehlungs- und Stornorate*. Folgende vorsichtige Annahmen wurden dazu getroffen: Die Neukundengewinnungsrate derjenigen, die das Unternehmen auf jeden Fall weiterempfehlen würden, beträgt 10 Prozent und die Stornorate derjenigen, die das Unternehmen nicht weiterempfehlen würden, liegt bei 70 Prozent. Aus dem Verhältnis von Weiterempfehlungen und dem Anteil der Kunden, die das Unternehmen nicht weiterempfehlen, ergibt sich für die ASSEKURA derzeit eine Stagnation in der Anzahl der Kundenbeziehungen. Durch das Erreichen der angestrebten Ziel-Zufriedenheitswerte steigt einerseits der Anteil der Empfehlungen und sinkt andererseits der Anteil der Stornos von unzufriedenen Kunden.

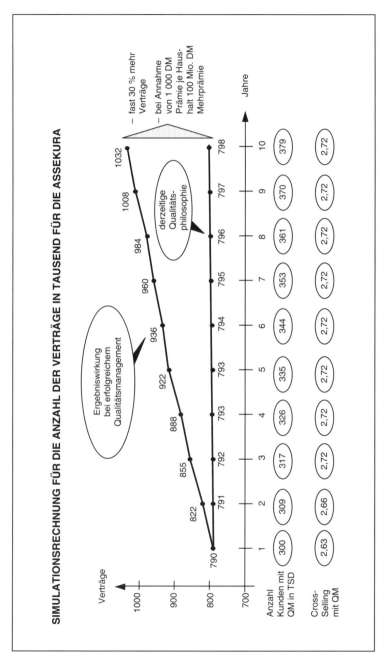

Abbildung 3: Höhere Zufriedenheit der Kunden hat höheres Wachstum zur Folge

## 2. Gezieltes Qualitätsmanagement erfordert klare Ziele und eine periodische Messung der Ergebnisse

Die Modellrechnung zeigt die ökonomischen Auswirkungen einer hohen Servicequalität gegenüber einem durchschnittlichen Unternehmen. Die angestrebte Kundenzufriedenheit ist allerdings kein Zufallsprodukt, sondern das Ergebnis der Leistungen im Unternehmen. Diese Leistungen können durch ein konsequentes Qualitätsmanagement kontinuierlich näher an die Kundenerwartungen herangeführt werden. Unter Qualitätsmanagement wird dabei ein systematisches und zielgerichtetes Vorgehen verstanden. Durch interne Regelkreise werden die Qualitätsmängel in allen Stufen der Leistungserbringung identifiziert und Maßnahmen zur Verbesserung eingeleitet.

Für jedes Versicherungsunternehmen sollten vor diesem Hintergrund drei Fragen von besonderem Interesse sein:

1. Wie wird das einzelne Unternehmen in den Augen der Kunden eingestuft bzw. welche *Zufriedenheitswerte* werden derzeit erreicht?

2. Wie schneiden die relevanten Wettbewerber in den einzelnen Qualitätsdimensionen ab und wie hoch sind im Sinne des *Benchmarking* die besten erzielbaren Zufriedenheitswerte?

3. Welches sind die *Ursachen* der unterschiedlichen Zufriedenheitswerte bzw. in welchen Bereichen bestehen Stärken und Schwächen, die als Basis für ein gezieltes Verbesserungsprogramm herangezogen werden können?

Um diese Fragen zu beantworten, sind empirische Messungen notwendig. Die derzeit von vielen Unternehmen genutzten Marktforschungsdaten liefern allerdings nur wenige Hinweise auf konkret umsetzbare Potentiale zur Verbesserung der Servicequalität. Aus diesem Grund wurde ein speziell auf diese Fragen ausgerichtetes Marktforschungsinstrument entwickelt. Die GCN-Befragungssystematik eines objektiven Qualitäts-Monitorings wurde bereits in vier Regionen des deutschen Sprachraums erfolgreich angewendet und zeigt für jedes Unternehmen die jeweiligen Stärken und Schwächen auf. Die Daten sind zwischen den Wettbewerbern vergleichbar und geben konkrete Hinweise auf Verbesserungspotentiale.[1]

## 3. Verbesserungspotentiale in allen Bereichen des Geschäftssystems

Sowohl die quantitativen als auch die qualitativen Ergebnisse verdeutlichen, daß für Versicherungsunternehmen noch erhebliches Potential zur Verbesserung der Kundenzufriedenheit besteht. Die Ansatzpunkte sind bei den einzelnen Unternehmen zwar unterschiedlich zu gewichten, grundsätzlich zeigen sich aber Verbesserungspotentiale in allen Elementen der Leistungserbringung. Einige wesentliche Ansatzpunkte werden in der Folge am Beispiel der Ergebnisse einer Befragung in Österreich dargestellt.

### 3.1 Qualität im Außendienst beeinflußt nachhaltig die Kundenzufriedenheit

Die wahrgenommene Qualität im Außendienst ist ein ganz wesentlicher Bestimmungsfaktor für die Gesamtzufriedenheit. Diese Hypothese läßt sich durch die Ergebnisse wie folgt bestätigen:

- Für 45 Prozent der Befragten ist der persönliche Kontakt zu einem Kundenbetreuer ausschlaggebend für die Wahl des Versicherungsunternehmens; bei manchen Gesellschaften sind es bis zu 62 Prozent.

- Über 90 Prozent aller Verträge werden über einen Kundenbetreuer abgeschlossen.

- Der Gesamtservice jener Versicherungsgesellschaften, bei denen überdurchschnittlich viele Verträge über alternative Vertriebskanäle

---

1 Die erwähnten Umfragen wurden in Form computerunterstützter telefonischer Interviews in Nordrhein-Westfalen (D), in Vorarlberg und Kärnten (A) und im Großraum Zürich (CH) durchgeführt. Aus einer Zufallsstichprobe von Haushalten konnten insgesamt mehr als 3 000 Haushalte über ihre Versicherungsbindung befragt werden. Die Inhalte der Umfrage bezogen sich auf die Kundenerwartungen, die Zufriedenheit mit dem Hauptversicherer im allgemeinen und die Einschätzung bestimmter Leistungsmerkmale (Qualität des Außendienstes, Schadenabwicklung, Inkasso etc.).

abgeschlossen werden, wird aus der Sicht der Kunden schlechter beurteilt als bei den Mitbewerbern.

Zwei Detailergebnisse der Umfrage verdeutlichen, daß die Arbeitsweise des Außendienstes direkt die Zufriedenheitsrate und den Erfolg des Unternehmens mitbestimmt:

- Kunden, die regelmäßig vom Kundenbetreuer kontaktiert wurden, sind wesentlich zufriedener und stufen die Gesamtqualität ihres Hauptversicherers höher ein als Kunden, die nicht regelmäßig kontaktiert wurden. Konkret sind 31 Prozent der Kunden, die nicht besucht wurden, unzufrieden, während von den regelmäßig betreuten Kunden nur 2 Prozent unzufrieden mit ihrem Hauptversicherer sind.

- Neben dem Einfluß auf die Zufriedenheitsrate führt diese aktive Betreuung auch zu einer höheren Kundenbindung und einer höheren Cross-Selling-Rate.

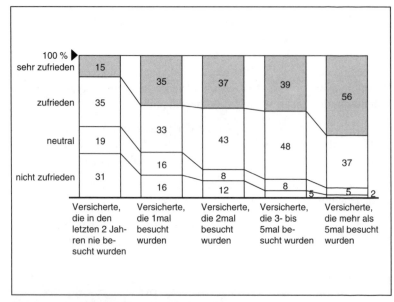

Abbildung 4: Zusammenhang zwischen Besuchshäufigkeit und Zufriedenheitsgrad

Quelle: GCN-Research (smf 01) (n = 508, Basis: Personen, die durch einen Kundenbetreuer ihre Versicherung abgeschlossen haben)

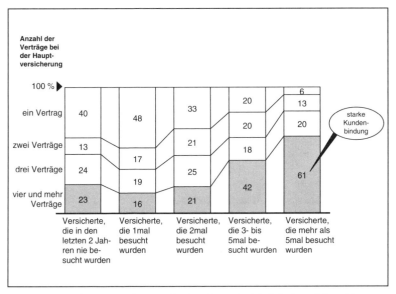

Abbildung 5: Zusammenhang zwischen Besuchshäufigkeit und Anzahl der Verträge

Quelle: GCN-Research (smf 01) (n = 508, Basis: Personen, die durch einen Kundenbetreuer ihre Versicherung abgeschlossen haben)

Ein konkreter Ansatzpunkt zur Verbesserung der Servicequalität liegt somit in einer *Systematisierung der Vertriebsarbeit*. Durch potentialorientierte Beratung, kundenorientierte Kriterien in Verkaufswettbewerben, durch Betreuungsziele und Serviceversprechen läßt sich die Qualität der Außendiensttätigkeit direkt beeinflussen. Diese Fähigkeit der Vertriebssteuerung und des Vertriebscontrollings ist in den einzelnen Gesellschaften unterschiedlich ausgeprägt. Vergleicht man die Besuchshäufigkeit zwischen den einzelnen Gesellschaften, so zeigen sich signifikante Unterschiede. Der Anteil der Kunden mit negativen Erfahrungen mit dem Kundenbetreuer ist ein weiterer wichtiger Indikator für die Qualität der Vertriebsarbeit. Der hohe Wert bei einzelnen Gesellschaften (teilweise fast ein Fünftel der Kunden) zeigt das Potential für einfache Qualitätscontrolling-Maßnahmen auf. Wichtig ist in diesem Zusammenhang, daß es den Kunden bei ihren Erwartungen um eigentlich selbstverständliche Qualitätsmerkmale geht. Die Kunden ärgern sich vor allem über die mangelnde Zuverlässigkeit des Kundenbetreuers und das gezeigte Desinteresse für individuelle Probleme und Wünsche.

# 46 Wettbewerbsvorteile durch Qualität

Abbildung 6: Geringe Zuverlässigkeit ist der am häufigsten genannte Grund für negative Erfahrungen mit dem Kundenbetreuer
Quelle: GCN-Research (smf 01) (n = 508, Basis: Personen, die durch einen Kundenbetreuer ihre Versicherung abgeschlossen haben)

Insgesamt zeigen die Ergebnisse, daß Qualitätsmanagement im Vertrieb in weiten Teilen nicht systematisch durchgeführt wird. Klare Qualitätsstandards für die Kundenbetreuung und Serviceversprechen dürften weitgehend ebenso fehlen, wie ein Qualitätscontrolling in der Vertriebssteuerung. Qualitätssicherung und Qualitätsförderung sind somit der Eigeninitiative des Kundenbetreuers überlassen. Wird die Kundenzufriedenheit tatsächlich als zentraler Erfolgsfaktor betrachtet, sollte die Vertriebsarbeit insgesamt systematischer und kundengerechter gestaltet werden. Die Erfahrung in Beratungsprojekten zeigt, daß zur Realisierung einer Qualitätsoffensive im Vertrieb die Implementierung von Qualitätsmanagement-Systemen in die normalen Steuerungssysteme der Vertriebsressorts sehr zweckmäßig ist.

## 3.2 Verbesserungspotentiale im Innendienst

Im Zuge der Umfragen wurden die Meinungen der Kunden zur Qualität von Schadenregulierung, Prämieninkasso und schriftlicher Kommunikation erhoben.

Was die Qualität der *Schadenregulierung* anbelangt, so beklagen sich im Marktdurchschnitt 10 Prozent über Qualitätsmängel. Das beste Unternehmen erreichte allerdings einen Wert von 3 Prozent. D. h., nur 3 Prozent der Kunden, die einen Schaden mit dieser Gesellschaft abgewickelt hatten, äußerten sich kritisch über die Qualität der Abwicklung. Beim Unternehmen mit dem größten Defizit auf diesem Gebiet beklagten dagegen fast 30 Prozent der Kunden, daß sie im Zuge der Schadenabwicklung schlechte Erfahrungen gemacht haben. Als häufigste Ursachen für Qualitätsmängel wurden in der Umfrage neben Meinungsverschiedenheiten über die Schadenhöhe vor allem eine langsame Schadenregulierung und die „Kleinkariertheit" bei der Schadenabwicklung genannt.

Auch beim *Prämieninkasso* – in vielen Versicherungsunternehmen standardisiert – zeigt sich, daß durch klare Konzepte und entsprechende EDV-Infrastruktur eine sehr hohe Zufriedenheitsrate erreicht werden kann. Im negativen Fall hatte dagegen ein hoher Prozentsatz der Befragten Probleme mit dem Prämieninkasso.

Ein weiterer Ansatzpunkt zur Steigerung der Qualität aus Sicht der Kunden zeigt sich in der *schriftlichen Kommunikation*. Im Durchschnitt beurteilen weniger als 20 Prozent der Kunden die Briefe und Schriftstücke ihrer Hauptversicherung als sehr klar und sehr verständlich. Fast 40 Prozent würden der Qualität der schriftlichen Kommunikation die Note befriedigend bis nicht genügend geben. Die Durchforstung und Umformulierung des Standardbrief-Sortiments sowie das altbekannte Angebot von verständlichen „Klipp-und-Klar"-Texten könnten hier Ansatzpunkte für Verbesserungen sein.

## 4. Integriertes Qualitätsmanagement zur Nutzung der Verbesserungspotentiale

Wird Qualität als „Übereinstimmung der Marktleistung mit den Anforderungen des Kunden" definiert, so haben die Untersuchungen deutlich gezeigt, daß die Kunden die Qualität des Gesamtangebotes einer Versicherungsgesellschaft entsprechend ihren Anforderungen sehr wohl einschätzen können und daß sie die Unterschiede in der Kundenbetreuung und im Innendienst als Stärken und Schwächen des konkreten Versicherers wahrnehmen. Werden einzelne Leistungsbereiche hinterfragt, dann stellt sich heraus, in welchen Bereichen die einzelnen Gesellschaften Verbesserungen des Qualitätsniveaus vornehmen müssen, um die Zufriedenheit ihrer Kunden zu steigern. Durch den regionalen Fokus der Untersuchung und durch die konsequente Hinterfragung der Gründe für gute oder schlechte Zufriedenheitswerte konnte eine Basis für konkrete erforderliche Schritte und Maßnahmen gelegt werden, um die Qualität und somit die Kundenbindung zu erhöhen und die Ertragskraft des Unternehmens zu steigern.

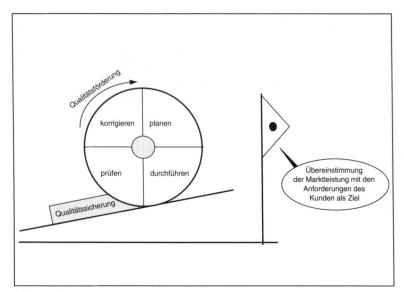

Abbildung 7: Zusammenhang zwischen Qualitätssicherung und Qualitätsförderung

Konkrete Erfahrungen aus in- und ausländischen Gesellschaften belegen, daß gezielte professionelle Maßnahmen zur Qualitätsverbesserung große Erfolge ermöglichen. Im wesentlichen sind nach einer erfolgten Ist-Aufnahme zwei Maßnahmenkategorien erforderlich (vgl. auch Abbildung 7):

- Die Durchführung von *Initiativen zur Qualitätsförderung*, um Ergebnis- und Erbringungsqualität der Dienstleistung kontinuierlich zu steigern.

- Das Implementieren von *Qualitätssicherungsmaßnahmen*, die sicherstellen, daß das einmal erreichte Qualitätsniveau ohne Schwankungen nach unten gesichert wird.

Wird ein konsequentes Qualitätssicherungskonzept sowohl im Innen- als auch im Außendienst angewendet und dieses durch einen kontinuierlichen Qualitätsverbesserungskreislauf ergänzt, dann bestehen für einen Versicherer die besten Chancen, die Zufriedenheit der Kunden konkret zu verbessern und damit die Basis für höhere Wachstumsraten und bessere Erträge zu legen.

*Andreas Pöll*

"Happy Customer Index" –
Mehr als eine Modeerscheinung?

# "Happy Customer Index"

Dieser Beitrag beschäftigt sich mit der Zweckmäßigkeit von Kundenzufriedenheitsmessungen für Versicherungsunternehmen, leitet daraus methodische Überlegungen ab und hinterfragt kritisch Anglizismen wie „Happy Customer Management" oder „Total Customer Satisfaction".

## 1. Historisches, Dogmatisches und Grundsätzliches zur Kundenzufriedenheit

Der englische Philosoph und Nationalökonom Adam Smith betonte bereits 1776 die zentrale Stellung des Kunden in seiner Abhandlung über Tauschvorgänge als Grundlage des wirtschaftlichen Geschehens mit dem bekannten Zitat „Consumption is the sole end and purpose of production". In ähnlicher Weise formuliert der österreichische Management-Guru Peter Drucker das Postulat der Marktorientierung: „The purpose of every business is to create and retain Customers!". Die Forderung, daß unternehmerisches Handeln sich an den Wünschen der Kunden orientieren sollte, kann somit durchaus nicht als neue Erkenntnis bezeichnet werden. Die Marketingforschung sowie die Marketingpraxis beschäftigen sich vorrangig mit diesem Thema.

Eine besondere Akzentuierung erlangte das Thema Kundenmanagement vor allem in den 70er Jahren, als dem engen Zusammenhang zwischen Kundenorientierung und Kundzufriedenheit ein großer Stellenwert eingeräumt wurde. In den letzten Jahren erlebte die Zufriedenheitsforschung im Zuge der Qualitätsmanagement-Bewegung eine Art Renaissance, welche auch deutlich am drastischen Anstieg der auf diesem Terrain veröffentlichten Artikel erkennbar ist. Die logische Hypothesenkette, die in diesem Zusammenhang stets als Erfolgsrezept propagiert wird, läßt sich wie folgt beschreiben:

1. Der Konsum von Produkten oder Dienstleistungen stiftet Zufriedenheit beim Kunden, wenn der erhaltene Nutzen zur Bedürfnisbefriedigung den dafür aufgebrachten Tauschwert kompensiert oder übersteigt.

2. Eine in solcher Art verstandene Zufriedenheit ist eine wichtige Determinante für Wiederholungskäufe, positive Weiterempfehlungen und firmen- bzw. markentreues Verhalten.

3. Wiederholungskäufe, positive Weiterempfehlungen und Kundenloyalität wiederum erhöhen einerseits die Erträge und senken andererseits die Marketingausgaben einer Unternehmung und tragen damit zur Erhöhung des Gewinns bei.

4. Die Zufriedenheit mit Produkten und Dienstleistungen als Ausgangspunkt dieser Multiplikatorwirkungen kann nachhaltig durch gezielte Marketingaktivitäten gesteuert werden.

Die Schlußfolgerung zu diesen Hypothesen für die unternehmerische Praxis ist einfach und läßt sich als Management-Regelkreis abbilden (vgl. Abbildung 1 auf der nächsten Seite).

Nebst der fehlenden Berücksichtigung von situativen Einflußfaktoren auf die Kundenzufriedenheit, können vor allem die Zweckmäßigkeit des theoretischen Konstruktes Zufriedenheit sowie die möglichen Meßinstrumente kritisiert werden. Die Handhabbarkeit des Zufriedenheitkonstruktes und die Messung der Kundenzufriedenheit als Frühwarnsignal für adäquate Anpassungen bei Produkt- oder Dienstleistungskonzepten zeigen sich im praktischen Alltag als schwieriges Unterfangen. Sowohl das Design als auch die Bewertung der Ergebnisse nach den Kriterien Gültigkeit und Zuverlässigkeit bereitet erhebliche Probleme. Dies läßt sich einfach erklären, wenn von seiten der Unternehmen ein Anspruch der umfassenden und direkten Meßbarkeit dieses Phänomens zugrunde gelegt wird. Kundenzufriedenheit läßt nämlich verschiedene begriffliche Interpretationen zu. So zeigen die Ausführungen in der Marketingliteratur, daß Kundenzufriedenheit sowohl aus einem „Dissatisfaction-Konstrukt" als auch aus einem „Einstellungs-Konstrukt" abgeleitet werden kann. Für Einstellung und Zufriedenheit gibt es wiederum unterschiedliche Meßkonzepte. Weitere Diskrepanzen in der Diskussion rund um den Begriff Kundenzufriedenheit ergeben sich aus der Betonung der Messung von Episoden- versus Transaktions- und Beziehungsqualität und der Orientierung an merkmalsbezogenen oder ereignisbezogenen Ansätzen. Ebenso kontrovers diskutiert wird die Messung von emotionalen Reaktionen auf Erwartungen versus eher kognitiv ausgerichteten Ansätzen.

Die terminologische Problematik und ihre Konsequenzen für einzelne Meßkonzepte soll jedoch nicht der Fokus dieses Beitrags sein. Festgehal-

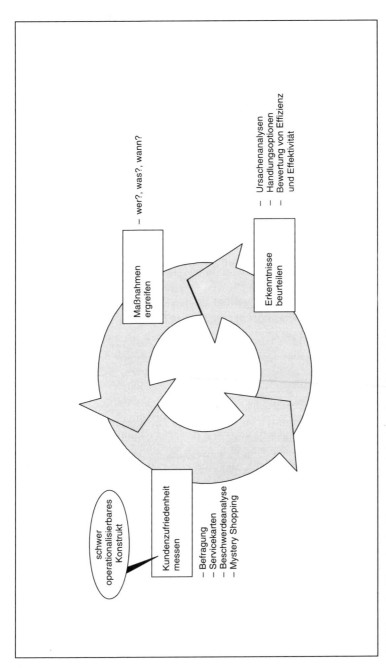

Abbildung 1: Regelkreis: Management der Kundenzufriedenheit

ten sei, daß der Begriff Zufriedenheit wenig operational ist und daß hinsichtlich seiner Umsetzbarkeit eine Anpassung an die zugrundeliegende Kaufentscheidungssituation und auf Branchenspezifika erforderlich ist. Zudem folgt der Autor der Auffassung, daß die aufgezeigte wissenschaftliche Grundsatzdiskussion rund um den Begriff Kundenzufriedenheit für die unternehmerische Praxis unwesentlich ist. Nicht die Fragen „Was ist Kundenzufriedenheit?" oder „Wie hoch ist der durchschnittliche Zufriedenheitsgrad meiner Kunden, gemessen nach diesem oder jenem Ansatz?" sind entscheidend. Vielmehr sind es Fragestellungen wie z. B.:

- Wie unterscheiden sich einzelne Kunden in ihren Anspruchshaltungen und ihrer Profitabilität?

- Inwieweit sind einzelne Ansprüche kaufentscheidungsrelevant bzw. deren Nichterfüllung Ursache für Wechselbereitschaft?

- Wie lassen sich Kunden nach unterschiedlichen Anspruchshaltungen segmentieren?

- Inwieweit und warum gelingt es den Mitbewerbern, dem Kunden attraktivere Problemlösungen zu bieten?

- Inwieweit werden bestimmte qualitative Ausprägungen in meinem Leistungsangebot vom Kunden wahrgenommen?

- etc.

Diesem pragmatischen Ansatz folgend, steht die Frage nach relevanten Informationsbedürfnissen im Vordergrund. Die Konstruktion von Meßinstrumenten ist demnach abhängig von den zugrundegelegten Fragestellungen. Da kann es in einem Fall zweckmäßig sein, die Kunden zu ihrer Gesamteinschätzung der Dienstleistungsqualität zu befragen („Wie zufrieden sind Sie mit …?" oder „Inwieweit haben sich Ihre Erwartungen …?"), um hernach zu messen, welche Produkteigenschaften dafür ausschlaggebend waren oder in einem anderen Fall ereignisorientiert nach wahrgenommenen Mängeln zu fragen. Sind die Informationsbedürfnisse wohl definiert und die Erhebungsmethodik darauf abgestimmt, so kann vermieden werden, daß die Ergebnisse von Zufriedenheitsmessungen lediglich Konflikte über Interpretationsmöglichkeiten und Rechtfertigungshypothesen auslösen.

*Fazit:*

Die Frage nach der Tragfähigkeit von Ansätzen der Kundenzufriedenheitsmessung in der betrieblichen Praxis kann nicht per se beantwortet werden. Im Mittelpunkt sollte jedoch nicht die Messung von Zufriedenheitswerten oder gar ein „Index der Glückseligmachung", sondern der Einbezug von Kunden zur Verbesserung der unternehmerischen Entscheidungsqualität stehen. Zweckmäßige Anwendungsgebiete von Kundenbefragungen sind beispielsweise die Ermittlung von relevanten Kundenerwartungen für die Produktentwicklung oder die Positionierungsstrategien einzelner Angebote. Ebenso finden Kundenbefragungen Anwendung beim relativen Vergleich der Produktattraktivität oder der Dienstleistungsqualität im Wettbewerbsumfeld und bei der Verfolgung der wahrgenommenen Dienstleistungsqualität über die Zeit. Gestaltungsempfehlungen sind demnach immer vor dem Hintergrund der betrieblichen Problemstellungen zu geben.

## 2. Qualität von Versicherungsleistungen aus Kundensicht

In der deutschen Versicherungspraxis bestehen Defizite in bezug auf das Management der Kundenzufriedenheit. Die Ursachen hiefür sind leicht erklärbar. Aufgrund des fehlenden Wettbewerbsdrucks bei der Produkt- und Preispolitik sowie des kontinuierlichen Wachstums im Markt lag der Schwerpunkt der Marketingaktivitäten bisher auf Maßnahmen vor dem Kauf. Nachkaufaktivitäten wurden oft vernachlässigt. Änderungen in diesem Marktverhalten zeichnen sich jedoch bereits ab, da der Verdrängungswettbewerb aufgrund der Marktsättigung die Neuakquisition erschwert. Zudem erleichtert die Verkürzung der Laufzeiten das aktive Abwerbungs- und Kündigungsgeschäft durch Wettbewerber nicht nur bei KFZ-Policen, sondern auch in anderen Sparten.

Versicherungsunternehmen werden sich daher künftig verstärkt um den Aufbau von Wettbewerbsvorteilen bemühen müssen, um ihre erreichte Marktposition auch in Zukunft halten zu können. Differenzierungsmöglichkeiten ergeben sich dabei nicht nur beim Kernprodukt, dem Versicherungsschutz. Das Leistungsangebot eines Versicherers umfaßt auch alle Dienstleistungen rund um den Kunden, insbesondere die Beratung, die laufende Betreuung, die Betreuung im Schadenfall und verschiedenste

Assistanceleistungen. Daß gerade diese erweiterten Dienstleistungen eines Versicherers ausschlaggebend für die Beurteilung der Qualität und das Ausmaß an Loyalität sind, bestätigt eine empirische Erhebung zur Servicequalität von deutschen Versicherungsunternehmen. Diese Erhebung zeigt, daß in Anbetracht eines hohen wahrgenommenen Kaufrisikos von seiten der Versicherungsnehmer das produktspezifische *Involvement* relativ gering ist. Unter Involvement versteht man dabei die Ich-Beteiligung, das Engagement, mit dem sich Kunden mit dem Angebot auseinandersetzen. Diese Dissonanz in der Kaufentscheidungssituation kompensieren die Kunden durch Ersatzkriterien, wie das Vertrauen in die fachliche Kompetenz und die Integrität des Kundenbetreuers/Versicherungsvertreters oder den guten Namen einer Gesellschaft. Entscheidend für die Notwendigkeit von Qualitätsmessungen aus Kundensicht ist, daß die Kunden gerade bei diesen „weichen" Faktoren, wie Betreuungsqualität des Außendienstes, erhebliche Unterschiede zwischen den einzelnen Gesellschaften wahrnehmen.

Wie dieses Beispiel zeigt, gibt es bei der Qualitätswahrnehmung von Versicherungsprodukten gewisse Eigenschaften, die aufgrund von konkreten Erwartungen oder mangels Beurteilbarkeit anderer Kriterien besonders ausschlaggebend für die Gesamtbeurteilung der Qualität sind. Eine vergleichbare Situation findet sich im Flugwesen, wo die Qualitätsbeurteilung einzelner Airlines ganz wesentlich von der Qualitätseinschätzung der Flugbegleiter determiniert wird. Folglich ist es bei der Ermittlung der Qualität von Versicherungsleistungen erforderlich, Soll-Ausprägungen der Qualität bzw. relevante Kundenerwartungen zu ermitteln und den vom Kunden wahrgenommenen Ist-Ausprägungen gegenüberzustellen. Die darauffolgende Abbildung 2 soll diesen Sachverhalt näher veranschaulichen.

Die angebotenen Versicherungsleistungen werden also von den Kunden dann qualitativ positiv wahrgenommen, wenn die einzelnen Leistungen im Geschäftssystem ihren Erwartungen entsprechen. Unzufriedenheit und somit negative Qualitätswahrnehmungen entstehen beim Versicherungsnehmer insbesondere durch negative Erfahrungen mit dem Kundenbetreuer/Versicherungsvertreter oder bei der Schadenregulierung. Analysen von Stornogründen zeigen, daß beinahe 50 Prozent der Stornierungen durch offensichtliche Fehler des Versicherers verursacht werden und somit vermeidbar sind. Durch diese Tatsache ergibt sich ein weiteres gewichtiges Argument für die Ermittlung der Qualität von Versicherungs-

Andreas Pöll: "Happy Customer Index" 59

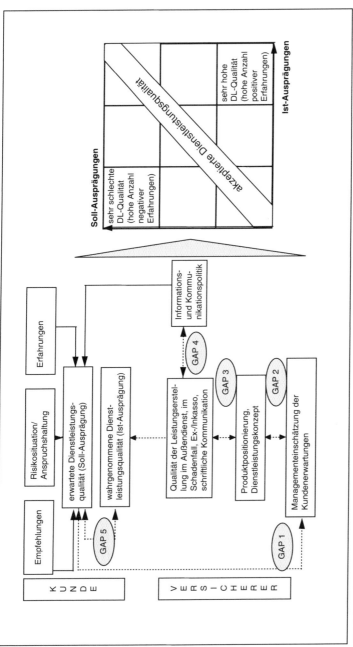

Abbildung 2: Hauptansatzpunkte zur Messung der Dienstleistungsqualität aus Kundensicht
Quelle: In Anlehung an Parasuraman A: Moving forward in service quality research, Cambridge 1994

leistungen aus Kundensicht. Eine kontinuierliche Erfassung ermöglicht es dem Management beispielsweise, die schwer standardisierbaren Interaktionen ihrer Kundenbetreuer im Beratungsgespräch nachvollziehbar und damit steuerbar zu machen. Die aus Kundensicht beurteilte Beratungs- und Betreuungsqualität kann in das Beurteilungsschema der Außendienstmitarbeiter integriert werden.

Ein weiterer wichtiger Aspekt bei der Messung der Dienstleistungsqualität von Versicherungsunternehmen ist der Vergleich von Stärken und Schwächen des gesamten Geschäftssystems im relevanten Wettbewerbsumfeld. Der Abstand zu Best-Practice-Unternehmen zeigt unter Berücksichtigung der unterschiedlichen strategischen Ausrichtung, welche Spitzenwerte erzielbar sind und erlaubt eine gezielte Analyse über Ursachen einzelner Abweichungen.

Zusammenfassend lassen sich sieben Kriterien formulieren, denen eine umfassende Messung der Dienstleistungsqualität für Versicherungsunternehmen genügen sollte (vgl. Abbildung 3 auf der nachfolgenden Seite). Aufgrund der erzielbaren Ergebnisse sollte es dann möglich sein, unternehmensindividuelle Ansatzpunkte zur Verbesserung der Dienstleistungsqualität abzuleiten. Die Erfahrung in konkreten Projekten in der Assekuranz hat zudem folgenden Zusammenhang gezeigt: Je mehr Kundendaten über die erwartete und wahrgenomme Dienstleistungsqualität dem Management zur Verfügung stehen, desto besser können qualitative Ziele in der Leistungserstellung erreicht werden.

Für das konkrete Vorgehen zur Ausarbeitung eines Untersuchungsdesigns und die Durchführung einer Felderhebung bzw. Befragung von Kunden empfiehlt es sich, insbesondere der Projektvorbereitung einen besonderen Stellenwert einzuräumen. In vielen Fällen wird die gezielte Erhebung von Informationsbedürfnissen gänzlich vernachlässigt. Entscheidungsrelevante Tatbestände sollten in Form von Forschungshypothesen gleich zu Beginn bestimmt werden. Darauf aufbauend können Untersuchungsziele, Befragungsmethodik und Fragebogenaufbau festgelegt werden. Die Daten- und Felderhebung, Auswertung, Analyse und Interpretation sind in der gängigen Marktforschungsliteratur hinreichend beschrieben und bedingen daher an dieser Stelle keiner näheren Ausführung.

1. Erfassung der Kundenstruktur/Kundenerwartungen/Kaufentscheidungen (Gap 1).
2. Erfassung der Attraktivität des Produktangebotes und des Dienstleistungskonzeptes (Gap 2).
3. Erfassung der Qualität (Soll-/Ist-Diskrepanzen) der Leistungserstellung entlang des Geschäftssystems sowie der Vergleich von Stärken und Schwächen zu relevanten Wettbewerbern (Gap 3).
4. Erfassung der Qualität der Informations- und Kommunikationspolitik (Gap 4).
5. Erfassung relevanter Gesamtzufriedenheitswerte (Gap 5).
6. Erfassung auf regionaler Ebene mit Verantwortungsbezug.
7. Erfassung der Entwicklung über die Zeit.

Abbildung 3: Kriterien zur Messung der Dienstleistungsqualität von Versicherungsunternehmen

## 3. Indexbildung als Instrument zur Verdichtung von Qualitätsdaten

Die bisherigen Ausführungen zur Operationalisierung der Zufriedenheit und deren Anwendbarkeit im Management von Versicherungsunternehmen haben gezeigt, daß ein einziger Indikator – etwa eine globale Einschätzung der Zufriedenheit – nicht genügt. Vielmehr sind differenzierte Messungen durchzuführen. Welche Verfahren dabei zur Anwendung kommen können, soll die nachstehende Grafik veranschaulichen. Prinzipiell lassen sich die Verfahren nach periodischen Messungen und transaktionsbezogenen Messungen sowie nach der Quantifizierung von objektiven und subjektiven Tatbeständen klassifizieren. Die Gegenüberstellung dieser Verfahren anhand dieser Klassifizierungsmerkmale soll zugleich verdeutlichen, daß es im Zuge des Qualitätscontrollings zweckmäßig ist, diese aus unterschiedlichen Quellen generierbaren Daten miteinander zu aussagekräftigen Kenngrößen zu verbinden.

|  | Daten aus objektiven Tatbeständen | Daten aus subjektiven Tatbeständen |
|---|---|---|
| Periodisch erhobene Daten | – Prämienvolumen<br>– Personalfluktuation<br>– Schadenquoten<br>– Marktanteil<br>– Cross-Selling-Rate<br>– Stornoquote<br>– Zurückgewinnungsrate | – Daten aus Mystery Shopping<br>– Daten aus Kundenumfragen (telefonische und persönliche Interviews, schriftliche Befragung)<br>– Daten aus Außendienst- bzw. Mitarbeiter-Befragung |
| Transaktionsbezogene Daten | – intern erhobene Fehlerquoten bestimmter Prozesse<br>– intern gemessene Durchlaufs- bzw. Antwortzeiten bestimmter Prozesse | – systematisch erhobene und analysierte Beschwerdedaten<br>– Daten aus Analyse und Stornogründen<br>– Daten aus anlaßbezogenen Kundenbefragungen (nach Schadenregulierung, Abschluß neuer Policen)<br>– Daten aus Analyse von Abgangsgesprächen eigener Mitarbeiter |

Abbildung 4: Verfahren zur Messung der Dienstleistungsqualität

Meßergebnisse aus subjektiven Tatbeständen gewinnen an Bedeutung, sobald sie mit quantitativen Daten aus objektiven Tatbeständen verknüpft werden. Bei der konkreten Indexbildung sind mehrere Faktoren zu berücksichtigen:

- Es sollte eine Trennung von Daten aus periodischen und laufenden, transaktionsbezogenen Erhebungen vorgenommen werden.

- Periodisch erhobene Einzelvariablen aus subjektiven Tatbeständen sollten gewichtet zu einem Index verdichtet werden. So könnte beispielsweise der Qualitätsindex für den Außendienst aus Beurteilungsvariablen der Besuchsfrequenz, der Zuverlässigkeit, der fachlichen Kompetenz und des persönlichen Engagements des Kundenbetreuers gebildet werden. Die Gewichtung einzelner Variablen ist mit harten Fakten, wie Ergebnissen aus statistischen Analysen, zu untermauern.

- Indexzahlen aus periodisch erhobenen subjektiven Tatbeständen sollten in ihrer Darstellung insbesondere die Veränderung über die Zeit sowie den relativen Abstand im Wettbewerbsumfeld berücksichtigen.

- Indexzahlen sollten den Bezug auf regional Verantwortliche ermöglichen.
- Indexzahlen aus subjektiven Tatbeständen sind mit Daten aus objektiven Tatbeständen auf Ursache- und Wirkungsbeziehungen zu untersuchen, wobei insbesondere mögliche „time lags" ihre Berücksichtigung finden sollten.
- Die Vergleichbarkeit von Daten über die Zeit und somit die Kontinuität der Befragungsmethodik sollte sichergestellt sein.

Die angeführten Kriterien zeigen, daß die Frage nach zweckmäßigen Qualitäts- bzw. Kundenzufriedenheitsmessungen davon abhängig gemacht werden kann, inwieweit sich die Ergebnisdaten mit Gewinnen und Marktanteilen in Beziehung setzen lassen. Die Quantifizierung dieser „Back-End"-Beziehung bedingt sorgfältige analytische Überlegungen und ein konsequentes Hinterfragen der verfügbaren Daten auf ihre Zweckmäßigkeit als Maßstab zur Verfolgung der Qualität. Selbst in fortschrittlichsten Unternehmen befinden sich solche Überlegungen hinsichtlich der Zweckmäßigkeit der Strukturierung und Implementierung von Qualitätsdaten als Steuerungskennzahlen noch in einem Frühstadium. Die Notwendigkeit zum Aufbau von Qualitätscontrollinginstrumenten, die eine relative Darstellung der Qualitätssituation erlauben und sich nicht nur auf absolute Durchschnittszahlen aus globalen Kundenzufriedenheitswerten beziehen, wurde jedoch inzwischen erkannt.

Gezielte Verbesserungsmaßnahmen werden in den meisten Versicherungsgesellschaften zunächst am Ende der Wertschöpfungskette eingeleitet. Das Spektrum der Ansatzpunkte reicht von Außendienstschulungen zur Steigerung der sozialen Kompetenz bis hin zur Bereitstellung von zusätzlichen technischen Hilfsmitteln zur Verbesserung der Schnelligkeit und Problemlösungskapazität des Außendienstes. Ist das Nötigste an der Kundenfront getan, werden übergreifende Prozeßverbesserungen in den übrigen Funktionsbereichen eingeleitet. Hier erfolgt meist eine Erweiterung des Kundenverständnisses auf interne Leistungsabnehmer. Die Erfolgswirksamkeit dieser Bemühungen gilt es zu messen, um den ökonomischen Einsatz der knappen Ressourcen zu gewährleisten. In diesem Sinne ist der Idee einer Indexbildung von Qualitätsdaten eine gewisse Tragfähigkeit in der betrieblichen Praxis von Versicherungsunternehmen zuzusprechen, vorausgesetzt, man löst sich von dem Anspruch, den direkten Einfluß von Versicherungsprodukten auf die Zufriedenheit einzelner Kunden messen und – wie so oft postuliert – maximieren zu wollen.

*Heinz Gaugler*

Total Quality Management (TQM) –
Der Kern in Kürze

# Total Quality Management (TQM)

## 1. Was ist TQM?

Kein anderes Managementthema wird international seit über 15 Jahren so kontrovers diskutiert wie TQM. Daran wird zweierlei deutlich:

- Zum einen hat TQM damit alle nachfolgenden Managementmethoden und -instrumente wie Lean Management, Kaizen, Reengineering, Benchmarking, Clienting etc. überlebt und dadurch seine Existenzberechtigung unter Beweis gestellt.

- Zum anderen belegt die kontroverse Diskussion die Vielzahl unterschiedlicher Ansichten, was TQM eigentlich sei.

Wenn es neben den zahlreichen subjektiven Interpretationen eine gibt, die zumindest die Vermutung der Objektivität gestattet, dann die aus der ISO 8402. Dieser Norm (bzw. dem Normentwurf) entsprechend ist Total Quality Management oder Totales Qualitätsmanagement eine

> *„... auf der Mitwirkung aller ihrer Mitglieder beruhende Führungsmethode einer Organisation, die Qualität in den Mittelpunkt stellt und durch Zufriedenstellung der Kunden auf langfristigen Geschäftserfolg sowie auf Nutzen für die Mitglieder der Organisation und für die Gesellschaft zielt."*

Danach ist TQM nicht – wie häufig mißverstanden – eine Motivierungskampagne für Mitarbeiter zu mehr Qualität, sondern eine *Führungsmethode* zu mehr Erfolg. Erfolg heißt dabei

➤ zufriedene und treue Kunden,

➤ langfristiger Geschäftserfolg im Sinne von Rentabilität und Wachstum,

➤ zufriedene und engagierte Mitarbeiter sowie

➤ Akzeptanz im sozio-ökonomischen Umfeld.

Der dabei zugrundeliegende Qualitätsbegriff unterscheidet sich konsequenterweise signifikant vom traditionellen: „Der Begriff Qualität be-

## 68 Wettbewerbsvorteile durch Qualität

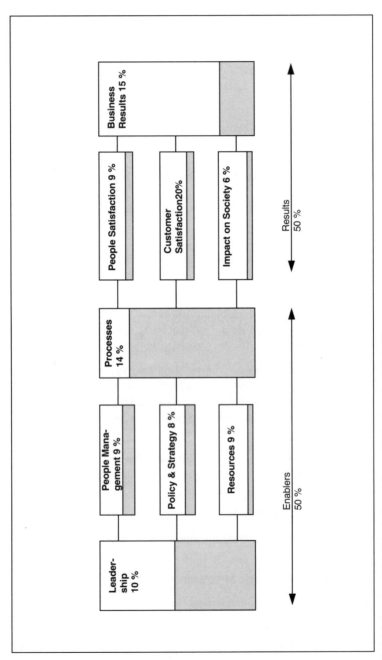

Abbildung 1: EQA-Kriterien und deren Abdeckung in ISO 9000

zieht sich beim Total Quality Management auf das Erreichen aller Managementziele" (ISO 8402). Wenn diese Managementziele im Einklang stehen mit den oben erwähnten Erfolgskriterien, dann ist TQM also nur ein anderes Wort für die eigentliche, originäre Führungsaufgabe: TQM ist genaugenommen „TMQ – Total Management Quality", einfach nur gutes Management.

## 2. Was will TQM?

TQM ist ein *holistischer Ansatz* zum Unternehmenserfolg, d. h. er bezieht alle Funktionen, Personen und Prozesse in die Veränderungsrichtung mit ein. Hier unterscheidet sich – unter anderem – TQM von dem, was Qualitätsmanagement nach ISO 9000-Zertifizierung verlangt: Dort wird im günstigsten Falle (ISO 9001) die Produkt- oder Leistungsentstehungskette betrachtet, jedoch ohne Berücksichtigung von finanziellen Erfolgen und ohne Einbezug von Geschäftserfolgen.

TQM ist auch ein *integrativer Ansatz,* der alle anderen im Unternehmen laufenden oder geplanten Aktivitäten in bezug auf Kunden, Prozesse und Mitarbeiter unter einer einheitlichen Grundausrichtung zusammenführt: TQM ist das Dach, unter dem alle Aktivitäten des Unternehmens auf ihre Zielrichtung hin überprüft werden. Und dieses Ziel ist in ISO 8402 klar definiert. TQM will erreichen, daß das Management sich auf die Beantwortung von *drei Kernfragen* konzentriert:

1. Wer ist unser Kunde, was will er, und wie wissen wir, wie er unsere Leistung empfindet?
2. Haben wir alles getan, damit unsere Mitarbeiter Kundenbedürfnisse erkennen und erfüllen können, wollen und dürfen?
3. Sind unsere Arbeitsprozesse so gestaltet, daß sie eine effiziente und effektive Erfüllung der Kundenanforderungen ermöglichen?

Der langfristige Geschäftserfolg ergibt sich dann quasi als Nebenprodukt. Schon Philip Crosby, Guru und Protagonist dessen, was wir heute TQM nennen, sagte:

> „*Take care of your clients and take care of your people, the rest will take care of itself.*"

Diese zugegebenermaßen etwas simplifizierte, aber im Kern richtige Aussage, wird von jüngsten Untersuchungen bestätigt. Eine Studie der Harvard Business School, veröffentlicht im Harvard Business Review 2/94, kommt vor allem für Dienstleister mit intensiven persönlichen Kundenkontakten wie Versicherungen und Banken zu dem Schluß: ,,When service companies put employees and customers first, a radical shift occurs in the way they manage and measure success".

Ein Beleg für die ganzheitliche und integrative Sichtweise des TQM ist das Kriterienmodell der ,,European Foundation for Quality Management" (EFQM). Es beschreibt die Kriterien, nach denen sich Unternehmen um den European Quality Award (EQA) bewerben können und deren prozentuale Gewichtung. Besonders auffällig ist, daß ,,Business results" nur mit 15 Prozent Gewichtung in die Beurteilung eines Unternehmens eingehen, während wir doch nach wie vor gewohnt sind, den Erfolg eines Unternehmens zu 100 Prozent am Geschäftsergebnis zu messen! Zur Abgrenzung des TQM nach der EFQM-Bewertung von ISO 9000-Kriterien ist hier schraffiert jener Teil dargestellt, der in etwa von ISO 9000 inhaltlich abgedeckt wird (vgl. Abbildung 1 auf der vorangehenden Seite).

## 3. Warum TQM im Versicherungsunternehmen?

Brancheninsidern muß die Situation nicht lange erklärt werden: Neue Wettbewerber drängen in den Markt, die klassischen Vertriebswege geraten unter Druck, die Kunden werden anspruchsvoller, Produkt- und Dienstleistungsinnovationen müssen in schneller Folge generiert werden, Bestandskunden müssen gehalten und Neukunden mit hohem Aufwand akquiriert werden: Die Zeit des soliden, ungefährdeten und erfolgreichen Wachstums ist vorbei; Sturmwarnung ist gegeben.

Die Versicherer werden nun sagen: ,,Das wissen wir längst und wir tun doch auch schon alles Menschenmögliche". Tun sie es wirklich? Ein Blick auf das gesamte Verbesserungspotential kann hier die Augen öffnen: Ich nenne es den *,,Preis der Fehlleistungen"*. Es ist der Preis, den eine Versicherung dafür bezahlt, daß Erwartungen und Anforderungen des Kunden nicht oder nicht beim ersten Mal erfüllt werden, daß also die Qualität nach außen nicht stimmt. Es ist aber auch der Preis für den Mangel an interner Qualität. *Beispiele* hierfür sind:

- unleserliche oder unvollständige Anträge des Außendienstes,
- ungenaue EDV-Vorgaben der Fachabteilung,
- eine zögerliche Beschwerdebehandlung,
- Tarifierungsfehler,
- Fehler in Bestandsdaten,
- unvollständige Schadensmeldungen,
- falsche Policierungen,
- Abstimmungsfehler zwischen Vertrag und Inkasso,
- fehlerhafte Mahnbearbeitung bei Maklern,
- unklare Abstimmung von privatem und gewerblichem Teil bei Großkunden,
- verlorene Kunden,
- Fehlzeiten,
- verzögerte Weiterleitung von Anträgen,
- abgebrochene EDV-Projekte,
- nicht durchgeführte Marketingkampagnen,
- Mahnungen,
- falsche Provisionsabrechnungen,
- Stornobearbeitungen,
- Personalfluktuation.

Diese unvollständige und ungeordnete Liste zeigt, was alles getan werden kann und muß: All dies läßt sich in Geld umrechnen und stellt ein riesiges Verbesserungspotential dar: Häufig entfallen 50 Prozent des Verwaltungsaufwandes auf diesen „Preis der Fehlleistung", von der Imageschädigung beim Kunden einmal ganz abgesehen.

Halten wir diese Liste nun gegen die zuvor erwähnten Kernfragen des TQM: Der Handlungsbedarf wird plastisch. TQM wird diese Probleme nicht vollständig und über Nacht lösen können. Aber mit TQM als Führungsmethode werden diese Dinge als Probleme erkannt und akzeptiert. Das Management fängt an, sich um die Erwartungen der Kunden systematisch zu kümmern. Es erkennt, daß interne Abläufe daran gemessen werden müssen, ob und inwieweit sie zur Erfüllung von Kundenanforderungen beitragen. Es läßt die Mitarbeiter ihre Prozesse so gestalten, daß mit minimalem Aufwand ein Maximum an Kundenzufriedenheit erreicht wird. Es fördert und fordert Kunden- und Prozeßorientierung. Es sieht seine Führungsaufgabe darin, dem Mitarbeiter behilflich zu sein, Kundenanforderungen zu erkennen und zu erfüllen. Zum Wohle des Versicherten und der Versicherung.

## 4. Was ist zu tun?

Lassen Sie sich zuallererst in TQM-Philosophie und deren Implikationen für Führungsaufgabe und Führungsstil schulen. Entscheiden Sie dann, ob Sie diesen Weg gehen wollen. „Good management is a human art, not a science."

Schulen Sie dann zweitens die *gesamte* Belegschaft in TQM-Philosophie und TQM-Werkzeugen. Achten Sie darauf, daß die Schulung keine akademische Übung, sondern Vorbereitung zur praktischen Anwendung ist. TQM fängt erst nach der Schulung an!

Arrangieren Sie regelmäßige Meetings Ihres Leitungskreises, in dem Sie den TQM- Prozeß steuern und kontrollieren. Beschäftigen Sie sich dabei mit folgenden *Fragen*:

1. Lebt das Management TQM vor, und wenn ja, wird das von den Mitarbeitern auch so empfunden?

2. Tut das Management alles, um Demotivationsfaktoren der Mitarbeiter zu eliminieren?

3. Sind alle Mitarbeiter zu jeder Zeit ausreichend qualifiziert, um TQM zu praktizieren? (siehe oben, Schulung)

4. Werden Kundenanforderungen – externe wie interne – regelmäßig erforscht und kommuniziert?

5. Werden alle Abläufe des Unternehmens kontinuierlich auf ihr Verbesserungspotential hin überprüft?

6. Werden Probleme offen diskutiert und einer Lösung zugeführt?

7. Werden Kundenzufriedenheit und die Leistungsfähigkeit der Abläufe regelmäßig gemessen und bewertet?

Nach den Kriterien des EQA-Modells müssen Sie wenigstens auf diese Fragen mit einem klaren und belegbaren „Ja" antworten können. Können Sie es nicht, wissen Sie, wo Sie ansetzen müssen. Versuchen Sie es. Sie werden erstaunt sein, was sich alles bewegen läßt.

2. Kapitel

# Die Normenreihe ISO 9000 ff. – und eine Alternative

*Ulrike Vogt*

Die Normenreihe ISO 9000 ff. –
Ansätze zur Interpretation für Versicherer

# Die Normenreihe ISO 9000 ff.

Dieser Beitrag zur Normenreihe ISO 9000 ff. soll in wichtige Aspekte der Normenreihe einführen und Ansätze zur Interpretation für Finanzdienstleister vermitteln. Die Einführung erfolgt entlang der *fünf Kernfragen*:
1. Wer ist die DQS?
2. Was ist Qualität?
3. Wozu Qualitätsmanagement?
4. Was ist die ISO 9000er-Normenreihe?
5. Was bedeutet Zertifizierung?

## 1. Wer ist die DQS?

Die DQS, Deutsche Gesellschaft zur Zertifizierung von Qualitätsmanagementsystemen mbH, ist die älteste Zertifizierungsgesellschaft in Deutschland. Sie wurde 1985 als nicht gewinnorientiertes Unternehmen zur Förderung der deutschen Wirtschaft gegründet. Als neutraler Gutachter prüft sie objektiv und unabhängig Qualitätsmanagement-Systeme in allen Branchen der Wirtschaft auf Basis der Normenreihe ISO 9000 ff. Heute wird die DQS sowohl von ihren Gründungsgesellschaften DGQ (Deutsche Gesellschaft für Qualität) und DIN (Deutsches Institut für Normung) als auch von bedeutenden Industrieverbänden getragen. Die Gesellschafter der DQS sind Institutionen und Verbände der deutschen Wirtschaft (vgl. Abbildung 1).

In Deutschland ist die DQS als einzige Zertifizierungsgesellschaft Mitglied im EQNet (European Quality Network). Die bedeutendsten Zertifizierungsgesellschaften aus 17 europäischen Staaten kooperieren innerhalb dieses Zusammenschlusses, um eine weitgehende gegenseitige Anerkennung ihrer Zertifikate zu erreichen. Das bedeutet, daß ein Unternehmen, welches beispielsweise in Deutschland durch die DQS zertifiziert wurde und auch in der Schweiz ein Zertifikat benötigt, nicht nochmals durch die SQS (Schweizerische Vereinigung für Qualitätsmanagement-Zertifikate) auditiert werden muß, sondern auf Basis des DQS-Auditberichtes auch ein SQS-Zertifikat erhält.

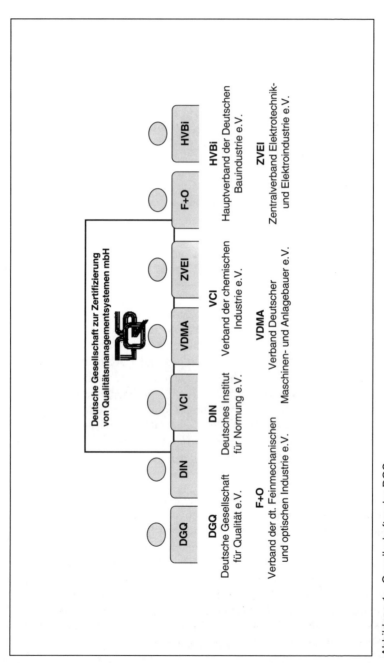

Abbildung 1: Gesellschafter der DQS

## 2. Was ist Qualität?

Wird heute in der Wirtschaft von Qualität gesprochen, läßt sich feststellen, daß dieser Begriff recht unterschiedliche Ausprägungen hat. Eine *Begriffsdefinition* von Qualität ist in der Norm ISO 8402, die auch zur ISO 9000er-Normenreihe gehört, enthalten. Sie definiert Qualität als etwas Neutrales, nämlich als die „Gesamtheit von Merkmalen einer Einheit bezüglich ihrer Eignung, festgelegte und vorausgesetzte Erfordernisse zu erfüllen". Qualität ist in diesem Sinne nichts anderes als die Beschaffenheit bzw. die Erfüllung von bestimmten, festgelegten oder vereinbarten Merkmalen. Hat beispielsweise ein Versicherer das Ziel, innerhalb von fünf Tagen eine Deckungszusage abzugeben, so ist dies eine bestimmte Qualität, die dem Kunden versprochen wird und von ihm erwartet werden kann. Diese Qualität kann sich durchaus von derjenigen eines anderen Versicherers unterscheiden. D. h.: Qualität ist nichts Absolutes, sondern es gilt, Qualität zu definieren und individuelle Qualitätsstandards festzulegen. Es muß kommuniziert und abgestimmt werden, was ein Versicherer als Anbieter unter Qualität versteht, was dem Kunden versprochen wird und was schließlich auch einzuhalten ist.

Von einer derart verstandenen Qualität zu unterscheiden ist das Qualitätsmanagement. *Qualitätsmanagement* umfaßt in diesem Zusammenhang alle Tätigkeiten, die darauf ausgerichtet sind, die gesteckten oder vereinbarten Qualitätsziele zu erreichen. Deshalb besteht Qualitätsmanagement vorwiegend darin, auf der Basis einer Qualitätspolitik operative Qualitätsziele zu formulieren, den Zielerreichungsgrad regelmäßig zu bewerten und im Falle von Abweichungen Maßnahmen zu ergreifen, deren Wirksamkeit wiederum überprüft werden muß. Denn: Wer keine Ziele hat kann auch keines erreichen. Es bedarf im Wirtschaftsleben und damit auch im Qualitätsmanagement Mittel und Personal, um eigene Ziele realisieren zu können. Darüber hinaus ist explizit ein Verantwortlicher zu benennen, der dafür Sorge trägt, daß ein Qualitätsmanagement-System am Leben erhalten wird.

## 3. Wozu Qualitätsmanagement?

Wenn von Qualitätsmanagement gesprochen wird, stellt sich die Frage, welchen Nutzen ein Qualitätsmanagement bieten kann. Nicht von ungefähr wird immer wieder behauptet, daß es schon zuviele Managementformen gibt und jede weitere Form nur noch mehr zur allgemeinen Verwirrung beiträgt.

Die Frage nach dem „wozu" läßt sich anhand von *acht Thesen* beantworten und begründen:

*These 1: Qualitätsmanagement verbessert und sichert die Qualität der eigenen Leistungen,*

weil
Qualität eingebettet in ein Managementsystem nicht nur punktuell, sondern ganzheitlich verwirklicht werden kann. Basierend auf einer Unternehmensphilosophie wird Qualität zielorientiert gehandhabt und regelmäßig auf die Zielerreichung hin überprüft. Bei Nichterreichung der Ziele werden Maßnahmen ergriffen, deren Wirksamkeit wiederum im Rahmen eines Controllingsystems überwacht wird und die somit zu einer kontinuierlichen Verbesserung führen.

*These 2: Qualitätsmanagement fördert Fehlervermeidung statt Fehlerkorrektur,*

weil
Qualitätsmanagement auf Prozesse ausgerichtet ist und Schwächen im System präventiv erkennt, bevor sie sich in der Qualität von Produkten oder Dienstleistungen niederschlagen.

*These 3: Qualitätsmanagement führt zu Zeit- und Kostenersparnis,*

weil
Fehlervermeidung immer kostengünstiger ist als Fehlerkorrektur.

*These 4: Qualitätsmanagement sorgt für eine stärkere Transparenz der Unternehmensprozesse,*

weil
nicht nur das „was", sondern auch das „wie" einer ständigen Verfahrensüberprüfung und einem ständigen Verbesserungsprozeß unterliegt.

*These 5: Qualitätsmanagement ist ausgerichtet auf die Zufriedenheit von Kunden, Partnern und Mitarbeitern,*

weil
nur ein harmonisches Zusammenspiel all dieser Personengruppen durchgängig zu einer hohen Qualität führt und Reibungsverluste vermeidet.

*These 6: Qualitätsmanagement fördert Ertragssteigerungen,*

weil

die Fokussierung auf Prozesse zu schlanken Abläufen führt, Kosten gesenkt werden und durch ein höheres Zufriedenheitsniveau aller Beteiligten der Ertrag gesteigert werden kann.

*These 7: Qualitätsmanagement fördert die Verwirklichung von Unternehmenszielen,*

weil

alle Qualitätsziele einen direkten Einfluß auf andere leistungswirtschaftliche, ökonomische, soziale oder ökologische Ziele haben.

*These 8: Qualitätsmanagement ist eine Grundlage für den Unternehmenserfolg,*

weil

die Erfüllung der Thesen 1 bis 7 auf das Überleben eines Unternehmens in einem sich verschärfenden Wettbewerb ausgerichtet ist und damit wichtige Voraussetzungen für den Unternehmenserfolg schafft.

## 4. Was ist die ISO 9000er-Normenreihe?

### 4.1 Die Normen allgemein

Was haben nun die ISO 9000er-Normen mit Qualität und Qualitätsmanagement zu tun? „Norm" ist zunächst ein Begriff, der verschiedenste Assoziationen weckt. Es gibt in Deutschland beispielsweise ca. 22 000 Normen und die 9000er-Reihe ist nur eine davon. Im Gegensatz zu technischen Regelwerken ist die ISO 9000er-Normreihe eine *Systemnorm*. Technische Normen geben beispielsweise darüber Auskunft, welche exakten Maße ein Briefbogen im Format DIN-A4 haben muß bzw. welche Toleranzen erlaubt sind. Eine Systemnorm hingegen legt einen Standard an eine Organisation fest, wobei sie das Qualitätsniveau selbst nicht definiert. Die Kernthese der ISO 9000er-Serie lautet: „Legen Sie Ihre Qualität fest und sorgen Sie dafür, daß Aufbau- und Ablauforganisation dazu geeignet sind, Ihre Qualitätsziele zu erreichen."

Im Mittelpunkt der Normenreihe ISO 9000 ff. steht die Kundenzufriedenheit. Alle Forderungen, alle Hinweise, alle Empfehlungen der Norm sollen dazu beitragen, Kundenzufriedenheit zu erreichen. Die Normenreihe fordert, daß Qualitätsziele definiert werden und die Erreichung dieser Qualitätsziele systematisch verfolgt wird. Sie fordert weiter, daß eine klare Aufbau- und Ablauforganisation geschaffen wird. Dazu gehört natürlich auch, daß Zuständigkeiten eindeutig geregelt sind. Denn nichts führt zu größeren Reibungsverlusten, als die Delegation einer Aufgabenverantwortung auf alle, so daß niemand sich mehr zuständig fühlt. Die ISO 9000er-Normenreihe fordert außerdem, daß Verfahren und Prozesse eindeutig geregelt sind. Sie sagt jedoch nichts darüber aus, welche Verfahren und Prozesse in einem Unternehmen existieren müssen oder wie die Zuständigkeiten zu definieren sind. Die Norm verordnet Kommunikation quasi als Pflicht: Es ist Grundvoraussetzung für eine funktionierende Organisation, miteinander zu sprechen. Aber dies reicht nicht aus, um einen reibungslosen Informationsfluß zu gewährleisten: Entscheidungen müssen auch dokumentiert werden. Es ist eine Binsenwahrheit, daß das, was heute gehört und verstanden wurde, morgen vielleicht schon vergessen oder in einem anderen Zusammenhang gesehen wird. Nur durch eine systematische und vollständige Dokumentation kann auch im Zeitablauf nachvollzogen werden, welchen Verlauf eine Angelegenheit nahm und was die Ausgangslage war. Nur so wird es auch möglich, Fehlerursachen zu erkennen statt Fehlersymptome zu bekämpfen.

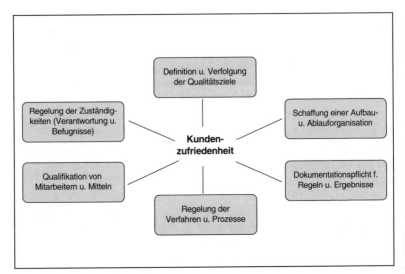

Abbildung 2: Forderungen der ISO 9000er-Normenreihe

Angesichts all dieser Forderungen darf jedoch ein wichtiger und entscheidender Punkt nicht vergessen werden: Die ISO 9000er-Normenreihe stellt ein *Hilfsmittel* dar, um eine Organisationsverbesserung zu erreichen. In Dienstleistungsunternehmen wie Versicherungsgesellschaften arbeiten Menschen, und diese bestimmen die Qualität wesentlich mit. D. h., daß in einem Unternehmen ständig dafür Sorge zu tragen ist, daß die Mitarbeiter ausreichend qualifiziert und mit den richtigen Mitteln ausgestattet sind, um ihre Qualitätsziele erreichen zu können.

Zusammenfassend kann festgehalten werden, daß die ISO 9000er-Normenreihe

- keine technische Norm, sondern eine Systemnorm ist;
- ein Hilfsmittel darstellt, um die Aufbau- und Ablauforganisation eines Unternehmens im weitesten Sinn klar zu strukturieren;
- keine Gleichmacherei anstrebt, da kein Unternehmen mit einem anderen identisch ist und damit auch kein Qualitätsmanagement-System mit einem anderen identisch sein kann;
- unterstützt, um die ureigensten Prozesse, Abläufe und Verantwortlichkeiten in einem Unternehmen klar zu definieren.

Bisher wurde verallgemeinernd von der ISO 9000er-Normenreihe oder von ISO 9000 ff. gesprochen. Detaillierter kann die Normenreihe unterschieden werden nach *Darlegungsmodellen* und *Leitfäden*. ISO 9001, 9002 und 9003 sind diejenigen Normen, nach denen zertifiziert werden kann (Darlegungsmodelle). Diese Normen enthalten explizite Forderungen an ein Qualitätsmanagement-System und stellen die Basis für die Durchführung eines Zertifizierungsaudits dar.

Ein Beispiel: In Element 18, Thema Personal, heißt es: „Der Lieferant (damit ist das Unternehmen gemeint, Anmerkung des Verfassers) muß Verfahrensanweisungen zur Ermittlung des Schulungsbedarfs erstellen ... und für die Schulung aller Mitarbeiter sorgen ..." Umgesetzt in die Praxis bedeutet dies: Es muß der Weg konkret beschrieben werden, wie festzustellen ist, wer welche Schulungen braucht. Dies kann in einem Organisationshandbuch, in einem Mitarbeiterhandbuch oder auch in einem Qualitätshandbuch festgehalten sein, um nur einige mögliche Beispiele aus der Praxis zu nennen. Wichtig ist, daß die Regeln, nach welchen der Schulungsbedarf festgelegt wird, eindeutig formuliert sind. Dies kann beispielsweise in jährlichen Mitarbeitergesprächen geschehen, in denen klar definiert wird, welches die zu erreichenden Ziele waren bzw. sind, was konkret erreicht wurde, welches die nächsten Aufgaben sind, welche Qualifikationen benötigt werden, welche Schulungen durchgeführt werden müssen usw. Das Ergebnis der Bedarfsplanung kann in einem oder mehreren Schulungsplänen zusammengefaßt werden. Ergebnisse von Schulungen, wie Zertifikate, Teilnehmerlisten oder Teilnehmernachweise gelten als Nachweisdokumente und beweisen, daß das System gelebt wird und somit die Forderungen des Elements 18 der Norm ISO 9001/9002/9003 erfüllt sind.

*ISO 9001 enthält 20 Elemente.* Der Gedanke, der sich hinter der logischen Reihenfolge dieser 20 Elemente verbirgt, hat einen klar industriellen Ursprung. Vereinfacht dargestellt liegt ihr etwa folgender „Produktionsablauf" zugrunde:

Nach Eingang der Bestellung eines Kunden ist zu prüfen, ob dieses Produkt in der gewünschten Form geliefert werden kann (QM-Element 3). Wenn ja, sind beispielsweise Zeichnungen zu erstellen oder eine Projektplanung durchzuführen (QM-Element 4). Die richtigen Materialien sind einzukaufen, um eine einwandfreie Produktqualität sicherstellen zu können (QM-Element 6). Nach der Wareneingangsprüfung und Kennzeichnung der erhaltenen Teile (QM-Element 8) kann die Produktion (QM-Element 9) erfolgen. Während des gesamten Herstellungsprozesses sind Prüfungen (QM-Element 11) durchzuführen, um Fehler rechtzeitig erkennen und korrigieren zu können (QM-Element 13). Zu diesem Zweck werden Prüfmittel wie z. B. Meßschieber verwendet, die zu nachvollziehbaren Meßergebnissen führen (QM-Element 11). Um stabile Prozesse zu erreichen, sollten nach Bedarf Statistische Methoden eingesetzt werden (QM-Element 20). Teile und Endprodukte sind während des gesamten Herstellprozesses so zu handhaben, daß sie vor Beschädigung geschützt werden (QM-Element 15). Durch systematische Fehlererfassung können Fehlerursachen erkannt und Maßnahmen eingeleitet werden, um Wiederholungsfehler zu vermeiden (QM-Element 14). Über alle kritischen Einzelschritte sind Aufzeichnungen zu führen (QM-Element 16), um den Produktionsablauf nachvollziehen zu können.

| Norm-Elemente | | ISO 9001 | ISO 9002 | ISO 9003 |
|---|---|---|---|---|
| 1. | Verantwortung der Leitung | ● | ● | ● |
| 2. | Qualitätsmanagementsystem | ● | ● | ● |
| 3. | Vertragsprüfung | ● | ● | ● |
| 4. | Designlenkung | ● | ○ | ○ |
| 5. | Lenkung der Dokumente | ● | ● | ● |
| 6. | Beschaffung | ● | ● | ○ |
| 7. | Vom Auftraggeber beigestellte Produkte | ● | ● | ● |
| 8. | Identifikation und Rückverfolgbarkeit von Produkten | ● | ● | ● |
| 9. | Prozeßlenkung | ● | ● | ○ |
| 10. | Prüfungen | ● | ● | ● |
| 11. | Prüfmittel | ● | ● | ● |
| 12. | Prüfstatus | ● | ● | ● |
| 13. | Lenkung fehlerhafter Produkte | ● | ● | ● |
| 14. | Korrektur- und Vorbeugungsmaßnahmen | ● | ● | ● |
| 15. | Handhabung, Lagerung, Verpackung, Konservierung und Versand | ● | ● | ● |
| 16. | Lenkung von Qualitätsaufzeichnungen | ● | ● | ● |
| 17. | Interne Qualitätsaudits | ● | ● | ● |
| 18. | Schulung | ● | ● | ● |
| 19. | Wartung / Kundendienst | ● | ● | ○ |
| 20. | Statistische Methoden | ● | ● | ● |

Legende: ● erfaßt
○ nicht erfaßt

Abbildung 3: ISO 9000er-Normenelemente

ISO 9001, 9002 und 9003 unterscheiden sich inhaltlich grundsätzlich nicht voneinander, sondern lediglich durch die Anzahl der Elemente. ISO 9001 enthält 20 Elemente, ISO 9002 ist praktisch identisch mit Ausnahme eines Elements, nämlich Design oder Entwicklung. Diese Norm ist geeignet für Unternehmen, die keine Forschung und Entwicklung betreiben. ISO 9003, die kürzeste Norm, enthält 16 Elemente und interessiert Unternehmen, die lediglich Qualitätsmanagement in der Endprüfung oder Endmontage darlegen möchten.

Wichtig ist in diesem Zusammenhang die Tatsache, daß ISO 9001, 9002 und 9003 keine Qualitätsmanagementzertifikate erster, zweiter oder dritter Klasse beinhalten. Der Unterschied liegt in der Anzahl der Elemente. Für Deutschland zeigt die DQS-Statistik, daß ca. 80 Prozent aller Zertifikate nach ISO 9001 erteilt wurden.

Die ISO 9000er-Normenreihe gilt für Unternehmen aller Wirtschaftsbranchen und aller Größen. Sie legt Mindestanforderungen an das Qualitätsmanagement-System in einem Unternehmen fest, nicht Qualitätsstandards.

## 4.2 Ansätze zur Interpretation der Normen für Versicherer

Ein Versicherungsunternehmen ist grundsätzlich anders strukturiert als ein Industriebetrieb im Produzierenden Gewerbe. Aus diesem Grunde müssen und können die ISO 9000er-Normen für die Assekuranz interpretiert und auf die individuelle Situation angepaßt werden. Sie sind ja ein grundsätzliches Hilfsmittel, um ein Qualitätsmanagement-System aufzubauen und einzuführen.

Neben ISO 9001, 9002 und 9003 gehören ISO 9000 und ISO 9004 ebenfalls zur Familie. Diese Reihen sind Leitfäden. Sie enthalten Hilfestellungen, Empfehlungen und Hinweise zum Aufbau eines Qualitätsmanagement-Systems. Forderungen sind darin nicht enthalten. Diese Leitfäden sind für verschiedene Wirtschaftsbranchen erstellt worden. Für Versicherer interessant ist die ISO 9004/2: „Qualitätsmanagement und Qualitätsmanagementelemente – Leitfaden für Dienstleistungen". Wichtige Hinweise enthält auch ISO 9000/1: Hier finden sich allgemeine Hinweise zum Qualitätsmanagement sowie Interpretationen und Erläuterungen zu den einzelnen Forderungen. In diesem Leitfaden wird der Bezug zum Prozeßmanagement hergestellt. Der Qualitätskreis wird erläutert, mit dessen Hilfe Fehlerquellen in einem Produktions- oder Dienstleistungskreislauf eliminiert werden können.

Für Versicherer spielt bei der Beurteilung gewerblicher Risiken darüber hinaus der Zusammenhang zwischen Zertifikat und Produkthaftung eine wichtige Rolle. Ausgangsbasis ist die Tatsache, daß die nationalen Produkthaftungsgesetze innerhalb der Europäischen Union auf EU-Richtlinien basieren. Diese Gesetze richten sich nach dem Gefährdungsprinzip, wonach die Beweislast nicht mehr beim Geschädigten, sondern beim (möglichen) Schädiger liegt. Für die Rechtsprechung bedeutet dies, daß Unternehmen alle Forderungen, die sich aus der Produkthaftung ergeben, erfüllen müssen, es sei denn, sie können ihre Unschuld beweisen. Ein Produzent kann mögliche Forderungen aus der Produkthaftung vertraglich nicht ausschließen und muß darüber hinaus den Stand der Technik einhalten. D. h.: Allgemein gültige und gängige Normen müssen nachweislich angewandt werden. Kommt es in einem Schadensfall zum Prozeß, wird das Gericht erwarten, daß der Stand der Technik eingehalten wurde. Die Normenreihe ISO 9000 ff. ist eine international anerkannte Norm und gilt in 75 Ländern der Erde. Es ist in der Industrie zwischenzeitlich quasi zur Mindestvoraussetzung geworden, diese Norm zu erfüllen. Ein Versicherer, der in einem Unternehmen eine Risikobeurteilung vornimmt und feststellt, daß kein Qualitätsmanagement-System nach ISO 9000 ff. besteht, sollte die Gründe hierfür kritisch hinterfragen, denn offensichtlich wird der Stand der Technik nicht eingehalten. Es geht hier vor allem um ein mögliches Organisationsverschulden bzw. den Nachweis, daß alles getan wird, um sichere Produkte zu liefern und Schäden an Menschen und Material zu vermeiden.

## 5. Was bedeutet Zertifizierung?

Zertifizieren bedeutet *Sicherheit vermitteln* durch Überprüfen und Bestätigen. Mit einem Zertifikat wird bestätigt, daß die Mindestanforderungen an ein Qualitätsmanagement-System, wie sie in der ISO 9000er-Normenreihe festgelegt sind, auch realisiert wurden. Entscheidend ist, daß die Zertifizierung durch einen unparteiischen Dritten vorgenommen wird. In diesem Sinne kann eine Zertifizierung auch wie folgt definiert werden: „Maßnahme durch einen unparteiischen Dritten, die aufzeigt, daß angemessenes Vertrauen besteht, daß ein ordnungsgemäß bezeichnetes Erzeugnis, Verfahren oder eine ordnungsgemäß bezeichnete Dienstleistung in Übereinstimmung mit einer bestimmten Norm oder einem bestimmten anderen normativen Dokument ist" (EN 45012).

Das Zertifikat selbst trifft aber keine Aussage darüber, ob höchste Qualität geliefert wird oder das Produkt/die Dienstleistung höchsten Ansprüchen genügt. Ein Zertifikat drückt keine Wertung aus. Es besagt lediglich, daß die *Mindestanforderungen der zutreffenden Norm* erfüllt sind. D. h. nicht, daß zertifizierte Unternehmen höhere Servicequalität oder bessere Kundenorientierung bieten als andere.

Es gibt externe und interne Gründe, weshalb eine Zertifizierung sinnvoll ist. Idealerweise sollten die internen Gründe wie Eigeninitiative, Motivation und Vertrauen für alle Mitarbeiter, das Verbesserungsdenken oder die Sicherung von Arbeitsplätzen im Vordergrund stehen. Nach außen können durch eine Zertifizierung Wettbewerbsvorteile durch zusätzliche Verkaufsargumente, dokumentierte Nachweise, Reduktion von Kosten (z. B. durch den Wegfall von Kundenaudits) sowie durch gefestigtere Kundenbindungen erreicht werden.

| Externe Gründe: | Interne Gründe: |
|---|---|
| ○ Wettbewerbsvorteile durch das Zertifikat | ○ Anstoß zum Aufbau eines QM-Systems |
| ○ wesentliches Argument in Werbung und Verkauf | ○ Motivation und Vertrauen für alle Mitarbeiter |
| ○ ohne Zertifizierung oft kein Auftrag | ○ Verbesserung des QM-Systems aufgrund der Ergebnisse des Audits |
| ○ Kundenaudits entfallen oder werden wesentlich reduziert | ○ Sicherung von Arbeitsplätzen |
| ○ gefestigte Beziehungen zu den Kunden | |

Abbildung 4:  Motive für eine Zertifizierung nach ISO 9000 ff.

*Rudolf Bätscher/Helmut Fink*

Aufbau und Einführung eines Qualitätsmanagement-Systems nach ISO 9000 ff. – Ein Leitfaden entlang von acht Fragen und Antworten

# Aufbau und Einführung eines Qualitätsmanagement-Systems nach ISO 9000 ff.

Der vorliegende Leitfaden gibt eine grundsätzliche Orientierung über den Aufbau eines Qualitätsmanagement-Systems (QM-Systems) und die Zertifizierung nach den ISO 9000-Qualitätselementen. Er ist eine *Entscheidungshilfe* für all jene Organisationen, die sich mit dem Aufbau eines QM-Systems befassen und dieses in einem Zertifizierungsverfahren überprüfen lassen wollen. Beantwortet werden acht Fragen, die im Zusammenhang mit Qualität und ISO 9000 immer wieder gestellt werden:

1. Wie entstand die Normenreihe ISO 9000?
2. Wie erlangt man ein Zertifikat nach ISO 9000?
3. Was ist Qualität?
4. Was kann die ISO 9000?
5. Welches sind die Elemente von ISO 9001?
6. Wie verlaufen der Aufbau eines QM-Systems und eine Zertifizierung nach ISO 9000?
7. Welche Voraussetzungen gelten für eine Zertifizierung?
8. Was ist der Nutzen einer Zertifizierung?

## 1. Wie entstand die Normenreihe ISO 9000?

ISO steht für *Internationale Standardorganisation* und ist eine weltweite Vereinigung nationaler Normungsinstitute. Sie erarbeitet auch Normen zum Qualitätsmanagement (QM). Die Qualitätsnormenreihe ISO 9000 wurde in den 80er Jahren mit dem Ziel entwickelt, die existierenden nationalen Normen und Branchennormen über QM-Systeme zu vereinheitlichen. Diese Normen wurden in die EG- und EFTA-Länder als Europäische Normen der Reihe EN 29000 übernommen. Damit verbunden war auch die Verpflichtung, die ISO- bzw. EN-Normen in die jeweiligen nationalen Normenwerke einzuführen. Die Normenreihe hat grundsätzlich Gültigkeit für alle Wirtschaftsbranchen und erlaubt die Verbesserung von Qualitätsmanagement entlang allgemeingültiger Regelungen.

Der Aufbau von QM-Systemen nach dieser Normenreihe erfährt in der Wirtschaft ein *stetig steigendes Interesse*. Einer der Hauptgründe dafür ist die Tatsache, daß ISO-Systeme für den Europäischen Wirtschaftsraum ein integrierendes Instrument sind und in Form der Normenreihe EN 29000 als Grundanforderung auch für den gesetzlich geregelten Vertrags-, Haftpflicht- und Qualitätsbereich Verwendung finden. Zudem hat die Industrie Europas freiwillig diese Normen als ein generell anwendbares Instrument für die Bearbeitung von Qualitätsmanagementproblemen zwischen Lieferanten und Kunden gewählt. Als Folge davon wurden QM-Systeme, ihre Überprüfung und ihr Nachweis nicht nur zu einem wichtigen Marketingfaktor im Wettbewerb, sondern dienten vor allem auch der Verbesserung von Arbeitsabläufen und der unternehmensinternen Motivation.

Heute sind noch über 90 Prozent der zertifizierten Unternehmen Industrieunternehmen. Allerdings kann ein *zunehmendes Interesse seitens Dienstleistungsunternehmen* beobachtet werden. Davon zeugt auch die Weiterentwicklung der Normenserie ISO 9004/EN 29004, Teil 2 „Qualitätsmanagement und Elemente eines Qualitätsmanagement-Systems – Leitfaden für Dienstleistungen" derart, daß den Besonderheiten der Dienstleistungserstellung immer besser Rechnung getragen werden kann.

## 2. Wie erlangt man ein Zertifikat nach ISO 9000?

Wünscht eine Organisation die Zertifizierung ihres QM-Systems nach der ISO 9000-/EN 29000-Qualitätsnormenreihe, so hat sie die Erfüllung bestimmter Kriterien nachzuweisen. In einer oder mehreren Prüfungen, in der Fachterminologie *Audits* genannt, untersuchen Experten unabhängiger, eigens dafür autorisierter Zertifizierungsstellen, ob die relevanten Normen erfüllt sind. Mit einem Zertifikat wird einer Organisation bescheinigt, daß sie über ein QM-System verfügt, das unter Berücksichtigung aller Funktionen vollständig aufgebaut ist und zweckmäßig geführt sowie entsprechend gelebt wird. Mit anderen Worten: Ein Qualitätsmanagement im Sinne der ISO 9000/EN 29000 wird betrieben.

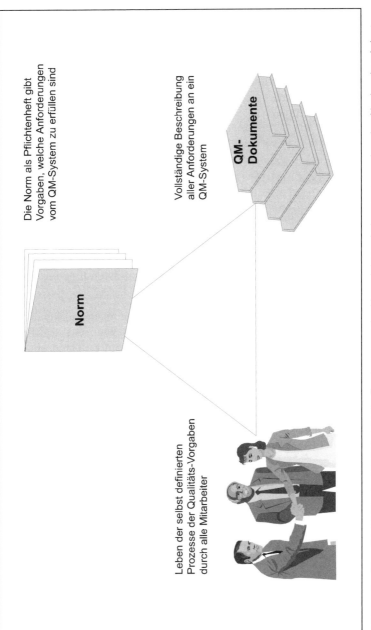

Abbildung 1: Eine Zertifizierung erlangt, wer die Forderungen der Norm lebt und einen entsprechenden Nachweis erbringt

Das QM-System dient also dazu, *Fehler im Geschäftssystem zu vermeiden* und Abweichungen von Qualitätsstandards frühzeitig zu erkennen und entsprechende Anpassungsmaßnahmen einzuleiten. Letztendlich bietet ein Zertifikat nach der ISO 9000/EN 29000-Normenreihe, das nur drei Jahre Gültigkeit hat und dann wieder neu erworben werden muß, eine Garantie für ein *ständiges Bemühen um höchste Qualität* für Kunden und Leistungsempfänger.

## 3. Was ist Qualität?

ISO 9000 ist eine Normenreihe, anhand der das QM-System einer Organisation gestaltet, entwickelt, gepflegt und periodisch auf seine Funktionsfähigkeit hin überprüft werden kann. Der Begriff „Qualität" wird dabei gemäß ISO 8402 verstanden als „Gesamtheit von Merkmalen eines Produkts oder einer Dienstleistung in bezug auf deren Eignung, festgelegte Anforderungen zu erfüllen".

Für eine Organisation heißt dies, daß die Anforderungen von Kunden und Leistungsempfängern unter bestimmten technischen, wirtschaftlichen, sozialen und ökologischen Rahmenbedingungen auf kostengünstige Art zu erfüllen sind. Qualität darf demnach nicht als Perfektion verstanden werden. Die Erwartungen von Kunden und Leistungsempfängern sollten dahingehend erfüllt werden, daß beide stets das erhalten, was sie bestellt und wofür sie bezahlt haben – und zwar in Erfüllung einer einwandfreien, vereinbarten und vorausgesetzten Qualität.

## 4. Was kann die ISO 9000?

Um eine so verstandene Qualität nachhaltig abzusichern, bietet ISO 9000 eine *Hilfestellung*. Es werden vier Normenreihen unterschieden: Die ISO 9001 deckt das Qualitätsmanagement in der gesamten Organisation ab. Zwei weitere Normenreihen beziehen sich auf das Qualitätsmanagement in Produktion und Montage (ISO 9002) und auf die Darlegung bei der Endprüfung (ISO 9003). ISO 9004 ist ein Leitfaden zur Interpretation der Normen insbesondere auch für die Dienstleistungsbranche.

## 5. Welches sind die Elemente von ISO 9001?

Die ISO 9001-Normenreihe umfaßt *20 Elemente*. Diese bilden zusammen ein integriertes QM-System und decken Beschaffung, Forschung und Entwicklung, Produktion, Leistungserbringung und Vermarktung ab. Sie erstrecken sich auf die Aufbau- und Ablauforganisation, beziehen sämtliche Angehörige von der Unternehmungsleitung bis zum Lehrling mit ein und sind ausgerichtet auf das Ergreifen konkreter Maßnahmen zu einem nachhaltigen Qualitätsmanagement. Die 20 Elemente lauten:

1. Verantwortung der Leitung
2. Qualitätsmanagement-System
3. Vertragsprüfung
4. Designlenkung
5. Lenkung der Dokumente
6. Beschaffung
7. Vom Auftraggeber beigestellte Produkte
8. Identifikation und Rückverfolgbarkeit von Produkten
9. Prozeßlenkung
10. Prüfungen
11. Prüfmittel
12. Prüfstatus
13. Lenkung fehlerhafter Produkte
14. Korrektur- und Vorbeugungsmaßnahmen
15. Handhabung, Lagerung, Verpackung, Konservierung und Versand
16. Lenkung von Qualitätsaufzeichnungen
17. Interne Qualitätsaudits
18. Schulung
19. Wartung/Kundendienst
20. Statistische Methoden

Ist ein Unternehmen das erste Mal mit diesen Bezeichnungen konfrontiert, so stellt sich rasch Erklärungsbedarf ein. Nachfolgend werden deshalb die einzelnen Elemente näher erläutert.

### 5.1 Verantwortung der Leitung

Die Geschäftsleitung einer Organisation ist maßgeblich auch für die Qualität verantwortlich. Diese Verantwortung umfaßt im wesentlichen die folgenden Aspekte:

- Das Vorliegen und die Kommunikation von *Qualitätspolitik und Qualitätszielen*. D. h., der Vorstand (oder: die oberste Geschäftsleitung, die Generaldirektion) muß die Qualitätspolitik einschließlich der daraus abgeleiteten Qualitätsziele sowie die Verpflichtung zu Qualität festlegen und dokumentieren. Die Qualitätsziele müssen meßbar sein, damit Soll-Ist-Vergleiche erstellt werden können (vgl. auch: ISO-Element 8: Rückverfolgbarkeit). Eine Qualitätspolitik enthält in der Regel Erläuterungen zu den folgenden Punkten:
  1. Was versteht man im Unternehmen unter dem Begriff „Qualität"?
  2. Woraus besteht Qualität bei den Produkten und Dienstleistungen?
  3. Welchen Stellenwert hat Qualität im Unternehmen?

- Die Definition von *Befugnissen und Verantwortlichkeiten*, die den Qualitätszielen entsprechen. D. h., daß Qualitätspolitik und Qualitätsziele im Einklang mit der Struktur und den Zuständigkeiten stehen sowie den Erwartungen und Anforderungen der Kunden entsprechen müssen. Eine Qualitätspolitik darf nicht im Widerspruch zu anderen Unternehmenszielen stehen. Aufgaben, Kompetenzen und Verantwortlichkeiten sowie die gegenseitige Beziehung aller Funktionen und/oder Personen mit Einfluß auf die Qualität müssen festgelegt sein. Der Zweck dieser Forderung besteht darin, Überschneidungen von Aufgaben und Kompetenzen oder die Vernachlässigung von qualitätsrelevanten Aufgaben zu vermeiden.

- Die erforderlichen *Mittel* für leitende, ausführende und prüfende Tätigkeiten müssen bereitgestellt und das Personal muß entsprechend geschult werden. Wenn z. B. Überprüfungen von Qualitätsstandards erfolgen, muß festgelegt sein, welche Mittel dazu benötigt werden und definiert sein, welche Qualifikationen dazu erforderlich sind.

- Die Sicherstellung der fachlichen, methodischen, führungs- und verhaltensbezogenen *Qualifikation von Führungskräften und Mitarbeitern*. D. h., daß sichergestellt sein muß, daß die Qualitätspolitik auf allen Ebenen und in allen organisatorischen Einheiten des Unternehmens verwirklicht wird. Alle Mitarbeiter sollen verstehen, welche Aussagen der Qualitätspolitik für die eigene Arbeit besonders wichtig sind und worin Qualität bei der eigenen Funktion besteht. Diese ISO-Forderung kann am besten durch Publizität von Qualitätspolitik und Qualitätszielen sowie durch Mitarbeitergespräche, Qualitätszirkel oder Qualitäts-Workshops erfüllt werden.

» Ein *Beauftragter der obersten Leitung* (Vorstand, Generaldirektor, Geschäftsleiter, Bevollmächtigter etc.) muß sicherstellen, daß ein QM-System in Übereinstimmung mit ISO 9001 festgelegt, umgesetzt und gelebt wird. Es muß namentlich jemand benannt werden, der diese Verantwortungen trägt.

» Die Regelung der Reviews des QM-Systems (*Management Review*). Hier muß verbindlich formuliert werden, wie oft, mit welchen Mitteln und über welche Verfahren die Wirksamkeit des QM-Systems durch wen bewertet wird. Es ist die Pflicht des Vorstands, das QM-System in festgelegten Zeitabständen zu bewerten, um die Eignung und die Wirksamkeit bei der Erfüllung der Normforderungen sowie bei der Erfüllung der Qualitätspolitik und der Qualitätsziele festzustellen. Aus diesen Bewertungen müssen Maßnahmen abgeleitet, festgehalten und überwacht werden. Aufzeichnungen über diese Bewertungen müssen aufbewahrt werden.

» Die *Fortentwicklung des QM-Systems* im Hinblick auf permanente Qualitätsförderung muß festgehalten sein, sodaß sichergestellt ist, daß das QM-System nicht statisch auf einem bestimmten Status Quo ,,eingefroren" bleibt, sondern dauerhafte Verbesserungen vorsieht. Die Überprüfung erfolgt wiederum in der Form von Soll-Ist-Bewertungen im Management Review.

## 5.2 Qualitätsmanagement-System (QM-System)

Es muß dargelegt werden, wie die Dokumentation des QM-Systems aufgebaut ist und welche Funktionen die einzelnen Bestandteile des QM-Systems besitzen. In der Regel besteht ein QM-System aus drei Ebenen:

1. Auf der *obersten (,,Verfassungs-")Ebene* enthält die QM-Dokumentation allgemeine Aussagen zum QM-System sowie Prozeßbeschreibungen.

2. Auf der *zweiten (,,Gesetzes-")Ebene* regeln Richtlinien bzw. Verfahrensanweisungen die in der Praxis gelebten Abläufe. Hier findet auch die ,,materielle" Qualität, beispielsweise in der Form von Qualitätsstandards, ihren Eingang in das QM-System. Gleichzeitig wird auf dieser Ebene das Qualitätscontrolling festgelegt.

3. Auf der *dritten („Verordnungs-)Ebene* unterstützen Hilfsmittel wie Formulare, Checklisten, Bildschirmmasken oder Disketten die praktische Umsetzung der Verfahrensanleitungen.

Zum QM-System gehört zwingend auch die *Qualitätsplanung*. Es muß festgelegt werden, wie Qualitätsforderungen an Produkte und Dienstleistungen erfüllt werden sollen. Beschrieben werden soll

- wer die Kunden- und Marktanforderungen ermittelt,
- wer diese Anforderungen in Spezifikationen und Vorgaben umsetzt,
- wer die Spezifikationen und Vorgaben in Produkte, Dienstleistungen und Verträge umsetzt,
- wer die Produkte an den Kunden liefert, wer die Dienstleistungen erbringt und wer die Kunden betreut.

## 5.3 Vertragsprüfung

Bei der Vertragsprüfung muß festgelegt werden

- welche Vertragsarten im Haus relevant sind und
- auf welche Weise und über welche Verfahren sichergestellt wird, daß Verträge oder Vereinbarungen zwischen einer Organisation und ihren Kunden, Leistungsempfängern, Lieferanten oder anderen Partnern das von beiden Seiten Beabsichtigte tatsächlich beinhalten.

Kernstück sind der Prozeß der *Vertragsentstehung* und die laufende Überwachung, ob das in einem Vertrag Geregelte tatsächlich eingehalten wird. Die Forderungen der Kunden müssen angemessen festgelegt und dokumentiert sein. So kann z. B. mit Checklisten für den Außendienst sichergestellt werden, daß der Kunde zu allen für das Unternehmen notwendigen Informationen und zu seinen Wünschen befragt wird.

Zudem muß sichergestellt sein, daß *Abweichungen* zwischen den Forderungen eines Vertrages, eines Auftrages und dem Angebot („Antrag") vor Vertragsabschluß geklärt werden. Angebot und Vertrag („Antrag, Offerte und Police") müssen daher miteinander verglichen werden. Auch die Machbarkeit muß gewährleistet sein. Dabei ist zweckmäßigerweise zu unterscheiden zwischen Standardprodukten und individuellen Problemlösungen. Machbarkeitsprüfungen sind dort, wo zweckmäßig und notwendig, durchzuführen. Schließlich ist zu definieren, nach welchem Verfahren und unter welchen Verantwortlichkeiten *Vertragsänderungen* vorgenommen werden können.

Vertragsänderungen müssen natürlich dokumentiert werden. D. h., es müssen z. B. *Aufzeichnungen* vorhanden sein, daß Kundenanforderungen und Änderungsofferte verglichen wurden, wer dies getan hat, wer Vertragsänderungen vorgenommen hat etc. Dies kann mit Kurzzeichen und Datum im Kundendossier oder im Kundenfile geschehen oder durch die Annahme einer Vertragsänderung aufgrund infomatikunterstützter Plausibilitäten im EDV-System.

## 5.4 Designlenkung

Designlenkung heißt Lenkung von Forschung und Entwicklung. Im wesentlichen handelt es sich dabei im Industriebereich um die Produktentwicklung und im Dienstleistungsbereich um die Leistungsentwicklung. Da Dienstleistungen ihrer Natur nach jedoch vielfach nicht im voraus entwickelt werden können, sondern erst mit der Erbringung der Dienstleistung entstehen, fließt auch der Prozeß der Dienstleistungserbringung in die Designlenkung mit ein. Mit der Designlenkung soll die Vorgehensweise zur Entwicklung von Produkten, Dienstleistungen und Verfahren festgelegt werden. Allerdings muß jedes Unternehmen für sich beantworten, was unter Entwicklung zu verstehen ist.

Nach der Norm müssen die folgenden Aspekte berücksichtigt sein:

➤ Design- und Entwicklungsplanung: Es muß sichergestellt sein, daß für jede Design- bzw. Entwicklungstätigkeit Pläne erstellt werden, welche diese Tätigkeiten und die entsprechenden Zuständigkeiten regeln. Aus diesen sollte hervorgehen, wer in welchen Entwicklungstätigkeiten – das können Projekte sein – mit welchen Aufgaben betraut ist, und wer diese Pläne wann erstellt. Die mit Entwicklungstätigkeiten beauftragten Mitarbeiter müssen dafür qualifiziert und mit den angemessenen Mitteln ausgestattet sein. Diese Forderung ist vor Beginn eines Entwicklungsprojektes sicherzustellen.

➤ Organisatorische und technische *Schnittstellen* müssen transparent sein. Es ist festzulegen, wer im eigenen Unternehmen, bei Kunden, bei Kooperationspartnern, bei Lieferanten etc. an der Entwicklung beteiligt ist, wer welche Aufgaben, Kompetenzen und Verantwortungen hat, wie der Informationsfluß zu verlaufen hat etc.

➤ *Designvorgaben* müssen vor Beginn einer Entwicklung am besten schriftlich festgelegt werden (z. B. Produkt-, Dienstleistungs- oder Verfahrensmerkmale; gesetzliche oder behördliche Auflagen). Um zu vermeiden, daß unrealistische, unvollständige oder widersprüchliche Forderungen gestellt werden, sind Designvorgaben auf Angemessenheit, Vollständigkeit und Plausibilität zu überprüfen. Es ist zu gewährleisten, daß Ergebnisse der Vertragsprüfung in die Designvorgaben einfließen. D. h., daß Personen, welche Vertragsprüfungen durchgeführt haben, an der Festlegung von Designvorgaben beteiligt werden. Wichtig sind vor allem Änderungswünsche bei Produkten oder Dienstleistungen.

➤ Das *Designergebnis* muß dokumentiert und so dargestellt werden, daß es mit den Vorgaben verglichen werden kann um festzustellen, ob die Vorgaben erfüllt sind. Es genügt dabei nicht, nur zu sagen, alles sei in Ordnung. Die Ergebnisse müssen den zu erreichenden Zielen gegenübergestellt werden. Das Designergebnis muß auch Annahmekriterien für das neue Produkt, die neue Dienstleistung oder das neue Verfahren beinhalten. Aus dieser Normforderung entstehen entweder Abschlußberichte oder aber konkrete Produktspezifikationen, Dienstleistungsanforderungen oder Verfahrensanweisungen. Vor der Freigabe müssen die dokumentierten Designergebnisse geprüft werden. Prüfung und Freigabe sollten aus einem Abschlußbericht ersichtlich sein.

➤ Während der Entwicklung müssen zweckmäßige *Prüfungen* geplant, durchgeführt und dokumentiert werden. Damit soll erreicht werden, daß Zwischenergebnisse periodisch bewertet werden, um möglichst frühzeitig und auch mit noch geringem Kostenaufwand Korrekturen vornehmen zu können. Aufzeichnungen über Designprüfungen müssen wie andere Nachweisdokumente ebenfalls aufbewahrt werden.

➤ Mit der *Designverifizierung* soll in Phasen sichergestellt werden, ob die gestellten Designvorgaben auch erfüllt werden. Gefordert ist ein Soll-Ist-Vergleich zwischen Vorgabe und (Zwischen-)Ergebnis.

➤ Mit der *Designvalidierung* soll mit dem oder beim Kunden bzw. Leistungsempfänger geprüft werden, ob Produkt, Dienstleistung oder Verfahren den Erwartungen entsprechen. Dies kann z. B. durch Produktpräsentationen, Probekäufe, Testbezüge, Testläufe oder strukturierte und systematische Abnahmeverfahren geschehen.

➤ *Designmodifikationen* müssen definiert, dokumentiert, geprüft und durch hierzu berechtigte Mitarbeiter freigegeben werden. Diese Forderung ist sehr bedeutend, da im Laufe eines Entwicklungsprozesses immer neue Aspekte auftauchen, über deren Berücksichtigung entschieden werden muß.

## 5.5 Lenkung der Dokumente

Dieses Element fordert, daß in einem Unternehmen qualitätsrelevante Dokumente verwendet werden und daß deren Erstellung, Änderung, Prüfung und Freigabe systematisch und nachvollziehbar vorgenommen wird. Dokumente enthalten im Sinne von ISO 9000 ff. Vorgaben (z. B. für Prozesse oder Aufgaben). Lenkung bedeutet in diesem Zusammenhang, zu wissen, wer welche Dokumente benötigt, und wer über welche Dokumente verfügt.

Qualitätsrelevante Dokumente müssen durch dazu befugte Mitarbeiter auf ihren Zweck, ihre Handhabbarkeit und ihre Angemessenheit hin *überprüft und formell freigegeben* werden. Dies kann beispielsweise in einer Verantwortlichkeitsmatrix geschehen. Durch ein schlankes Überwachungs- und Kennzeichnungsverfahren muß der Status klar erkennbar und die Verwendung ungültiger Dokumente ausgeschlossen sein (Datei oder Liste). Bei kleineren Unternehmen kann eine Person für den Dokumentenaustausch zuständig sein. Bei größeren Unternehmen ist es zweckmäßig, die Nutzer verantwortlich zu machen und im Rahmen interner Qualitätsaudits die Wirksamkeit der Regelung zu überprüfen. Zudem muß gewährleistet sein, daß die relevanten Dokumente und Daten bei denjenigen Stellen vorhanden sind, die sie für ihre Tätigkeiten benötigen (Verteiler).

Die *Änderung* von Dokumenten muß ebenfalls auf ihren Zweck, ihre Handhabbarkeit und ihre Angemessenheit hin überprüft und formell freigegeben werden. Die Art der Änderung muß aus den Dokumenten selbst oder aus Beilagen ersichtlich sein, sodaß die Nutzer sofort erkennen, was sich wann warum geändert hat.

## 5.6 Beschaffung

Unter Beschaffung ist die Versorgung einer Organisation mit Ressourcen – Personal, Finanzen, technische Hilfsmittel etc. – zu verstehen. Eingekaufte Produkte, Halbfabrikate, Rohstoffe, Dienstleistungen oder immaterielle Vorleistungen wie Informationen, Programme oder Daten sind für die Qualität und/oder Kosten der eigenen Produkte oder Dienstleistungen entscheidend. Bei Versicherern können dies Maklerleistungen, Gutachten (z. B. Gesundheitsprüfungen, Expertisen) oder auch Rückversicherungsleistungen sein. Im Rahmen des Qualitätsmanagements werden beispielsweise die Vorgabe von Qualitätsstandards oder die Anwendung zweckmäßiger Auswahl-, Prüf- oder Beurteilungsverfahren gefordert. Diese müssen bezüglich Auswahl und Beurteilung von Lieferanten oder Leistungserbringern sowie bezüglich Beschaffungsangaben und beschafften Produkten oder Dienstleistungen transparent und nachvollziehbar gestaltet sein.

*Neue Lieferanten* von Produkten oder Vorleistungen müssen dahingehend überprüft werden, ob sie den eigenen Anforderungen genügen. Dies können in der Assekuranz Verkäufer, Makler, Rückversicherer, Mitversicherer, Anwälte, Loss Adjustors, Stellenvermittler etc. sein. Es sollten Kriterien festgelegt sein, anhand derer neue Lieferanten ausgewählt und beurteilt werden können.

Auch Art, Umfang und Kriterien für die laufende *Überwachung bestehender Lieferanten* müssen festgelegt werden. Diese Forderung bedeutet, daß alle Lieferanten von qualitätsrelevanten Produkten oder Dienstleistungen laufend danach bewertet werden müssen, wie gut sie die Anforderungen erfüllen. Je größer der Einfluß des zugelieferten Produktes oder der zugelieferten Dienstleistung auf die Qualität des eigenen Produktes, der eigenen Dienstleistung oder auch der eigenen Verfahren ist, desto sorgfältiger sollte diese laufende Bewertung durchgeführt werden. Ziel der Bewertung ist es, mögliche Abweichungen von den Forderungen als Grundlage für Verbesserungen zu nutzen. In der Regel genügt es

- festzulegen, welche Lieferanten warum, wann und wie bewertet werden,

- einen Überblick über die „zugelassenen" Lieferanten zu haben sowie

- jederzeit zu wissen, wie gut oder wie schlecht die Lieferanten insgesamt die eigenen Anforderungen erfüllen.

Reklamationen in einer Wertschöpfungskette sind häufig darauf zurückzuführen, daß Kunden nicht genau definieren, wie das gewünschte Produkt oder die Dienstleistung beschaffen sein muß. Deshalb soll sichergestellt sein, daß das Unternehmen als Kunde gegenüber seinen Lieferanten alle erforderlichen *Beschaffungsangaben* festlegt und kommuniziert. Das kann bedeuten, daß die jeweils zuständigen Fachabteilungen, die das zu beschaffende Produkt oder eine Dienstleistung benötigen, für das Aufstellen und Vermitteln der Anforderungen bis hin zur Qualifikation des Personals beim Lieferanten verantwortlich sind.

## 5.7 Vom Auftraggeber beigestellte Produkte

Als beigestellte Produkte gelten neben physischen Halb- oder Fertigfabrikaten auch immaterielle Güter wie Informationen, Gutachten, Akten, Rapporte, Programme oder Daten. Unter Auftraggeber ist hier der „Lieferant" der beigestellten Produkte zu verstehen. Dies können Kunden, Lieferanten oder sonstige Dritte sein.

Gefordert wird, daß ein Unternehmen *Sorgfaltspflichten* im Umgang mit beigestellten Produkten zu erfüllen hat, daß Verantwortlichkeiten festzulegen sind, und daß Maßnahmen vorgesehen sein müssen, wenn die Sorgfaltspflichten nicht erfüllt sind. Wenn beigestellte Produkte verloren gehen, beschädigt oder unbrauchbar werden, muß dies aufgezeichnet und der Kunde oder Lieferant benachrichtigt werden.

## 5.8 Identifikation und Rückverfolgbarkeit von Produkten

Bei sämtlichen Produkten und Dienstleistungen muß an zweckmäßiger Stelle sichergestellt sein, daß zurückverfolgt werden kann, wie der Gestaltungs- und Entwicklungsprozeß verlief, wie Spezifikationen oder Funktionalitäten entstanden sind. Dieser Qualitätsaspekt wird heute vor dem *Hintergrund aktueller haftungsrechtlicher Entwicklungstendenzen* immer wichtiger.

Falls zweckmäßig, müssen Verfahren zur Kennzeichnung von Produkten oder Dienstleistungen während aller Phasen der Produktentstehung oder Leistungserbringung festgelegt werden. Die Kennzeichnung kann über Begleitpapiere erfolgen oder im EDV-System festgehalten werden. Wo und in welchem Ausmaß die Rückverfolgbarkeit eine festgelegte Forderung im QM-System sein sollte, muß individuell definiert werden. Möglicherweise fordern Kunden oder Behörden eine Rückverfolgbarkeit; dann muß die Forderung erfüllt werden.

### 5.9 Prozeßlenkung

Mit der Prozeßlenkung wird sichergestellt, daß unternehmerische Prozesse den angestrebten Qualitätsstandards entsprechen und daß alle Prozesse als Regelkreise ausgestaltet sind. Wichtigste Elemente der Prozeßlenkung sind:

- Die *Identifikation von jenen Prozessen*, die einen Einfluß auf die Qualität haben. D. h., daß Prozesse im QM-System benannt und die durchzuführenden Tätigkeiten oder Arbeitsschritte vor der Ausführung definiert sein müssen. Sofern zweckmäßig, müssen neue oder geänderte Prozesse über ein Genehmigungsverfahren freigegeben werden. Dies betrifft beispielsweise die erstmalige Inbetriebnahme neuer (EDV-) technischer Anlagen oder die Wiederaufnahme des Betriebs beispielsweise nach einem Umzug oder einer Reorganisation.

- Die *laufende Überwachung* der Prozesse gemäß den Anforderungen von Kunden oder Leistungsempfängern. Die Art und Weise der Produktion oder der Leistungserstellung ist dann festzulegen, wenn das Fehlen solcher Anweisungen die Qualität beeinträchtigen würde.

- Es muß sichergestellt sein, daß die Mitarbeiter über geeignete *Einrichtungen* und eine geeignete *Arbeitsumgebung* verfügen. Die Forderung nach geeigneten Einrichtungen ist in der Regel erfüllt. Bei der Arbeitsumgebung sind aber vielfach noch Verbesserungsmöglichkeiten vorhanden (z. B. Licht, Temperatur, Lärm, Klima). Auch Sicherheitsaspekte können hier mit einfließen.

- Während der internen und externen Produktions- und Dienstleistungsprozesse müssen gesetzte *Qualitätsstandards* überwacht und bei Bedarf korrigiert werden. Qualitätsstandards, gegebenenfalls mit oberen und unteren Toleranzgrenzen, sowie die wichtigsten Maßnahmen bei Über- bzw. Unterschreitung müssen hierfür zunächst definiert sein. Je früher Abweichungen erkannt werden, desto schneller und kostengünstiger kann reagiert werden. Zu häufig noch werden Dienstleistungsprozesse – wenn überhaupt – nach Prüfungen ex post gelenkt. Obwohl Sachbearbeiter, Kundenbetreuer und Führungskräfte die entsprechenden Qualitätsstandards kennen und punktuell auch verwenden, wird dies oftmals nicht systematisch genug getan.

➤ Zur Qualitätssicherung der *Kommunikation* wird empfohlen, Anweisungen, z. B. für eine Arbeitsausführung, in klarer und praktischer Weise festzulegen. Dabei kann von der Erkenntnis Gebrauch gemacht werden, daß nicht Prosa, sondern kurze und knappe Anweisungen, wenn möglich in grafischer Form, am Arbeitsplatz die höchste Effektivität und Effizienz versprechen.

## 5.10 Prüfungen

Durch Prüfungen können einerseits schon während eines Prozesses Abstimmungen und Korrekturen zur Erfüllung der Qualitätsziele vorgenommen werden. Andererseits dienen Prüfungen der inhaltlichen und formalen Kontrolle von Zwischen- und Endprodukten, von Dienstleistungen, organisatorischen Abläufen, Zuständigkeiten und Verantwortungen. Die Regelung von Prüfungen ist einer der Kernpunkte eines vollständigen QM-Systems. Erst durch sie wird sichergestellt, daß die notwendigen Rückkoppelungen erfolgen und daß, hierauf basierend, die notwendigen Verbesserungsmaßnahmen ergriffen werden können. Für sämtliche durchzuführenden Prüfungen sollte es *Prüfpläne* geben, die vorschreiben, wann welche Prüfung von wem, wie oft und mit welchen Hilfsmitteln durchgeführt wird.

Mit *Eingangsprüfungen* wird verifiziert, daß bei Zulieferungen oder Vorleistungen die Qualitätsforderungen erfüllt sind. D. h. nicht, daß alle zugelieferten Produkte oder Dienstleistungen geprüft werden müssen; es muß „nur" sichergestellt sein, daß die eigenen Anforderungen erfüllt sind (z. B. durch Prüfzertifikate oder -protokolle des Lieferanten). Bei Eingangsprüfungen müssen die beim Lieferanten durchgeführten Prüfungen mit berücksichtigt werden. In der Regel gilt, daß ungeprüfte zugelieferte Produkte oder bezogene Dienstleistungen nicht weiterverwendet werden dürfen. Andernfalls ist dies ausdrücklich als Ausnahme durch ein dazu festgelegtes Verfahren zu genehmigen und zu dokumentieren. Dasselbe gilt sinngemäß für *Zwischen- und Endprüfungen*.

## 5.11 Prüfmittel

Das Element Prüfmittel bestimmt, welche Mittel für Prüfungen eingesetzt werden. Zu ihnen zählen die klassischen Instrumente des Qualitätsmanagements – in der Industrie beispielsweise Meßeinrichtungen (inkl. Software), Verfahren wie FMEA (Failure Mode and Effects Analysis = Fehlermöglichkeits- und -einflußanalyse), Prozeßregelkarten oder Audits –, aber auch so pragmatische Mittel wie das 4-Augen-Prinzip, das Zielvereinbarungs- und Ergebnisgespräch, die Verwendung von Checklisten, standardisierten Fehlermeldungsformularen oder Controllingblättern. Wichtig ist, daß jedes Unternehmen für sich selbst definiert, was Prüfmittel sind und was nicht. Sind Prüfmittel definiert, so sollte ein Verfahren festgelegt werden, welches die Prüfmittel periodisch auf ihre Wirksamkeit, ihre Genauigkeit und ihre Zweckmäßigkeit hin überwacht.

## 5.12 Prüfstatus

Zur jederzeitigen Nachvollziehbarkeit eines Prozesses gehört eine eindeutige Kennzeichnung des jeweiligen Prüfstatus. Dazu ist es notwendig, daß eine klare und allen Personen bekannte Systematik in der Regelung des Prüfstatus vorliegt. Diese muß darauf ausgerichtet sein, in jeder Phase eines Produktions-, Dienstleistungs- oder Wertschöpfungsprozesses den Status der geleisteten Arbeit aufzuzeigen, sodaß die Erfüllung oder Nichterfüllung der geforderten Qualität jederzeit festgestellt werden kann.

## 5.13 Lenkung fehlerhafter Produkte

Treten bei Produkten oder Dienstleistungen Fehler auf, so muß sichergestellt sein, daß diese Fehler systematisch erfaßt, dokumentiert und korrigiert werden, daß über den Fehler informiert wird und daß adäquate Maßnahmen zur Vermeidung weiterer Fehler ergriffen werden. Diesbezügliche Regelungen dienen somit der Minimierung möglicher Auswirkungen von Fehlern sowie der Fehlervermeidung in der Zukunft. Sie sind eine Grundvoraussetzung für die Umsetzung des Nullfehlerprinzips.

Verantwortlichkeiten für die Bewertung von Fehlern und die Befugnis zur weiteren Behandlung fehlerhafter Produkte müssen festgelegt sein. Eine weitere Behandlung kann umfassen:

- Das *Nacharbeiten* zur Erfüllung der festgelegten Forderungen.
- Die *Sonderfreigabe* ohne Nachbesserung. Kunden oder Leistungsempfänger müssen darüber informiert werden, sodaß sie gegebenenfalls besondere Vorkehrungen (z. B. Prüfungen, Ersatzbeschaffungen, Ergänzungen etc.) treffen können. Gleichzeitig ist sicherzustellen, daß im Falle von Sonderfreigaben das Einverständnis des Kunden oder Leistungsempfängers dokumentiert ist.
- *Andere Verwendungen.*
- Die *Rückweisung.*

## 5.14 Korrektur- und Vorbeugemaßnahmen

Dieses ISO-Element fordert, daß ein Korrektur- und Vorbeuge-Management festgelegt ist. In der Regel handelt es sich dabei um Maßnahmen zur Fehlererkennung, um die Entwicklung eines Maßnahmenplanes zur Korrektur bzw. zur Vermeidung von Fehlern sowie um die periodische Überprüfung der Wirksamkeit der ergriffenen Maßnahmen. Als Grundlage für Korrekturmaßnahmen müssen Informationen gesammelt werden. Diese Informationen müssen mindestens *Kundenreklamationen* und Auswertungen über *externe und interne Fehler* beinhalten. Fehlerursachen bei Produkten, Dienstleistungen, Verfahren und Systemen müssen identifiziert und systematisch analysiert werden. Die Untersuchungsergebnisse sind aufzuzeichnen und *Korrekturmaßnahmen* festzulegen. Die Forderung nach einer Systematik ist begründet in der Tatsache, daß Fehlerursachen häufig nicht am Ort der Symptomfeststellung zu finden sind. Hilfreich kann ein Fehlerursachenkatalog sein, in dem die Fehler mit ihren möglichen Ursachen aufgelistet sind. Die *Wirksamkeit* ergriffener Korrekturmaßnahmen bedarf einer ständigen Überwachung. Dazu erweist es sich als sinnvoll, gleichzeitig mit dem Festlegen der Maßnahme das gewünschte Ergebnis (= Ziel) festzulegen.

Präventiv können *Vorbeugemaßnahmen* ergriffen werden, um Fehler erst gar nicht auftreten zu lassen. Auch dazu müssen Informationen gesammelt und systematisch ausgewertet werden. Geeignete Informationsquellen sind zu spezifizieren (z. B. interne und externe Audits, Management-Informations-Systeme, Betriebliches Vorschlagswesen, Häufigkeit von Nachbesserungen, Zielerreichungsgrad der Qualitätsstandards etc.) und das Vorgehen zur Sammlung, Analyse und Auswertung mit den entsprechenden Zuständigkeiten ist ebenso festzulegen wie die Überprüfung der Wirksamkeit.

## 5.15 Handhabung, Lagerung, Verpackung, Konservierung und Versand

Entsprechende Regelungen sollen sicherstellen, daß die Qualität von Gütern und Dienstleistungen durch physische Handhabe, Lagerung, Verpackung und Versand nicht beeinträchtigt wird. Beispiele für *physische Handhabe* sind Hygienerichtlinien oder die Verwendung von speziellen Transportvorrichtungen. Bei der *Lagerung* ist darauf zu achten, daß Produkte und Materialien in Lagerräumen oder Lagerbereichen nicht beschädigt oder beeinträchtigt werden. Beispiele sind Vorgaben für Temperatur, Feuchte, Staub etc. *Verpacken und Kennzeichnen* sind als Prozesse angemessen zu dokumentieren und zu überwachen. Falls notwendig, müssen Produkte angemessen konserviert (geschützt) und bei gefährlichen Gütern getrennt gehalten werden (z. B. Reinigungsmittel). *Versandbedingungen* regeln, wie Transportgüter (Sachgüter, Dokumente, Briefe, Informationen etc.) vor qualitätsmindernden Einflüssen geschützt werden. Dies gilt auch für elektronisch übermittelte Daten.

## 5.16 Lenkung von Qualitätsaufzeichnungen

Eine einheitliche und eindeutige Dokumentation aller qualitätsbezogenen Unterlagen ist ein wichtiger Ansatzpunkt zur langfristigen Qualitätssicherung und -förderung sowie insbesondere auch für eine effiziente Arbeitsweise. Zu diesem Zweck müssen Qualitätsaufzeichnungen eindeutig gekennzeichnet, registriert und als Historie geführt werden. Qualitätsaufzeichnungen sind *Nachweisdokumente*. Sie belegen, daß ein QM-System in der Praxis gelebt wird. Es sollten Richtlinien entwickelt werden, die den Zugang zu Qualitätsaufzeichnungen sowie deren Pflege und Beseitigung regeln. In einer sogenannten Verantwortlichkeitsmatrix wird definiert, wer bezüglich der Qualitätsaufzeichnungen welche Aufgaben und Verantwortlichkeiten wahrzunehmen hat. Dies gilt sowohl für die eigenen Qualitätsaufzeichnungen als auch für jene von Lieferanten, Kunden oder Dritten. Aufbewahrungszeiten für Qualitätsaufzeichnungen sind schriftlich festzulegen. Sie müssen in geeigneter Form und leicht auffindbar aufbewahrt werden. Falls vertraglich vereinbart, müssen Qualitätsaufzeichnungen auch Kunden, Lieferanten oder weiteren Dritten zugänglich gemacht werden: Nachvollziehbar ist zu definieren, welche Qualitätsaufzeichnungen zu welchem Zweck für wen über welchen Zeitraum zur Verfügung gestellt werden können.

## 5.17 Interne Qualitätsaudits

Interne Qualitätsaudits dienen der periodischen Überprüfung der *Aktualität* und der *Wirksamkeit* des QM-Systems. Formal ist zum einen der Ablauf interner Audits festzulegen; zum anderen sind die jeweiligen Inhalte und Verantwortlichkeiten zu definieren. Zwei Aspekte gilt es bei internen Qualitätsaudits besonders zu berücksichtigen: Einerseits die Einhaltung der geltenden Normen, Richtlinien und Anweisungen zum Qualitätsmanagement im Alltag und andererseits die Weiterentwicklung des QM-Systems als Ganzes.

Zur Durchführung interner Qualitätsaudits sind mehrere *Richtlinien* zu beachten:

1. In einem sogenannten Auditplan müssen interne Qualitätsaudits geplant werden. Es ist im voraus zu bestimmen und zu vereinbaren, welche Bereiche, Funktionen, Personen und QM-Elemente durch wen, wann und wie lange überprüft werden.

2. Es muß sichergestellt sein, daß in einer frei bestimmbaren Zeitperiode alle Elemente eines QM-Systems systematisch überprüft werden.

3. Es muß gewährleistet sein, daß die mit der Durchführung der internen Qualitätsaudits beauftragten Personen qualifiziert und unabhängig von der jeweils zu auditierenden Tätigkeit sind.

4. Die Ergebnisse interner Qualitätsaudits müssen dokumentiert und den Verantwortlichen der auditierten Bereiche mitgeteilt werden. Dies kann in Form von Auditprotokollen oder Abweichungsberichten geschehen.

5. Führungskräfte der auditierten Bereiche sollen aufgrund der Ergebnisse interner Qualitätsaudits rechtzeitig Korrekturmaßnahmen ergreifen. Die Verantwortung dazu muß eindeutig geregelt sein.

6. Durch Folgeaudits muß die Verwirklichung und die Wirksamkeit der Korrekturmaßnahmen überprüft und aufgezeichnet werden.
7. Der Qualitätsbeauftragte und der Vorstand bzw. die Geschäftsleitung müssen die Ergebnisse interner Audits als Bestandteil der QM-Bewertung im Rahmen des Management-Reviews verwenden.

### 5.18 Schulung

Hohe Qualität setzt in einem Unternehmen in erheblichem Maße permanente Schulung und Weiterbildung voraus. Aus diesem Grund sollte nicht nur die „klassische" Schulung in Form von Seminaren, sondern der gesamte *Personalentwicklungsprozeß*, beginnend mit dem Recruiting über die Grundausbildung und Weiterentwicklung bis hin zum Ausscheiden von Mitarbeitern, Gegenstand von Qualitätsregelungen sein. Besonders wichtig ist die Regelung der Bedarfsermittlung für alle Mitarbeiter mit qualitätswirksamer Tätigkeit. Auf der Basis von Anforderungsprofilen, Tätigkeiten und Entwicklungspfaden sollten Führungskräfte systematisch den Schulungsbedarf ihrer Mitarbeiter ermitteln, die Durchführung von Schulungen, Aus- und Weiterbildungen veranlassen sowie die Ergebnisse aufzeichnen. Diese Nachweise müssen zusammen mit den Bewertungen der Schulungsmaßnahmen als Nachweisdokumentation aufbewahrt werden.

### 5.19 Wartung/Kundendienst

Wartung ist die Übersetzung des englischen „servicing". Damit ist dieser Begriff nicht nur technisch zu interpretieren. Es fallen darunter beispielsweise auch Kundenschulungen oder Weiterentwicklungen, sofern diese nicht im Rahmen von Designlenkung ausdrücklich definiert sind. Der Anspruch, hohe Qualität der Marktleistungen zu versprechen, setzt auch voraus, daß Kundendienst klar bestimmt ist und die dabei zu erfüllenden Standards definiert sind. Nur so ist sichergestellt, daß unter dem überstrapazierten Begriff „Kundendienst" alle dasselbe verstehen. Wichtig sind

- die Bestimmung des *Geltungsbereichs* (vertraglicher Kundendienst; außervertraglicher Kundendienst);

- der *Umfang* des Kundendienstes (Beratungs-, Wartungs- und/oder Serviceverträge, Reklamationsbehandlung, Kundenschulung etc.);
- die Regelung der relevanten *Dokumentationen* (Handbuch, Anleitungen, Informationsbroschüren etc.).

## 5.20 Statistische Methoden

Zur Ermittlung von Fehlern, aber auch im Rahmen standardisierter Prüfverfahren zum Qualitätsmanagement, werden oftmals statistische Methoden herangezogen. Zur Wahrung von Einheitlichkeit, Übersichtlichkeit und Vergleichbarkeit sind dabei notwendig:

- eine eindeutige Definition der angewandten statistischen Methoden,
- ein sorgfältiger Einsatz der jeweiligen Methoden und
- eine vollständige Dokumentation.

Gelangen keine statistischen Methoden zur Anwendung, so muß zumindest in einem Verfahren festgelegt sein, wer wie in welchen Zeitabständen den Bedarf für statistische Methoden zur Ermittlung, Überwachung und Prüfung qualitätsrelevanter Merkmale feststellt.

Die Aufzählung dieser 20 Elemente und deren Erläuterung machen zwei Dinge deutlich:

▶ Zum einen handelt es sich bei ISO 9001 nicht um Normen im Sinne von Standards oder Vorgaben, wie Qualität inhaltlich ausgestaltet sein muß. Vielmehr wird ein *System* beschrieben, das die Einhaltung der selbst definierten Qualität sicherstellen soll. Diese individuelle Festlegung der eigenen Qualität ist die erste Herausforderung beim Aufbau eines QM-Systems.

▶ Zum anderen sind die Normen aus dem Verständnis einer güterproduzierenden Industrie heraus formuliert. Für eine einzelne Industrieunternehmung, aber auch für Dienstleistungsunternehmen, Versicherungen, Verwaltungen oder gemeinnützige Einrichtungen, müssen sie *interpretiert* und auf das individuelle Geschäftssystem maßgeschneidert angewandt werden.

## 6. Wie verlaufen Aufbau und Zertifizierung eines QM-Systems nach ISO 9001?

Der Aufbau eines QM-Systems und die sich daran anschließende Zertifizierung gliedern sich in die vier Phasen Ermittlung, Entwicklung, Erfahrung und Zertifizierung.

### 6.1 Ermittlungsphase

In der Ermittlungsphase werden in sieben Arbeitsschritten die Voraussetzungen für den Aufbau eines QM-Systems geschaffen:

1. Erstellung eines klaren Projektplans mit Zielen und Vorgaben von Seiten der Geschäftsleitung, mit Zeit- und Budgetrahmen sowie mit klarer Zuordnung von Aufgaben, Kompetenzen und Verantwortlichkeiten der betroffenen Personen.
2. Bestimmung der relevanten Organisation, für welche das QM-System Gültigkeit besitzen soll.
3. Vorgespräche mit Zertifizierungsstellen und Entscheidung, ob zum Aufbau des QM-Systems und zur Vorbereitung der Zertifizierung ein externer Berater herangezogen werden soll.
4. Die Formulierung der Qualitätspolitik, verbunden mit einer Konkretisierung der Politik durch Qualitätsziele. An diesem Prozeß sollten grundsätzlich alle Mitarbeiter einer Organisation beteiligt sein.
5. Entwicklung eines zweckmäßigen Unternehmensmodells. Dieses Modell dient als Grundlage, um die einzelnen ISO-Elemente maßgeschneidert auf die individuelle Situation auszurichten.
6. Festlegung der für ein QM-System relevanten Arbeitsabläufe.
7. Erste Selbstbeurteilung des aktuell vorhandenen QM-Systems mit Hilfe der Gap-Analyse und Erstellung eines Maßnahmenplanes zur Lückenbeseitigung.

## 6.2 Entwicklungsphase

In dieser Phase wird das QM-System entwickelt, in einem Qualitätsmanagement-Handbuch (QM-Handbuch) dokumentiert und im Hinblick auf die operative Umsetzung in Richtlinien und Formularen oder anderen Arbeitshilfsmitteln präzisiert. Durch einen Formalakt wird das QM-System in Kraft gesetzt. Zweckmäßig ist bereits in dieser Phase, das QM-Handbuch mit Richtlinien und Formularen vor Inkraftsetzung durch eine Zertifizierungsstelle begutachten zu lassen.

## 6.3 Erfahrungsphase

In der Erfahrungsphase werden in der Organisation die mit dem QM-System gewonnenen Erfahrungen systematisch zur Verbesserung und Verfeinerung des Systems und der Dokumentation genutzt. Es wird eine konsequente Nachweisführung aufgebaut. Damit läßt sich zum einen die Entwicklung von Qualität im Unternehmen dokumentieren; zum anderen läßt sich nachweisen, daß das QM-System gelebt wird und wie es gelebt wird.

## 6.4 Zertifizierungsphase

Die Zertifizierungsphase dient der Überprüfung des nunmehr vorliegenden und gelebten QM-Systems durch eine unabhängige Zertifizierungsstelle. Empfehlenswert ist das Durchlaufen eines *Voraudits* und eines *Zertifizierungsaudits*. Um eine möglichst hohe Erfolgswahrscheinlichkeit in diesen beiden Überprüfungen zu gewährleisten, sollten ihnen interne Qualitätstrainings und interne Qualitätsaudits vorangehen.

## 7. Welche Voraussetzungen gelten für eine Zertifizierung?

Jede Organisation, die ein QM-System aufbauen und sich z. B. nach ISO 9001 zertifizieren lassen will, muß neben individuell geltenden Erfolgskriterien sieben allgemeine Voraussetzungen erfüllen, um die Wahrscheinlichkeit einer erfolgreichen externen Überprüfung des QM-Systems zu erhöhen:

*Führungsinstrument*

Ein QM-System muß als Führungsinstrument verstanden werden. Dieses ermöglicht es, Aufgaben, Kompetenzen und Verantwortungen erfolgreich an Mitarbeiter zu delegieren und über die Vorgabe von Qualitätszielen Mitarbeiter zu führen. Dadurch wird Qualität „von vornherein produziert" und Kontrollkosten können eingespart werden.

*Vorleben durch die Geschäftsleitung*

Das Denken in Qualitätsstandards muß von der Geschäftsleitung propagiert und vorgelebt werden – stets mit dem Ziel vor Augen, das Qualitätsbewußtsein bei allen Mitarbeitern zu steigern sowie Eigeninitiative und selbstverantwortliches Handeln zu fördern.

*Priorität der inhaltlichen Entwicklung*

Beim Aufbau des QM-Systems muß der inhaltlichen (Weiter-)Entwicklung des Qualitätsmanagements absolute Priorität gegenüber der formalistischen Nachweisführung durch Dokumentation eingeräumt werden.

*Verpflichtung für die Zukunft*

Mit einer Zertifizierung wird eine Verpflichtung für die Zukunft eingegangen: Ein einmal erlangtes Zertifikat hat nur drei Jahre Gültigkeit und muß durch erfolgreiche Folgeaudits periodisch erneuert werden. Einer Organisation kann nichts Schlimmeres passieren, als in der Öffentlichkeit den Verlust eines Qualitätszertifikates bekanntgeben zu müssen.

*Straffe Projektorganisation*

Der Aufbau eines QM-Systems mit anschließender Zertifizierung erfordert eine systematische Vorgehensweise und eine straffe Projektorganisation. Die Organisations- und Kontrollverantwortung für den gesamten Prozeß muß von der Geschäftsleitung übernommen werden.

*Einbeziehung aller Mitarbeiter*

Alle Mitarbeiter müssen am Aufbau des QM-System maßgeblich mitwirken und auf die Zertifizierung sowie die sich daran anschließende nachhaltige Qualitätssicherung und -förderung vorbereitet werden. Dies erfordert permanente Fähigkeitsentwicklung.

*Unterstützung durch Externe*

Die Unterstützung durch qualifizierte externe Berater kann helfen, kosten- und zeitintensive Umwege beim Aufbau eines QM-Systems und während des Zertifizierungsprozesses zu vermeiden.

## 8. Was ist der Nutzen einer Zertifizierung?

Der Aufbau, die Einführung und die ständige Weiterentwicklung eines QM-Systems nach ISO 9001 erfordern zeitliche, intellektuelle und finanzielle Investitionen. Ihnen müssen die erwarteten Erträge gegenübergestellt werden. Es sind dies im wesentlichen:

*Produktivität und Qualität*

Das Durchleuchten einer Organisation gemäß den ISO 9001-Elementen, das kritische Hinterfragen von Abläufen, das Regeln von Zuständigkeiten oder Verfahren läßt Verbesserungsmöglichkeiten in der Regel rasch transparent werden: Abläufe können gestrafft, Strukturen angepaßt und Geschäftsprozesse als Kreisläufe geschlossen werden. Der Aufbau eines QM-Systems und die anschließende Zertifizierung helfen, Schwachstellen konsequent zu beseitigen, Fehler zu vermeiden, die Produktivität zu erhöhen, ineffiziente Doppelarbeiten auszumerzen und die Qualität anhand transparenter Standards zu verbessern.

*Nachhaltigkeit*

Durch regelmäßige interne und externe Überprüfungsaudits wird ein permanenter Druck erzeugt. Damit ist sichergestellt, daß eine Organisation einmal erreichte Qualitätsstandards dauerhaft beibehält. Gleichzeitig begrenzt eine „Inventarisierung des Wissens" in Form von Qualitätsmanagement-Handbuch, Verfahrens- und Arbeitsrichtlinien, Formblättern etc. einen Know-how-Verlust, wenn Mitarbeiter ausscheiden. Zudem kann diese Dokumentation zur Einführung neuer Mitarbeiter herangezogen werden.

*Kundenorientierung*

Mitarbeiter vermögen bewußt und dauerhaft zwischen externen und internen Kunden (= Leistungsempfängern) zu unterscheiden. Wünsche und Anforderungen von Kunden und Leistungsempfängern werden zum Maßstab für Qualität. Die Kundenzufriedenheit steht im Zentrum der eigenen Tätigkeit.

*Image*

Mit einem Qualitätszertifikat wird nach außen ein positives Zeichen gesetzt: Qualität wird nicht nur versprochen – Qualität wird nachgewiesen. Es stärkt das Vertrauen bestehender und potentieller Kunden oder Leistungsempfänger in die zertifizierte Organisation; neue Geschäftsbeziehungen werden ermöglicht.

*Motivation*

Die interne Kommunikation in einem Zertifizierungsprozeß erreicht einen höheren Reifegrad und die Verleihung des Qualitätszertifikats wird zum Erfolgserlebnis für alle Mitarbeiter; die Motivation steigt. Der wahre Nutzen einer Zertifizierung liegt gar nicht in der Verleihung des Zertifikates, sondern im ausgelösten Bewußtseinswandel innerhalb der Unternehmung.

*Basis für eine Weiterentwicklung*

Die Sensibilisierung einer Organisation für Qualität bildet den Nährboden, um in der Folge neben den „defensiven" Maßnahmen zur Qualitätssicherung „offensive" Maßnahmen in Richtung Total Quality Management (TQM) oder Integriertes Qualitäts-Management (IQM) anzuschließen.

*Rudolf Lürzer/Helmut Fink*

Total Quality Management (TQM)
im Versicherungsunternehmen –
Ein Ansatz auf der Grundlage
des Europäischen Qualitätspreises

# Total Quality Management (TQM)

Qualitätsmanagement im Versicherungsunternehmen ist in aller Munde. Zur Erreichung der damit verbundenen Zielvorstellungen sind die unterschiedlichsten Ansätze möglich. In vielen Versicherungsunternehmen gibt es derzeit Überlegungen in Richtung des Aufbaus eines Qualitätsmanagement-Systems nach ISO 9000. Eine weitere Möglichkeit besteht darin, sich bei den Bemühungen um die ständige Verbesserung der eigenen Qualität am Modell der ,,European Foundation for Quality Management (EFQM)" zu orientieren, die jährlich den ,,The European Quality Award (TEQA)" verleiht.

Dieser Beitrag gibt Antworten auf die folgenden Fragen:

1. Was ist die European Foundation for Quality Management?
2. Wie ist das Modell des European Quality Award aufgebaut?
3. Wie sieht das Bewerbungsverfahren für den European Quality Award aus?
4. Wie führt man ein Qualitätsmanagement-System gemäß den Kategorien des TEQA in Versicherungsunternehmen ein?
5. Welchen Nutzen bringt das eingeführte System dem Unternehmen?

## 1. Was ist die European Foundation for Quality Management (EFQM)?

Die EFQM ist eine gemeinnützige Organisation mit Sitz in Brüssel, die sich ,,... zur Förderung von Qualität als dem grundlegenden Prozeß zur kontinuierlichen Verbesserung in einem Unternehmen verpflichtet" hat und 1989 gegründet wurde. Derzeit hat die Organisation mehr als 350 europäische Unternehmen als Mitglieder. Die Gründungsmitglieder kommen allesamt aus der Industrie; darunter sind Unternehmen wie Fiat, KLM, Nestle, Philips und Volkswagen.

1992 begann die EFQM mit der Vergabe des European Quality Award (TEQA), ,,... zur Würdigung und Auszeichnung von Unternehmen, die sich besonders für die Förderung von Qualität engagieren." Mit dem TEQA wird dasjenige Unternehmen ausgezeichnet, das unter allen Gewinnern von EFQM-Qualitätspreisen als das beste – und damit als erfolgreichster Vertreter eines Total Quality Management in Europa – beurteilt wird. Die bisherigen Gewinner des TEQA sind Rank Xerox (1992), Milliken European Division (1993), D2D (Design to Distribution) (1994) und Texas Instruments (1995).

Die EFQM ist in drei Gremien organisiert: Vorstand, Exekutivausschuß und Organisationsausschuß. Detaillierte Unterlagen zur Organisation sind unter der folgenden Adresse erhältlich:

European Foundation for Quality Management
Geschäftsstelle Brüssel
Avenue des Pleiades 19
1200 Brüssel
Belgien
Telefon + 32-2 775 35 11 / Telefax + 32-2 775 35 35

## 2. Wie ist das Modell des European Quality Award aufgebaut?

Das Modell des TEQA beruht auf der Grundüberlegung, daß nur ein kontinuierlicher Verbesserungsprozeß im Endeffekt zur nachhaltigen Steigerung der Wettbewerbsfähigkeit führt. Die wesentlichen Elemente in diesem Verbesserungsprozeß sind einerseits die Überprüfung und Einschätzung der eigenen Leistung (Selbstbeurteilung) auf der Grundlage von neun ausgearbeiteten Kategorien des TEQA und andererseits der Vergleich mit der anerkannt „besten Praxis" (Benchmarking).

Die Grundlage für eine systematische Beurteilung der eigenen Stärken und Schwächen und die Einleitung von Maßnahmen zur Verbesserung bildet ein ganzheitliches Managementmodell, welches versucht, alle relevanten, beeinflußbaren Unternehmensdimensionen (*enablers*) einerseits und qualitätsorientierte Ergebniskategorien (*results*) andererseits abzudecken. Jedes der Elemente hat eine bestimmte Bedeutung im Gesamtsystem, die durch Punkte bzw. Prozentzahlen charakterisiert ist. Das Modell ist so allgemein aufgebaut, daß es sowohl für Industrieunternehmen als auch für Dienstleister wie z. B. Versicherer, Anwendung finden kann.

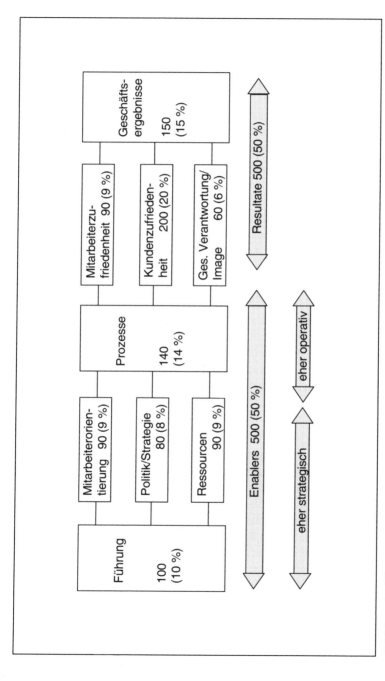

Abbildung 1: Die neun Elemente des European Quality Award (TEQA)

Unter den einzelnen Elementen werden die folgenden Inhalte subsumiert:
- *Führung* (100 Punkte bzw. 10 Prozent): In diesem Element wird die Bedeutung des Managements (vom Vorstand bis zur untersten Führungsstufe) für Qualität in den Vordergrund gerückt. Einerseits geht es darum, zu beurteilen, inwiefern die Führungsspitze Qualitätswerte aktiv in die Organisation hineinträgt, andererseits wird untersucht, inwieweit es der Organisation als ganzes gelingt, diese Werthaltungen durch sämtliche Führungskräfte den Mitarbeitern zu vermitteln.
- *Politik und Strategie* (80 Punkte bzw. 8 Prozent): In diesem Element wird untersucht, inwieweit das Unternehmen Qualitätsziele und -werte im Planungssystem berücksichtigt. Unter anderem wird beurteilt, inwieweit die Strategie konsistent in meßbare Zielgrößen auf operativer Ebene heruntergebrochen wird und inwieweit externe Benchmarks bei der Zielfindung Berücksichtigung finden. Daneben wird untersucht, ob die Mitarbeiter, die von den einzelnen Zielkategorien betroffen sind, den Zweck dieser Ziele und die eigene Rolle bei der Verwirklichung der Ziele kennen.
- *Mitarbeiterorientierung* (90 Punkte bzw. 9 Prozent): Im Zentrum dieses Elements steht die Frage, inwieweit es dem Unternehmen gelingt, alle Mitarbeiter in den Kreislauf der ständigen Verbesserung miteinzubeziehen. Untersucht werden Punkte wie die gezielte Aus- und Weiterbildung, die Ausrichtung der Mitarbeiterziele an den Zielen des Gesamtunternehmens, die Akzeptanz der bestehenden Mitarbeiterbeurteilungs- und -förderungssysteme, die Befähigung jedes Einzelnen zur eigenverantwortlichen Qualitätsverbesserung etc.
- *Ressourcen* (90 Punkte bzw. 9 Prozent): In diesem Element wird untersucht, inwieweit das Management der Schlüsselressourcen an den Qualitätszielen des Unternehmens ausgerichtet ist. Unter Schlüsselressourcen sind im Versicherungsunternehmen unter anderem die Informatik, der Kapitalanlagebereich und das Controlling zu verstehen. Ein wesentlicher Bereich ist auch der Zugang zu Kundenzufriedenheits- und Wettbewerberinformationen. Ein anderer Themenbereich könnte die Frage des systematischen Einsatzes von jeweils innovativen ,,Technologien und Verfahren" (z. B. modernst eingerichtete Call-Centers, statistische Verfahren zur modularen und individuellen Produktentwicklung, Informatiksysteme zur Abbild- und Dokumentenverarbeitung) mit dem Ziel der Erreichung von Wettbewerbsvorteilen sein.

- *Prozesse* (140 Punkte bzw. 14 Prozent): Dieses Element konzentriert sich auf die Frage, wie professionell das Unternehmen die Kernprozesse der Dienstleistungserstellung (z. B. Vertrieb, Underwriting, Betrieb, Schaden, Risiko-Management) gestaltet. Daneben ist die Frage der systematischen Verbesserungsprozesse, der Organisation des operativen Qualitätsmanagements und der Aufrechterhaltung eines QM-Systems entlang der Kriterien von ISO 9000 ff. in diesem Element mitabgedeckt.

- *Kundenzufriedenheit* (200 Punkte bzw. 20 Prozent): In diesem Element steht die Fähigkeit des Unternehmens im Vordergrund, Kunden zu identifizieren, zu segmentieren, Kundenzufriedenheit bzw. -unzufriedenheit zu messen (z. B. durch den regelmäßigen Einsatz von Interviews, Beschwerdeanalysen, Stornoanalysen etc.) und daraus logisch abgeleitete Maßnahmen zur kontinuierlichen Verbesserung abzuleiten. Wiederum ist die Frage des Benchmarkings mit Wettbewerbern und die systematische und kontinuierliche Durchführung der Aktivitäten auch in diesem Teil sehr wichtig.

- *Mitarbeiterzufriedenheit* (90 Punkte bzw. 9 Prozent): In diesem Element werden die Mitarbeiterzufriedenheit und ihre Entwicklung untersucht. Wichtig sind neben dem Nachweis der kontinuierlichen Messung auch der systematische Einsatz von Programmen zur Verbesserung der Situation, der Nachweis der kontinuierlichen Verbesserung über die Jahre und der Nachweis des Vergleichs mit Wettbewerbern.

- *Gesellschaftliche Verantwortung/Image* (60 Punkte bzw. 6 Prozent): Untersucht werden die Aktivitäten des Unternehmens, die die Gesellschaft als ganzes beeinflussen und die konkreten Auswirkungen dieser Aktivitäten hinsichtlich verschiedener Kategorien wie Umweltverträglichkeit, soziale Gerechtigkeit etc. Wichtig ist wiederum der Nachweis eines kontinuierlich positiven Trends der gemessenen Indikatoren.

- *Geschäftsergebnisse* (150 Punkte bzw. 15 Prozent): In diesem Element werden Kernkennziffern des Unternehmens wie Produktivitäten, Erträge, Marktanteile, Return on equity oder on sales etc. untersucht. Aber auch Kennzahlen aus dem Verbesserungsprozeß, die die Geschäftsergebnisse beeinflussen, werden in ihrer Entwicklung nochmals untersucht. Benchmarks spielen genau wie bei den anderen Elementen des Unternehmensmodells eine wichtige Rolle.

# 124 Die Normenreihe ISO 9000 ff. – und eine Alternative

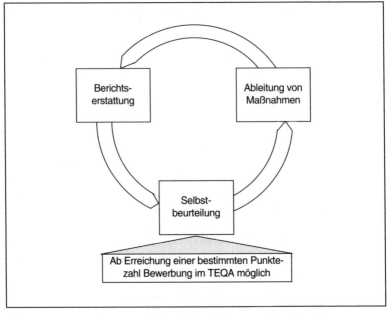

Abbildung 2: Jährlicher Zyklus im QM-System des TEQA

Vor dem Hintergrund dieses Modells wird jährlich ein Unternehmensbericht erstellt, der die Anforderungen aus dem Modell möglichst quantitativ und mit Beispielen untermauert darstellt. Auf dieser Grundlage erfolgt eine Selbstbeurteilung anhand der im Modell vorgegebenen Selbstbewertungsrichtlinien. Als Ergebnis erhält das Unternehmen eine Gesamtbewertung und Teilbewertungen für jedes Element, aus denen Stärken und Schwächen in der Organisation abgeleitet werden können. Aus diesen werden schließlich in einem letzten Schritt Maßnahmen ausgearbeitet, die eine Verbesserung im Folgejahr zum Ziel haben.

Auf Grundlage der vielen bei der EFQM eingereichten Selbstbeurteilungen ergibt sich eine statistische Verteilung, in welcher der Großteil der Unternehmen ca. 20 Prozent der möglichen Gesamtpunktezahl von 1 000 Punkten, d. h. 200 Punkte, erreicht, sehr gute Organisationen ca. 50 Prozent oder 500 Punkte und die weltbesten Unternehmen ca. 75 Prozent oder 750 Punkte erzielen.

## 3. Wie sieht das Bewerbungsverfahren für den European Quality Award aus?

Die Anwendung des Unternehmensmodells des TEQA als Instrument für einen ständigen Verbesserungsprozeß im Unternehmen einerseits und die Bewerbung um den TEQA andererseits sind zwei unterschiedliche Dinge. Auch wenn ein Unternehmen nicht die Absicht hat, sich um den Award zu bewerben, bringt die Anwendung des Modells einen deutlichen Nutzen. In diesem Fall ist auch eine Adaptierung an die spezifischen Merkmale des eigenen Hauses sehr einfach möglich. Falls sich ein Versicherer jedoch offiziell um den Award bewerben möchte, ist ein präzise vorgegebenes Verfahren einzuhalten, welches im folgenden kurz geschildert wird.

Grundsätzlich können sich alle europäischen Unternehmen um den TEQA bewerben. Unternehmen mit weniger als 500 Mitarbeitern müssen sich als Gesamtunternehmen bewerben. Unternehmen mit mehr Mitarbeitern können sich auch lediglich im Rahmen eines Unternehmensbereiches bewerben. Für Versicherer ist vermutlich die Bewerbung als ganzes Unternehmen das zweckmäßigste, obwohl bei den meisten Häusern die Mitarbeiteranzahl über der angegebenen Grenze liegt; dies deshalb, weil zumeist nicht unterschiedliche Markennamen in Teilbereichen des Unternehmens bestehen, die gegenüber dem Markt und den Kunden in sich konsistent präsentiert werden. Die Bewerbung selbst erfolgt durch ein Bewerbungsformular, welches von der obersten Unternehmensleitung unterzeichnet ist und an das Sekretariat des European Quality Award gerichtet ist. Einsendeschluß für die Bewerbungen ist zumeist der 31. Januar. Im Anschluß daran gilt es, die Bewerbungsunterlagen bis zum 10. März desselben Jahres einzureichen. Die Struktur der Bewerbungsunterlagen orientiert sich am vorgestellten Modell des TEQA mit den neun Elementen, darüberhinaus bestehen konkrete Formvorschriften, wie z. B. die Einhaltung eines maximalen Umfangs von 75 Seiten. Die Kosten belaufen sich bei Unternehmen mit mehr als 500 Mitarbeitern auf 3 000 ECU, bei kleineren Unternehmen auf 1 000 ECU.

Die Bewertung des Unternehmens erfolgt auf der Basis des Unternehmensmodells und anhand einer Punkteskala mit maximal 1 000 möglichen Punkten. Das Unternehmen wird dabei von einem Team aus sechs hochqualifizierten Prüfern (Führungskräfte, Wissenschaftler, Qualitätsexperten etc.) beurteilt, die jeweils einzeln eine Bewertung vornehmen und im Anschluß daran ein gemeinsames Assessment ausarbeiten und dokumentieren. Bei der Beurteilung bewerten die Prüfer im Bereich der „Enabler" (Führung, Politik und Strategie, Mitarbeiterorientierung, Ressourcen) sowohl die Qualität der eingesetzten Verfahren als auch den Grad der Umsetzung der genannten Verfahren mittels eines vorgegebenen Kriteriensatzes. Im Bereich der „Resultate" wird einerseits die Güte der Ergebnisse und andererseits der Umfang der Ergebnisse überprüft. Falls erforderlich, werden die Auditoren auch Besichtigungen vor Ort im Unternehmen vornehmen, diese sind jeweils gegen Ende Juni eines Jahres abgeschlossen. Die Verleihung der Auszeichnungen erfolgt jährlich gegen Ende September am EFQM-Forum.

Das beschriebene Vorgehen erscheint einfach. In der praktischen Umsetzung ergeben sich jedoch viele Schwierigkeiten, die es zweckmäßig erscheinen lassen, sich erst dann für eine Teilnahme am TEQA zu bewerben, wenn bestimmte *Voraussetzungen* erfüllt sind:

- Erstens empfiehlt es sich, mindestens über zwei Jahre hinweg im Unternehmen interne *„Self-Assessments"* durchzuführen, bevor eine Bewerbung eingereicht wird. Ausschlaggebend dafür sind vor allem zwei Gründe: Zum einen benötigt die Einführung von Verbesserungskreisläufen im Unternehmen eine gewisse Zeit; dadurch stellen sich die Resultate, die nachgewiesen werden müssen, auch erst nach einigen Jahren ein. Zum anderen ist eine minimale Erfahrungszeit im Umgang mit dem EFQM-System notwendig, bis ein entsprechend großer Personenkreis im Unternehmen die erforderliche Fitneß in der Erstellung der Self-Assessments und der Aufbereitung der Ergebnisse besitzt.

- Zweitens sollten die *Informations- und Controllingsysteme* des Unternehmens so professionell ausgebaut sein, daß per Januar jedes Jahres die entsprechenden Meßdaten aus dem Vorjahr zur Verfügung stehen, da die Einreichung des Berichtes bis März erfolgen muß. Gerade in Versicherungsunternehmen sind derartige Systeme oft entweder noch gar nicht vorhanden oder stecken erst in den Anfängen.

- Drittens muß die eingereichte Dokumentation auch formal und sprachlich (nur englische Bewerbungen werden akzeptiert) höchsten professionellen Ansprüchen genügen, um im Wettbewerb mit anderen Kandidaten bestehen zu können.

Aus den praktischen Erfahrungen der ersten Jahre der Preisverleihung kann davon ausgegangen werden, daß eine Einreichung erst dann zweckmäßig ist, wenn man im Self-Assessment ca. 500 von 1 000 möglichen

Punkten erreicht. Ab 550 Punkten in der Bewertung der Auditoren ist man ein „Site Visit-Kandidat", d. h., die Prüfer kommen ins Unternehmen um die praktische Umsetzung vor Ort zu begutachten. Die besten fünf Unternehmen kommen sodann ins Finale und aus ihnen wird schließlich der Gewinner des Preises ermittelt.

## 4. Wie führt man ein Qualitätsmanagement-System gemäß den Kategorien des TEQA in Versicherungsunternehmen ein?

Die bisherigen Ausführungen haben gezeigt, daß die Einführung eines Qualitätsmanagement-Systems, die Messung der Ergebnisse und die systematische Ableitung von Verbesserungsmaßnahmen für das Versicherungsunternehmen sehr viel wichtiger sind als der eventuelle Gewinn des Qualitätspreises.

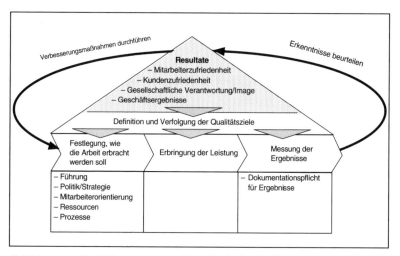

Abbildung 3: Qualitätsmanagement hat die laufende Verbesserung durch operative Verbesserungsmaßnahmen zum Ziel

Die Einführung eines Total Quality Management-Systems nach den Kriterien des TEQA sollte im Rahmen einer Projektstruktur in geplanten Schritten erfolgen. Fünf Schritte erscheinen dabei zweckmäßig:

## 128  Die Normenreihe ISO 9000 ff. – und eine Alternative

| Schritt | Ziele/Hauptinhalte |
|---|---|
| 1. Projektvorbereitung | – Abstimmung der Zielsetzungen dieses Projektes<br>– Auftragserteilung durch LA |
| 2. Erfahrungsphase | – EFQM/TEQA-Systematik kennenlernen<br>– Statusaufnahme Qualitätsmanagement-System im VU |
| 3. Aufbauphase | – Aufbau QM-System bzw. Füllen vorhandener Lücken |
| 4. Ausarbeitung/ Entwurf | – Sammlung vorhandener Daten und Beispiele<br>– Erstellung eines Berichtsentwurfes nach den EFQM-Vorgaben |
| 5. Konsolidierung/ Abstimmung | – Ergänzung, Weiterentwicklung und Konsolidierung des Berichts |
| 6. Selbstbewertung | – Durchführung einer Selbstbewertung entsprechend den Regeln<br>– Konsolidierung der Ergebnisse |
| 7. Ableitung von Maßnahmen | – Darstellung der Stärken und Schwächen<br>– Ableitung von operativen Maßnahmen |

Abbildung 4: Projektschritte bei der Einführung eines TQM nach TEQA

- *Schritt 1: Projektvorbereitung*
  In diesem ersten Schritt sollte das Vorgehen geplant und ein Projektteam eingesetzt werden, das mit den erforderlichen Aufgaben betraut wird.

- *Schritt 2: Erfahrungsphase*
  In diesem Schritt sammeln die Projektbeteiligten einerseits Erfahrungen im Umgang mit der Systematik des EFQM/TEQA und andererseits mit dem Status/Zustand des Qualitätsmanagement-Systems im eigenen Versicherungsunternehmen.

- *Schritt 3: Aufbauphase*
  Unabhängig von der Zielrichtung der Einreichung der erforderlichen Dokumente an die EFQM wird in diesem Schritt das Qualitätsmanagement-System in Bereichen ausgebaut, in denen Lücken vorhanden sind.

- *Schritt 4: Ausarbeitung/Entwurf*
  Mit dem Ziel der Einreichung von Unterlagen an die EFQM werden von den Projektteammitgliedern vorhandene Daten und Beispiele über die aktuelle Qualitätssituation des Unternehmens gesammelt. Darauf aufbauend wird ein erster Bericht entworfen.

- *Schritt 5: Konsolidierung/Abstimmung*
  Der ausgearbeitete Berichtsentwurf wird von einem kleinen Team nochmals überarbeitet und konsolidiert. Dabei spielen logische und sprachliche Fähigkeiten (der Bericht muß in englischer Sprache abgefaßt sein) eine wesentliche Rolle.

- *Schritt 6: Selbstbewertung*
  Mit dem konsolidierten Bericht zur Qualitätssituation liegt nun die Grundlage für die Durchführung einer Selbstbewertung entlang den Regeln, Entscheidungskriterien und Checklisten der EFQM vor. Dieses Self-Assessment erfolgt zweistufig, nämlich in der ersten Stufe selbständig durch jeden internen Qualitätsauditor und in der zweiten Stufe in einem Konsolidierungsaudit, in dem die Punkte ermittelt werden.

- *Schritt 7: Ableitung von Maßnahmen*
  Auf der Grundlage der Selbstbewertung wird dem Vorstand vom Projektteam ein Maßnahmenbündel vorgeschlagen, das zu einer Verbesserung der Qualitätssituation des Unternehmens führen soll.

## 5. Welchen Nutzen bringt das eingeführte System dem Unternehmen?

Unabhängig davon, ob man zu den Preisträgern gehört oder nicht, liegt der größte Nutzen darin, daß im Unternehmen ein systematischer und kontinuierlicher Prozeß in Gang gesetzt wird, der als Resultat zu einer *laufenden Verbesserung der Qualität* und damit zu einer gesteigerten Wettbewerbsfähigkeit führt. Bewirbt man sich um den TEQA, so erhält man als zusätzlichen Nutzen einen *Feedback-Bericht*, der sehr wertvolle Hinweise im Hinblick auf konkrete Maßnahmen zur Verbesserung bestehender Schwachstellen liefert. Zudem erhält man im Sinne des *Benchmarking* interessante (anonyme) Informationen über den Stand der Qualität in vergleichbaren Organisationen. Falls man den Award gewinnt, kann man durch Verwendung des Logos des Europäischen Qualitätspreises in der Firmenkommunikation einen großen *Werbeeffekt* erzielen. Da der Award mit hohem Prestige verbunden ist und von der EU unterstützt wird, ist zu erwarten, daß hieraus neue Geschäftschancen entstehen.

3. Kapitel

# Erfahrungsberichte aus der Versicherungswirtschaft

*Ulrich Jansen*

Qualitätsmanagement als OE-Prozeß –
Ergebnisse eines Projektes bei der PROVINZIAL
Feuerversicherungsanstalt der Rheinprovinz,
Düsseldorf

# Qualitätsmanagement als OE-Prozeß

Qualitätsmanagement ist im Hause der Provinzial Düsseldorf ein Organisationsentwicklungs-Prozeß (OE-Prozeß). Er basiert auf dem Leitmotiv der Kundenorientierung und wurde im Zeitraum 1992 bis 1994 in Projektstrukturen initiiert. Struktur, Ziele und Inhalt der Projektarbeit werden in diesem Beitrag vorgestellt. Den Schwerpunkt bildet die *Fähigkeitsentwicklung* bei allen Mitarbeitern und Führungskräften der Hauptverwaltung.

## 1. Die Provinzial Düsseldorf

Die Provinzial-Feuerversicherungsanstalt der Rheinprovinz ist ein Kompositversicherer mit Sitz in Düsseldorf. Sie beschäftigt rund 2 200 Innendienstmitarbeiter und arbeitet mit einem freiberuflichen Außendienst zusammen. Dieser vermittelt ausschließlich für die Provinzial und erbringt in etwa 1 000 Geschäftsstellen mit Ladenlokal etwa 90 bis 95 Prozent des Geschäftes. Das Geschäftsgebiet ist die alte Rheinprovinz, bestehend aus den Regierungsbezirken Trier, Koblenz, Düsseldorf und Köln. Das Gebiet umfaßt etwa 17 Millionen Einwohner. Die Provinzial hat etwa 2,5 Millionen Kunden und je nach Sparte einen Marktanteil zwischen 10 und 30 Prozent.

## 2. Kundenorientierung in der Provinzial

Die Provinzial Düsseldorf hat sich 1991 erstmals systematisch und konzeptionell mit dem Thema Kundenorientierung und Servicequalität befaßt. Zur Vorbereitung wurde in Anlehnung an die „Servqual-Methode" eine Umfrage unter den Provinzial-Mitarbeitern durchgeführt. Unter anderem wurde auch die Frage nach dem Bewußtsein für Servicefragen gestellt. Zwei wichtige Erkenntnisse wurden dabei gewonnen, die schon lange gehegte Vermutungen bestätigten:

# 136 Erfahrungsberichte aus der Versicherungswirtschaft

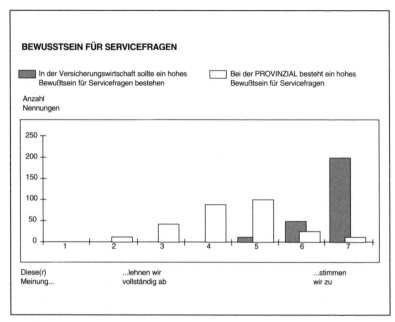

Abbildung 1: Zwischen der Bedeutung von Servicefragen und dem tatsächlichen Bewußtsein für Servicefragen besteht eine erhebliche Diskrepanz

1. Im Haus selbst herrscht eine große Diskrepanz zwischen Wunsch und Wirklichkeit. Es wird gefordert, daß in der Versicherungswirtschaft ein hohes Bewußtsein für Servicefragen bestehen sollte. Für das eigene Unternehmen wird jedoch festgestellt, daß das Servicebewußtsein noch bei weitem nicht so hoch ist, wie gewünscht (vgl. Abbildung 1).

2. Es wird gefordert, daß in der Versicherungswirtschaft Mitarbeiter bei Fragen zum Thema Service durch die Führungskräfte unterstützt werden. Für das eigene Unternehmen wird wiederum festgestellt, daß diese Forderung ebenfalls bei weitem noch nicht erfüllt ist (vgl. Abbildung 2 auf der nachfolgenden Seite).

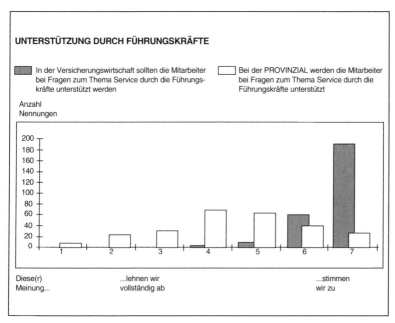

Abbildung 2: Zwischen der Anforderung von Unterstützung und der tatsächlichen Unterstützung durch Führungskräfte zum Thema Service besteht eine erhebliche Diskrepanz

## 3. Struktur der Projektarbeit

Die Struktur der Projektarbeit ergab sich aus dem wissenschaftlich fundierten Dreieck „Strategie – Struktur – Fähigkeiten". In diesem Dreieck orientierte sich das gesamte Projekt KUNO (= Kundenorientierung). Im ersten Halbjahr 1992 wurden die Tätigkeitsschwerpunkte definiert. Eine kundenorientierte Strategie erforderte ein Servicekonzept nach außen und nach innen. Eine kundenorientierte Struktur mußte ausgerichtet sein auf klar definierte Servicepunkte, kundenorientierte Abläufe und sollte auch eine Beurteilung unterschiedlicher Strukturen bezüglich der Servicequalität ermöglichen. Kundenorientierte Fähigkeiten schließlich bedurften der Entwicklung von Schulungskonzepten für Mitarbeiter in Verbindung mit dem Aufbau von Controllingkonzepten.

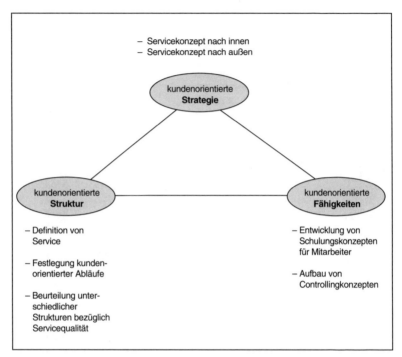

Abbildung 3: Tätigkeitsschwerpunkte im Projekt

## 3.1 Strategie- und Strukturentwicklung

Die Strategie- und Strukturentwicklung beschäftigte die Provinzial Düsseldorf in der zweiten Hälfte 1992 und das ganze Jahr 1993 intensiv. Obwohl dieses typische Thema der frühen 80er Jahre nicht neu war, hat sich das Unternehmen nochmals strategischer Fragen angenommen. Zur Auswahl standen nach intensiven Vorarbeiten schließlich zwei Alternativen. Alternative 1 sah eine Aufteilung des gesamten Geschäfts in die zwei strategischen Geschäftseinheiten ,,Privatkundengeschäft" und ,,Nicht-Privatkundengeschäft" vor. Alternative 2 differenzierte das Privatkundengeschäft in Lebensbereiche und operierte mit den vier strategischen Geschäftseinheiten ,,Auto", ,,Wohnen", ,,Personen" und ,,Nicht-Privatkundengeschäft".

Das Ergebnis manifestierte sich dann aber als eine Mischform: Die klassische Struktur Sachversicherung und Lebensversicherung wurde aufgegeben und ein Geschäftsfeld „Auto und Wohnen" gebildet. Daneben entstanden die Geschäftsfelder „Personenversicherung" und „Nicht-Privatkundengeschäft". Diese an sich nicht revolutionäre Strategie erforderte auch strukturell nur ein Mindestmaß an Veränderungen. Das hat auf den unteren Führungsebenen dazu geführt, daß die Umsetzung reibungslos funktionierte.

Die Akzeptanz von neuer Strategie und Struktur wurde weiter gefördert, da das Kernergebnis der Strategieentwicklung leicht *verständlich in fünf strategischen Eckpunkten* an alle Mitarbeiter kommuniziert werden konnte:

1. Die Provinzial will in Zukunft ein *qualitätsorientierter Kompositversicherer* sein und die Kundenorientierung in allen Bereichen verwirklichen.
2. Vertrieb, Schadenbearbeitung und Betrieb müssen aus Kundensicht mit *möglichst wenigen Servicepunkten* einheitlich gestaltet sein.
3. Die *Qualität* der Bestände ist hinsichtlich Kunden, Vertriebswegen und Sparten systematisch zu *überwachen*.
4. Das bestehende Selbstverständnis eignet sich als Basis für die Umsetzung der *Kundenorientierung*.
5. Die *Fähigkeiten* der Mitarbeiter sind konsequent auf die serviceorientierten Qualitätsanforderungen auszurichten.

Die Umsetzung der Strategie im Vertrieb schließlich erforderte die Umsetzung eines Maßnahmenbündels, welches auf mehreren strategischen Handlungsanweisungen beruhte:

- Die Aufteilung der bestehenden Vertriebsorganisation hatte die Bildung von Vertriebsschwerpunkten zur Folge: „Auto und Wohnen" wird im wesentlichen durch die Stammorganisation abgedeckt; „Personen" wird sowohl durch die Stammorganisation als auch durch Sparkassen abgedeckt; das Nicht-Privatkundengeschäft wird additiv durch Makler und Direktionsbeauftragte betreut.
- Mitnahmegeschäft aus anderen strategischen Geschäftsfeldern ist grundsätzlich erwünscht.
- Die Bezirksdirektionen dienen der strategiekonformen Führung und Förderung der zugewiesenen Geschäftsstellen.
- Die Geschäftsstellen werden bei ihrer unternehmerischen Ehre gepackt und als spezialisierte „Detailhändler" gepflegt und unterstützt.

## 3.2 Fähigkeitsentwicklung

Die Fähigkeitsentwicklung erwies sich nach der Strategie- und Strukturentwicklung als das dritte und wichtigste Teilprojekt. Zu Beginn herrschte die Meinung vor, Kundenorientierung und Servicemanagement seien nur eine Frage der Strategie, welcher dann die Struktur zu folgen hätte. Nach intensiven Diskussionen mit der Personalentwicklung setzte sich die Erkenntnis durch, daß Kundenorientierung ein zentrales Thema der Mitarbeiterentwicklung ist und ein eigentlicher Organisationsentwicklungs-Prozeß (OE-Prozeß) in Gang gesetzt werden muß, wenn die Strategie wirklich umgesetzt und gelebt werden soll.

### 3.2.1 Ziele

Das Programm zur Fähigkeitsentwicklung in der Kundenorientierung verfolgte vier *Ziele*:

1. Alle Mitarbeiter sollen sich bei ihrer Arbeit *sach- und verhaltensbezogen* an Servicequalität und Effizienz orientieren, denn jeder im Unternehmen hat, wenn nicht externe, so doch zumindest interne Kunden. Dies war für viele Mitarbeiter ein Umdenkungsprozeß.

2. Verbesserungen in den Abläufen bei der Leistungserbringung sollen vorwiegend durch Ideen und *Maßnahmen der direkt betroffenen Mitarbeiter und Führungskräfte* entwickelt werden.

3. *Unternehmerisches Verhalten vor Ort* soll sich durch die Bildung einer gemeinsamen und gelebten Auffassung der unternehmerischen Ziele und ihrer koordinierten Umsetzung einstellen.

4. Gleichzeitig mit dem Verfolgen dieser Ziele sollen sich *viele Verbesserungen im Detail* ergeben. Dazu zählen beispielsweise die Behebung von Pannen, die bessere Kenntnis der Arbeit anderer Mitarbeiter, eine verstärkte Kunden- oder Empfängerorientierung, das Erlebnis der Veränderbarkeit einer Organisation durch Eigeninitiative etc.

Bei der Verfolgung dieser Ziele wurden grundsätzlich völlig unterschiedliche Erfahrungen gemacht. Man konnte beobachten, daß Bereiche, Abteilungen oder Gruppen mit Elan und Begeisterung das Thema „Kundenorientierung" aufgenommen und vieles umgesetzt haben, während andere, die noch keine positiven Erfahrungen gemacht hatten, erheblichen

Widerstand leisteten. Auch der Betriebsrat hat in allen Fragen sehr aktiv mitgewirkt und geholfen, Prozesse unterstützt, Dinge bewegt.

### 3.2.2 Programm

Die Fähigkeitsentwicklung „Kundenorientierung" wurde 1994 als siebenstufiges Programm in die Praxis umgesetzt. Es fanden mehr als 100 Veranstaltungen statt. Alle Innendienstmitarbeiter waren einbezogen.

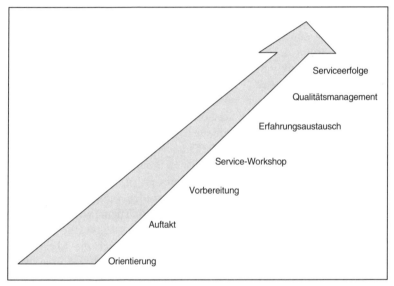

Abbildung 4: Progamm Fähigkeitsentwicklung: Der Pfad zur Kundenorientierung umfaßt sieben Veranstaltungstypen

Die sieben Veranstaltungstypen hatten folgenden Inhalt:

1. Die *Orientierungsveranstaltung* war der Versuch, allen Führungskräften das Thema Kundenorientierung zu verdeutlichen und die Notwendigkeit einer Organisationsentwicklung zum Thema Kundenorientierung bewußt zu machen.

2. In der *Auftaktveranstaltung* informierte der Gesamtvorstand alle 2 200 Innendienstmitarbeiter über Ziele und Notwendigkeit der Kundenorientierung sowie über die wesentlichen Inhalte des Programms.

Jedes Vorstandsmitglied referierte pragmatisch, einfach, direkt und motivierend zum Thema.

3. In einem *Vorbereitungsseminar* konnten sich Bereichs- und Abteilungsleiter, die beiden Führungsebenen unter dem Vorstand, auf das Thema und auf die Durchführung von Service-Workshops mit ihren Gruppenleitern und Mitarbeitern vorbereiten. Zentrales Thema war die Beantwortung der Frage: ,,Wie führe ich mit meinen Mitarbeitern in einem Service-Workshop einen OE-Prozeß in meinem Zuständigkeitsbereich ein?"

4. Der *Service-Workshop* war die Kernveranstaltung im Programm. In drei Tagen erarbeitete jede Abteilung unter der Leitung und in der Verantwortung des Abteilungsleiters ein eigenes Servicekonzept. Entlang der Fragestellungen ,,Welche Leistungen erbringen wir?", ,,Wer sind unsere Kunden?", ,,Was erwarten unsere Kunden?", ,,Welche Serviceziele setzen wir uns?", ,,Wie lautet unser Serviceversprechen?" und ,,Was für ein Servicecontrolling legen wir für uns fest?" wurden konkrete und individuelle Ergebnisse erarbeitet, Maßnahmen festgelegt und Bewegung in die Organisation gebracht. Dabei führte der Begriff ,,Serviceversprechen" zu kontroversen Diskussionen, denn ein Versprechen muß eingehalten werden. Zum Teil sind in den Service-Workshops auch Ängste frei geworden. Inhaltlich differierten die Serviceversprechen stark. Ein dominantes Thema war die Erreichbarkeit. Bei einer Kernarbeitszeit von 09.00 bis 15.00 Uhr wurde im Service-Workshop stark darauf geachtet, daß sich die Mitarbeiter selbst höhere Ziele setzten. Auch hier differierten die Ergebnisse stark. Es gab einen Bereich mit über 300 Mitarbeitern, der sich selbst eine Erreichbarkeit von 08.00 bis 17.15 Uhr auf freiwilliger Basis setzte. Die Kernarbeitszeit blieb dieselbe. Andere blieben dagegen auch bezüglich der Erreichbarkeit beim Minimum der Kernarbeitszeit.

5. Der *Erfahrungsaustausch* war eine eintägige Veranstaltung mit Führungskräften bis zur Stufe Gruppenleiter zur Bearbeitung von Führungsfragen und zum Erfahrungsaustausch über spezifische Managementprobleme bei Serviceprozessen. Es wurden Schlußfolgerungen für die Weiterführung des OE-Prozesses aus Führungssicht gezogen.

6. Im Veranstaltungstyp *Qualitätsmanagement* trafen sich Mitarbeiter mit ihren Gruppenleitern zur Aufarbeitung spezifischer Führungs- und Kulturfragen bei der Gestaltung und Durchführung von Servicepro-

zessen. Auch hier wurden Schlußfolgerungen aus Mitarbeitersicht gezogen, um den mit dem Service-Workshop in Gang gesetzten OE-Prozeß zur Verwirklichung von Kundenorientierung weiter voranzutreiben.

7. Die letzte Veranstaltung *Serviceerfolge* hatte eine Standortbestimmung durch die oberste Führungsebene bezüglich der Erfolge im OE-Prozeß zum Ziel.

### 3.2.3 Erfahrungen

Der OE-Prozeß ist noch nicht abgeschlossen und wird – definitionsgemäß – auch nicht abgeschlossen werden können. Wichtige Erkenntnisse wurden gewonnen, zum Teil banal, aber für Mitarbeiter von höchster, zum Teil auch von ganz grundlegender Bedeutung. Es gab viele positive, aber auch negative Erfahrungen.

So konnte beispielsweise festgestellt werden, daß Führungskräfte, vom Gruppenleiter bis zur obersten Führungsebene, vor den Service-Workshops ihre *Mitarbeiter oft unterschätzt* hatten. Nachher fielen Aussagen wie ,,Meine Mitarbeiter bringen viel mehr als ich von ihnen erwartet habe". Das *Vertrauen* in die Mitarbeiter ist in diesem Prozeß *gewachsen*, weil sie selbst Ziele erarbeitet haben. Auch das Selbstvertrauen der Mitarbeiter ist gestiegen.

Der *Informationsfluß* zwischen Mitarbeitern und Führungskräften, aber auch unter den Mitarbeitern, zwischen den Gruppen oder Abteilungen, wurde *verbessert*. Es finden heute völlig neue, abteilungsübergreifende Gespräche statt. Die extrem starke *Spezialisierung* hatte bisher eher hemmende Auswirkungen auf die interne Kommunikation; diese Schwachstelle wurde *entschärft*. Es wurden *Erreichbarkeitslisten* erstellt und kommuniziert. Plötzlich waren zur Sicherstellung der Erreichbarkeit auch schnurlose Telefone große Mode. Die *Durchlaufzeiten* bei einzelnen Arbeitsvorgängen gingen allein aufgrund abteilungsübergreifender Gespräche plötzlich *stark zurück*.

Nur am Rande: Sogar das *Speiseangebot* in der Kantine wurde kurzfristig geändert, weil viele Mitarbeiter unzufrieden waren.

Zu den *negativen* Erfahrungen zählte, daß die *Rolle der Führungskräfte* zum Teil frustrierend war. Manche waren uninformiert und unvorbereitet – trotz der Vorbereitungsveranstaltungen für die Service-Workshops.

## 144 Erfahrungsberichte aus der Versicherungswirtschaft

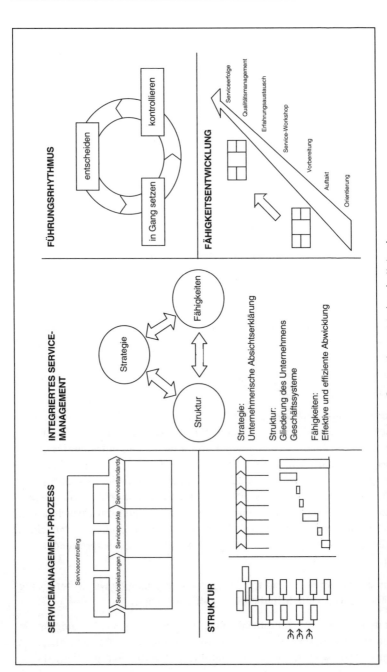

Abbildung 5: Ein OE-Prozeß muß in ein modulares Gesamtkonzept eingebettet sein

Dann mußte auch festgestellt werden, daß einige Führungskräfte an den Service-Workshops zwar aktiv mitwirkten, aber hinterher nichts umsetzten. Es gab auch Verweigerungen bei der Empfängerbefragung. Ganz wichtig war nicht zuletzt die Erkenntnis, daß manche Führungskräfte in ihrer Rolle als Leiter oder Initiator eines OE-Prozesses, beim Setzen von Zielen, beim kritischen Hinterfragen von Workshop-Ergebnissen etc. überfordert waren.

Aus den positiven und negativen Erfahrungen können mehrere *Schlußfolgerungen* gezogen werden:

1. Eine Fähigkeitsentwicklung, die als OE-Prozeß angegangen wird, muß mittel- bis langfristig ausgerichtet sein; man darf keine zu kurzfristigen Erwartungen hegen.

2. Dauernde Verbesserung heißt dauernde zusätzliche Arbeit.

3. Man kann nicht erwarten, daß 2 200 Mitarbeiter nach einem erstmaligen Durchlaufen eines Fähigkeitsentwicklungs-Programms sich sofort vollständig kundenorientiert verhalten, daß jahrzehntelang praktizierte Verhaltensweisen sich innerhalb weniger Monate ändern.

4. Es ist ein extrem hoher Energie-Input erforderlich.

5. Vorstand und Führungskräfte müssen sich immer wieder von neuem stark engagieren.

6. Von Anfang an sollten alle Führungskräfte in einen OE-Prozeß einbezogen werden.

7. Die Fähigkeitsentwicklung muß inhaltlich und methodisch in ein Gesamtkonzept eingebettet sein (vgl. Abbildung 5 auf der gegenüberliegenden Seite).

Der *Nutzen* eines OE-Prozesses schließlich ist ebenfalls mehrdimensional. Er ist primär anzusiedeln bei den Kunden und der Kundenzufriedenheit. Durch bessere Qualität von Anfang an und durch eine qualitativ hochstehende Beschwerdebearbeitung kommt es zu einer positiven Mund-zu-Mund-Propaganda und zu einer tieferen, längerdauernden Kundenbindung. Davon profitiert das Unternehmen mit höheren Erträgen dank geringeren Storni und einer höheren Cross-Selling-Rate. Zufriedene Kunden und wirtschaftlicher Erfolg wiederum wirken motivierend auf die Mitarbeiter und fördern, dank konsequenter und gelebter interner Kundenorientierung, die Freude an der Arbeit.

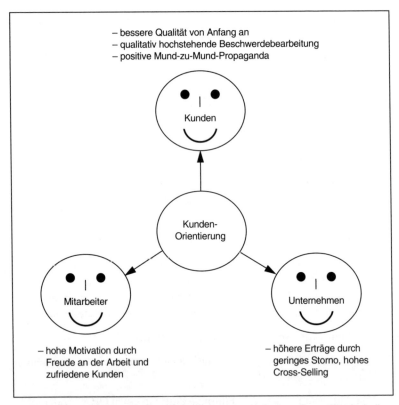

Abbildung 6: Kundenorientierung nach innen und nach außen stiftet bei allen Adressaten erheblichen Nutzen

*Josef Svoboda*

Qualität als Erfolgsfaktor
eines Kompositversicherers –
Der Weg der INTERUNFALL, Wien

# Qualität als Erfolgsfaktor eines Kompositversicherers

Qualität wird auch für Versicherer ein zunehmend wichtiger Erfolgsfaktor. Der Weg der INTERUNFALL zum Aufbau und zur Nutzung von Qualität als Erfolgsfaktor wird nach einer kurzen Darstellung des Unternehmens (Kapitel 1) und einigen grundsätzlichen Überlegungen zu Qualität (Kapitel 2) anhand von drei Stufen dargestellt:

- Kundenorientierte Verwaltung (Kapitel 3.1),
- Integriertes Service-Management im Außendienst (Kapitel 3.2),
- Integriertes Service-Management im Innendienst (Kapitel 3.3).

Auf der Basis der Ergebnisse dieser Projekte wird der künftige Weg der INTERUNFALL zum Integrierten Qualitätsmanagement (IQM) in Kapitel 4 dargestellt.

## 1. Die INTERUNFALL

Die INTERUNFALL hat als *österreichischer Kompositversicherer* bereits vor über zehn Jahren mit einer konsequenten Ausrichtung ihrer Geschäftsaktivitäten auf den Kunden begonnen. Diese strategische Stoßrichtung wurde auch nach verschiedenen Restrukturierungen, Fusionen und Verschmelzungen beibehalten. Heute hält die INTERUNFALL im österreichischen Markt mit einem Jahres-Prämienvolumen von über 8 Milliarden ATS einen Marktanteil von rund 7 Prozent.

Einige wichtige Daten der jüngsten Unternehmensgeschichte:

- 1984/85 Neuorientierung „Ausrichtung auf den Kunden"
- 1987 Restrukturierung IU und RAS Österreich
- 1989 Fusion IU und RAS Österreich
- 1991 Mitglied der EA-Generali Gruppe
- 1994 Verschmelzung der EA und der INTERUNFALL Deutschland zur Generali Versicherung
- 1994 Keyfacts Österreich:
  - 730 000 Kunden
  - 2 500 Mitarbeiter, davon 2 100 im Verkauf und Service
  - 2,3 Millionen Versicherungsverträge
  - 8,1 Milliarden ATS Prämie, 44 Prozent Kfz-, 33 Prozent Personen-, 23 Prozent Sachversicherung
  - rund 7 Prozent Marktanteil
  - 190 Prozent Solvabilität

## 2. Qualität als Wettbewerbsfaktor

Die INTERUNFALL ist – wie die gesamte Branche – einem sich immer stärker verändernden Umfeld ausgesetzt. Der Wettbewerb nimmt zu, die Kundenloyalität sinkt, der Kunde wird anspruchsvoller, Nischenanbieter verstärken den Wettbewerbsdruck auf traditionelle Versicherer und auch das gezielte Ansprechen attraktiver und klar definierter Kundengruppen durch agressive Werbung und Preissenkungen nimmt zu – insbesondere in der Kraftfahrzeugversicherung. Damit bewegen sich Versicherer in einem dreidimensionalen Spannungsfeld: Der Kunde wird anspruchsvoller, die Unternehmen müssen schlanker werden und der Wettbewerb wird intensiver. Das hat zur Konsequenz, daß die Qualität zunehmen muß, die Kosten sinken sollen und die Zeit für Produktentwicklungen drastisch reduziert werden muß (vgl. Abb. 1). Damit wird *Qualität* zu einem entscheidenden *Wettbewerbsfaktor*; sie trägt zur Differenzierung im Markt bei und läßt sich von Mitbewerbern nicht einfach kopieren. Versicherungsprodukte können innerhalb von Wochen ,,nachgemacht" werden, Strukturen lassen sich in einigen Monaten nachahmen, Wettbewerbsvorteile aus der Qualität jedoch wird man erst nach Jahren erreichen können.

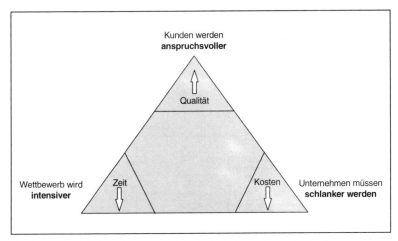

Abbildung 1: Die Versicherungswirtschaft steht in einem dreifach ausgeprägten Spannungsfeld

Qualität ist ein allgemeiner Begriff. Um Qualität als Wettbewerbsfaktor aber auch konkret einsetzen zu können, müssen die Faktoren, aus denen sie sich zusammensetzt, bekannt sein. Für die Assekuranz als Dienstleister handelt es sich dabei im wesentlichen um ,,weiche" Faktoren. Solche Faktoren sind beispielsweise Verläßlichkeit, Reagibilität, Kompetenz, Kontaktbequemlichkeit, Höflichkeit, Kommunikation, Glaubwürdigkeit, Sicherheit, Verständnis oder das materielle Umfeld. Diese Faktoren werden aber hauptsächlich von den Mitarbeitern getragen. Damit heißt Qualitätsorientierung auch Mitarbeiterorientierung.

Damit diese und andere Qualitätsfaktoren aber auch wirken, müssen sie zu ,,harten" Faktoren, d. h. meßbar gemacht werden. Nur so kann letztlich über den Globalmaßstab der Kundenzufriedenheit nachvollzogen werden, ob Kunden aufgrund ihrer Unzufriedenheit abwandern oder umgekehrt aufgrund ihrer hohen Zufriedenheit ihre Verträge verlängern. Mit Bestandserhaltungssystemen, -programmen und -instrumenten versucht die Assekuranz schon seit Jahren, eine hohe Kundenzufriedenheit zu erreichen. Deren ökonomische Bedeutung kann am folgenden Szenario in etwa illustriert werden:

- Die INTERUNFALL hat 730 000 Kunden.
- Unter der Annahme, daß vielleicht 5 Prozent der Kunden mit den

Serviceleistungen der INTERUNFALL nicht zufrieden sind, ergäben sich etwa 26 000 Kundenabwanderungen.

- Unter der Annahme, daß jeder Kunde bei der INTERUNFALL Verträge mit durchschnittlich rund 10 000 ATS Prämienvolumen pro Jahr abgeschlossen hat, ergäbe sich ein Abgangspotential von 260 Millionen ATS Prämie pro Jahr.

| Umsatzeinbußen aufgrund von Abwanderungen unzufriedener Kunden (5% von 730 000): sehr vorsichtige Schätzung! | | | | Abwanderungsrate | | verlorene Kunden |
|---|---|---|---|---|---|---|
| Kunden mit Problemen 36 500 X | | | zufrieden 40 % | X 5% | = | 40 |
| | Kunden, die reagieren 5% (1 825) | beschwichtigt 35% | X 25% | = | 160 |
| | | unzufrieden 25% | X 70% | = | 350 |
| | Kunden, die nicht reagieren 95 % (34 675) | | X 75 % | = | 26 000 |
| | | | | | | 26 550 |

Abbildung 2: Mangelnde Kundenzufriedenheit – mögliche Wirkung

Wenn man sich im Vergleich dazu die Ausgaben vergegenwärtigt, die getätigt werden, um nur 1 Prozent Prämienvolumensteigerung zu erzielen, dann wird die ökonomische Dimension von Qualität deutlich.

## 3. Der Weg der INTERUNFALL

Die INTERUNFALL hat ihren Weg zu einem umfassenden Qualitätsmanagement schon vor über zehn Jahren angetreten und wird ihn weiter gehen. Allerdings: Die anfängliche Euphorie ist einem starken Realitätsbezug gewichen und die konsequente Verfolgung erfordert viel Ausdauer und Geduld. Denn: Für die INTERUNFALL ist Qualitätsmanagement ein permanenter Prozeß.

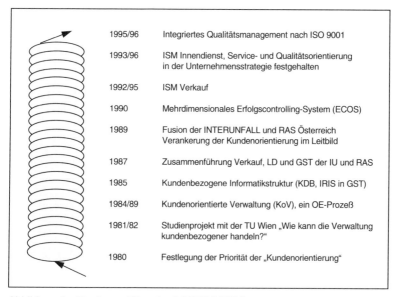

Abbildung 3: Der lange Weg der INTERUNFALL

## 3.1 Kundenorientierte Verwaltung

1980 begann der Weg der INTERUNFALL mit dem Schwerpunkt der Verankerung von Kundenorientierung in der Verwaltung, da man der Auffassung war, daß im Vertrieb ohnehin alle Mitarbeiter kundenorientiert seien. Dieser ersten Phase folgte das Projekt KoV (Kundenorientierte Verwaltung). Die INTERUNFALL war in dieses Projekt als Sachprojekt eingestiegen. Rückblickend betrachtet mußte jedoch festgestellt werden, daß es sich um einen Entwicklungsprozeß handelte. Dieser Entwicklungsprozeß verlief weiter mit der Schaffung geeigneter Informatikstrukturen, mit der Verankerung der Kundenorientierung im Unternehmensleitbild sowie mit der Entwicklung eines mehrdimensionalen Erfolgscontrolling-Systems (ECOS).

## 3.2 Integriertes Service-Management im Verkauf

1992 wurde das Projekt ISM 1, Integriertes Service-Management im Verkauf, ins Leben gerufen. Projektziel war es, Führungskräfte und rund

1 200 Kundenbetreuer oder Außendienstmitarbeiter für ein Konzept „beratungsorientiertes Verkaufen" zu gewinnen. Die wichtigste Voraussetzung dazu, die Verwendung von Notebooks, war bereits gegeben. Das Projekt wurde in mehreren Stufen abgewickelt:

- 1992 startete ein Pilotprojekt: Erstellung eines ISM-Konzepts und Erprobung des Konzepts mit fünf Verkaufsteams in drei Landesdirektionen.

- Ende 1992 wurden Ergebnisse und Erfahrungen des Pilotprojektes mit allen Landesdirektoren, Vertriebsleitern und der Arbeitnehmervertretung beurteilt und es wurde die flächendeckende Umsetzung beschlossen.

- 1993/94 erfolgte die österreichweite Umsetzung und es wurde ein Serviceversprechen der Kundenbetreuer formuliert und teilweise auch umgesetzt.

- 1995 schließlich fand der Übergang in die Linienverantwortung statt. Insgesamt konnten 85 bis 90 Prozent der Kundenbetreuer für das Integrierte Service-Management im Verkauf gewonnen werden.

Die Kundenbetreuer kommunizierten ihre Qualität mit einem Serviceversprechen nach außen:

- „Mindestens einmal pro Jahr darf ich mich mit Ihnen in Verbindung setzen, um Sie über Neuerungen und Verbesserungen zu informieren. Dabei bin ich Ihnen gerne bei der Klärung all Ihrer Fragen und Wünsche in Versicherungs- und Finanzierungsangelegenheiten behilflich.

- Auf Ihren Wunsch erhalten Sie von mir kostenlos eine Übersicht über Ihre Versicherungsverträge und über Ihren Vorsorgebedarf.

- Im Schadenfall stehe ich (oder bei Verhinderung meine Vertretung) Ihnen unverzüglich, spätestens jedoch innerhalb von zwei Tagen, zur Verfügung.

- Bei Vorlage aller erforderlichen Unterlagen und nach vollständiger Aufklärung des Sachverhaltes erledigen wir Ihren Schaden binnen zwei Wochen.

- Für dringende Versicherungsfragen steht Ihnen außerhalb der üblichen Bürozeit, auch am Wochenende, unser INTERUNFALL-Servicetelefon unter der Telefonnummer 02 22/402 20 00 zur Verfügung."

## 3.3 Integriertes Service-Management im Innendienst

Das Projekt ISM 2, Integriertes Service-Management im Innendienst, wurde 1993 gestartet. Das Ziel bestand in der Erarbeitung kundennaher Arbeitsprozesse und in der Erhöhung von Effizienz und Qualität im Innendienst. So viel wie möglich sollte so nah wie möglich bei den Kunden bearbeitet werden. Entwickelt wurden 160 Vorschläge zur Verbesserung von Qualität und Effizienz – mit einem Einsparpotential von 100 Millionen ATS. Durch jede Organisationseinheit des Innendienstes wurde auch je ein individuelles Serviceversprechen für interne Mitarbeiter als Kunden und Leistungsempfänger formuliert. Im Zeitraum von 1994 bis 1996 werden die Projektergebnisse unter Mitwirkung aller Unternehmensbereiche umgesetzt.

Auch die Telefonzentrale kommuniziert ihre Qualität mit einem Versprechen an ihre Empfänger:

- Wir betreuen unsere Kollegen genauso freundlich, hilfsbereit und kompetent wie alle Kunden.

- Eingehende Gespräche werden sofort, spätestens jedoch nach dem dritten Klingelton abgenommen.

- Die Telefonzentrale der INTERUNFALL ist von 7.30 Uhr bis Dienstende ständig besetzt.

- Unser Telefonservice zeichnet sich durch Freundlichkeit, hörbare Hilfsbereitschaft und umfassendes Organisationswissen aus.

- Bei inhaltlichen Fragen der Kunden geben wir, wenn möglich, rasch kompetente Antworten. Kunden mit tiefergehenden Fragen vermitteln wir an einen Spezialisten.

## 3.4 Ergebnisse

Den langjährigen Bemühungen um beste Qualität direkt zahlenmäßige Ergebnisse in Form von Geschäftsergebnissen zuzuordnen, ist unmöglich. Es können bestenfalls Hinweise ermittelt und Plausibilitäten überprüft werden. Trotzdem: Im Sinne eines Benchmarking lassen sich auch

**156** Erfahrungsberichte aus der Versicherungswirtschaft

Vergleiche zwischen der INTERUNFALL und ihren Wettbewerbern herstellen. Ein solcher Vergleich zeigt in einer Portfolioanalyse, wie die Wettbewerber die INTERUNFALL sehen. Auf der x-Achse sind die Umsatzrenditen in Prozent eingetragen und auf der y-Achse die Prämiensteigerungen.

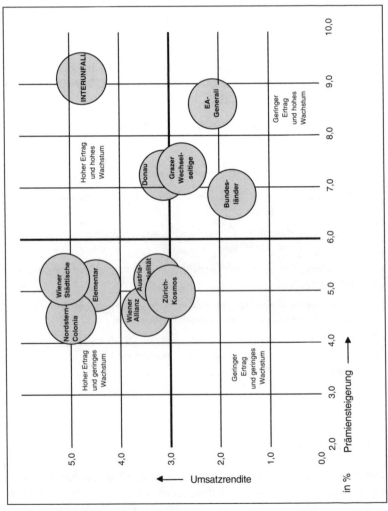

Abbildung 4: Top-11 Portfolio 1992 bis 1994
Quelle: BWA-Controlling

## 4. Das IQM-Projekt nach ISO 9001

Im März 1995 startete die INTERUNFALL das Projekt IQM – Integriertes Qualitätsmanagement nach ISO 9001. Dieses Projekt soll bis Ende Dezember 1996 abgeschlossen sein und verfolgt fünf Ziele:

- Klare Differenzierung von den Mitbewerbern,
- unternehmensweit gleiche Qualitätsstandards,
- verringerte Kundenfluktuation,
- Sicherung eines hohen ROI,
- attraktives Arbeitgeberimage durch Erfolgs- und Qualitätsorientierung.

### 4.1 Die Ebenen von IQM

Der Aufbau eines Integrierten Qualitätsmanagements (IQM) ist auch die Einleitung eines permanenten Prozesses der Leistungs- und Qualitätsverbesserung. Die Zertifizierung ist damit nicht das Ziel, sondern der Weg, um die genannten Ziele zu erreichen. IQM ist etwas ganzheitliches und muß alle Mitarbeiter und Führungskräfte umfassen. Grundlage und Bestandteile sind erprobte Konzepte: Das Integrierte Management mit seinem Zusammenspiel von Strategie, Struktur und Fähigkeiten, das Qualitätsnormensystem nach ISO 9000 ff. sowie Qualitätsförderungsysteme, z. B. nach Deming, dem Malcolm Baldrige Quality Award (MBQA) oder dem European Quality Award (TEQA). Vgl. Abbildung 5 auf der nächsten Seite.

### 4.2 Der prozeßorientierte Aufbau

Der Aufbau eines IQM nach ISO 9001 kann auf mehrere Arten vorgenommen werden, z. B. entlang der 20 Normen, oder aber prozeßorientiert. Die INTERUNFALL hat sich für ein prozeßorientiertes Vorgehen entschlossen. Dagegen spricht zwar, daß die Zertifizierungsorganisationen noch wenig Erfahrung bei der Auditierung von prozeßorientierten QM-Systemen besitzen, aber gewichtige Gründe sprechen trotzdem dafür:

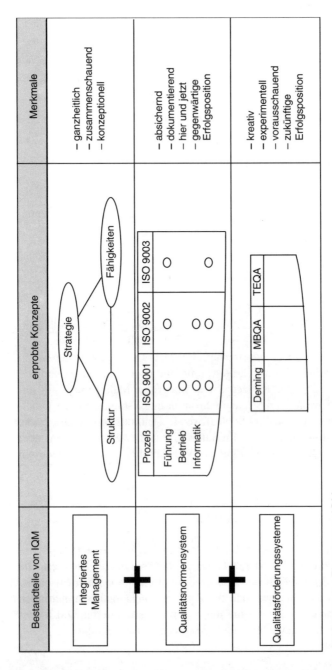

Abbildung 5: Ebenen von IQM

- Die in der INTERUNFALL vorhandene Dokumentation zur Abwicklung und Überwachung des Versicherungsgeschäfts entspricht in vielen Fällen dem Betriebsablauf.
- Die Verständlichkeit und damit naturgemäß die Akzeptanz für die Mitarbeiter ist höher, der Schulungsaufwand wird damit geringer.
- Anpassungen an betriebliche Erfordernisse können leichter durchgeführt werden.
- Die Revision 1999/2000 der Norm wird vorweggenommen.

## 4.3 Das INTERUNFALL-Unternehmensmodell

Als Grundlage für den Aufbau eines Integrierten Qualitätsmanagement-Systems nach ISO 9001 dient ein Unternehmensmodell der INTERUNFALL. Im Mittelpunkt steht der Dienstleistungsprozeß mit seinen Kernprozessen Produktentwicklung, Vertrieb/Kundenbetreuung, Betrieb und Schaden/Leistungsabwicklung. Dieser Prozeß muß den Kundenanforderungen entsprechen, ist auf die Erzielung höchster Kundenzufriedenheit ausgerichtet und wird über Kundenzufriedenheitsmessungen in seiner Gesamtqualität überwacht. Umrahmt sind diese Kernprozesse durch den Führungs- und Managementprozeß und durch unterstützende Prozesse wie das In- und Exkasso, das Personalwesen, die Aus- und Weiterbildung sowie die Informationsverarbeitung.

An diesem Unternehmensmodell wird die INTERUNFALL nicht nur den Aufbau des Integrierten Qualitätsmanagements orientieren, sondern auch die Struktur und die Arbeitsweise des Unternehmens ausrichten (vgl. Abbildung 6 auf der nächsten Seite).

## 5. Die These

Der Weg der INTERUNFALL zur Nutzung von Qualität als Erfolgsfaktor ist ein langer Weg, der niemals endgültig abgeschlossen sein wird. Für die Zukunft kann folgende These aufgestellt werden: Ein Integriertes Service-Management verbunden mit einem Integrierten Qualitätsmanagement bietet die Chance, die scheinbar unvereinbaren Notwendigkeiten des permanenten Wandels sozialverträglich zu harmonisieren.

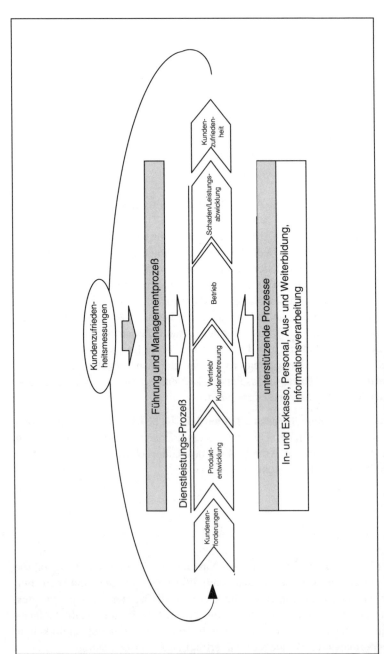

Abbildung 6: Das INTERUNFALL-Unternehmensmodell

Die Problemsituation der Versicherungswirtschaft läßt sich damit durch systematisches Qualitätsmanagement entschärfen. Diese These gilt grundsätzlich für jedes Unternehmen, welches sich auf den Weg hin zu einem systematischen Qualitätsmanagement begibt. Die Anzahl der qualitätsorientierten Kunden nimmt stark zu. Daher kann mittelfristig die Befriedigung der Qualitätsansprüche als Herausforderung für die Erfolgssicherung betrachtet werden; langfristig jedoch wird die Erfüllung der Qualitätsanforderungen von Kunden eine Überlebensnotwendigkeit für die Unternehmung werden. Und für Zweifler gilt in diesem Zusammenhang: Der Mangel an Gewißheit ist niemals eine Entschuldigung für die Nichtbefolgung der klassischen Qualitätsregeln und die Vernachlässigung der mit diesen verbundenen Erfolgspotentiale.

Die folgenden sieben Qualitätsregeln können als Leitfaden für ein systematisches Qualitätsmanagement dienen:

| Regeln | Bedeutung |
| --- | --- |
| 1. Zieh Dir die Schuhe Deiner Kunden an! | 1. Maßstab aller Entscheidungen und Handlungen ist die Ausrichtung an den Kundenbedürfnissen. |
| 2. Auch Deine Kollegen sind Deine Kunden! | 2. Jeder Mitarbeiter hat das Recht auf eine qualitativ gute Vorleistung. |
| 3. Mach's gleich richtig! | 3. Ziel ist Qualität von Anfang an, ohne teure Nachbesserung. |
| 4. Mach Deinen Qualitätsanspruch meßbar! | 4. Nur meßbare Ziele sind dauerhaft erreichbar. |
| 5. Besser ist billiger! | 5. IQM basiert auf einer Minimierung von Nachbesserungen und ist deshalb kostengünstig. |
| 6. Fordere Deinen Chef! | 6. Ohne das „Vorleben und Beispiel" des Chefs wirkt IQM nicht. |
| 7. Pack's gemeinsam mit allen anderen jetzt an! | 7. Erfolg kommt nur durch konsequentes Handeln und nicht allein durch Reden und Konzepte. |

Abbildung 7: Qualitätsregeln

*Diether Kuhn*

Der Weg zum Qualitätsmanagement –
Erfahrungen der Winterthur-Versicherungen,
Winterthur

# Der Weg zum Qualitätsmanagement

Die Winterthur-Versicherungen verfügen bereits über eine langjährige Erfahrung im Umgang mit Qualität. Diese Erfahrungen wurden 1994 erstmals in einer Qualitätspolitik systematisch festgehalten und kommuniziert. Im gleichen Jahr wurde eine eigentliche „Qualitätsoffensive" gestartet: Gleichzeitig mit Maßnahmen, die das qualitätsbewußte Verhalten förderten, wurde der Aufbau eines Qualitätsmanagement-Systems in Angriff genommen.

Diese „Qualitätsoffensive" ist Gegenstand der folgenden Ausführungen:

1. *Lancierung* des Projektes „SPIRIT" (Kapitel 2.1),
2. Erarbeitung der *Qualitätspolitik* (Kapitel 2.2),
3. Erarbeitung des *Vertiefungskonzepts* (Kapitel 2.3),
4. *Vorbereitung* der Qualitäts-Workshops (Kapitel 2.4),
5. Aufbau, Durchführung und Inhalt der *Qualitäts-Workshops* (Kapitel 2.5).

Eine kurze Darstellung der *Resultate* (Kapitel 2.6) und der *Erfahrungen* (Kapitel 3) ergänzt die Ausführungen.

## 1. Die Winterthur-Versicherungen

Die Winterthur-Gruppe belegt – gemessen an den Bruttoprämien – unter den europäischen Versicherern den 4. Rang im Europageschäft und den 7. Rang im weltweiten Geschäft. In der Schweiz ist die Winterthur-Gruppe inklusive Tochtergesellschaften klarer Marktleader. Die folgenden Ausführungen betreffen jedoch nicht die gesamte Winterthur-Gruppe, sondern lediglich das Departement Schweiz Nichtleben, im folgenden „Winterthur" genannt.

Die „Winterthur" ist ein Allbranchenversicherer mit einem Marktanteil von insgesamt 19,5 Prozent. In einzelnen Branchen beträgt dieser sogar um die 25 Prozent. Mit 14 Regionaldirektionen sowie ca. 120 Generalagenturen und 720 Agenturen verschiedener Größe ist die „Winterthur" sehr *dezentral* organisiert. Sie beschäftigt ca. 5000 Mitarbeiter, davon 550 am Hauptsitz.

## 2. Gründe für ein systematisches Qualitätsmanagement

Die „Winterthur" erachtet *Qualität als ein tragendes Element der Geschäftstätigkeit.* Sie ist zudem der Auffassung, daß die Bedeutung von Qualität für den Geschäftserfolg in Zeiten der Deregulierung, in einem stets anspruchsvoller werdenden Markt und bei immer aufgeklärteren Kunden stark zunimmt.

Ausgangspunkt für den Weg zum systematischen Qualitätsmanagement war bei der „Winterthur" der Kunde. Qualität wird definiert als „fehlerfreie Erfüllung von Kundenbedürfnissen". Der Kunde entscheidet über die Qualität einer Leistung. Ist er damit zufrieden, dann ist sie qualitativ gut – sonst nicht.

Weil die „Winterthur" Kundenbedürfnisse konsequent erfüllen will, wurde per 1. Januar 1994 die bis dahin funktionale Organisationsstruktur in eine nach Kundensegmenten ausgerichtete Struktur geändert. Dabei war von vornherein klar, daß die Einführung neuer Strukturen auch im Sinne eines Marketing gegen Widerstände von innen begleitet werden mußte. Einerseits sollten alle Mitarbeiter wissen, wie die neue Organisation aussah. Andererseits mußten aber auch Sinn und Zweck der Änderungen vermittelt werden. Zu diesem Zweck wurde das Projekt „SPIRIT" lanciert.

### 2.1 Lancierung des Projektes „SPIRIT"

Die Lancierung erfolgte mit einem persönlichen Brief des Departementleiters an sämtliche Mitarbeiter und Mitarbeiterinnen der „Winterthur". Der Brief wurde im Dezember 1993 an die Wohnadresse zugestellt. Darin wurde die Botschaft der konsequenten Kundenbezogenheit erstmals aufgegriffen und thematisiert. Am 3. Januar 1994, dem erstem Arbeitstag in den neuen Strukturen, fanden alle Mitarbeiterinnen und Mitarbeiter an ihrem Arbeitsplatz einen Pin mit dem eigens geschaffenen „SPIRIT"-Logo vor. Damit wurden erst einmal Erwartungen geweckt.

Diese Erwartungen wurden dann durch ein Referat aufgefangen. Die Marketingabteilung hatte den Text und die Präsentationshilfen zentral erarbeitet und an die Linienvorgesetzten verteilt. Diese machten ihre Mitarbeiterinnen und Mitarbeiter mittels der Unterlagen mit den neuen Strukturen und deren Sinn und Zweck vertraut. Insbesondere wurden in diesem Referat folgende Themen behandelt:

- der Kunde im Mittelpunkt der Tätigkeiten der ,,Winterthur",
- Einführung der Idee der Dienstleistungskette, d. h. des internen Kundenprinzips,
- Veränderungen im Umfeld (Konsumentenverhalten, Branchenimage),
- Servicequalität (Qualität, Professionalität, Effizienz etc.),
- Vermaschung (nicht jeder kann alles tun, aber jeder zieht den nötigen Spezialisten hinzu),
- Instrumente (Marktsegmentierung, Leistungssysteme, Organisation).

Damit war die Grundlage für den eigentlichen Aufbau eines Qualitätsmanagements gelegt worden.

## 2.2 Erarbeitung der Qualitätspolitik

Der nächste Schritt bestand nun darin, festzulegen, was Qualität konkret für die ,,Winterthur" als Versicherer bedeutet. In Workshops der ersten und zweiten Führungsebene des Departementes wurde die Qualitätspolitik erarbeitet. Das Ergebnis war dem Inhalt nach überhaupt nicht neu. Es wurden primär Schwerpunkte auf Gebieten formuliert, in denen man bereits bis dahin erhöhte Sorgfalt aufgewendet hatte. Die eigentliche Bedeutung lag vielmehr darin, daß die oberste Führungsebene klar und unmißverständlich kundtat, welch hohe Bedeutung der Qualität beigemessen wird und an welchen qualitativen Grundsätzen sich die Arbeit zu orientieren hat.

Die Festlegung der Qualitätspolitik nimmt eine erste Konkretisierung des Begriffs Qualität für die ,,Winterthur" vor und enthält *neun Punkte*:

1. *Verfügbarkeit:* Die ,,Winterthur" will mit ihren Dienstleistungen für Kunden jederzeit zur Verfügung stehen.

2. *Geschwindigkeit:* Kundenerwartungen sollen rasch und auf Anhieb richtig erfüllt werden.
3. *Freundlichkeit und Erscheinungsbild:* Dem Kunden soll das Gefühl vermittelt werden, willkommen zu sein.
4. *Kundenbezogenheit und Beweglichkeit:* Kundenbedürfnisse sind stets zu analysieren und unter flexibler Ausschöpfung der Möglichkeiten zu befriedigen.
5. *Kommunikation:* Gerade beim abstrakten Produkt Versicherung ist es wichtig, daß mit dem Kunden unmißverständlich und angenehm kommuniziert wird.
6. *Verläßlichkeit und Geschäftsmoral:* Die Kunden sollen sich darauf verlassen können, daß die ,,Winterthur" ihre Versprechen hält, die Anliegen der Kunden vertraulich behandelt und die gesetzlichen Vorschriften einhält; dies gilt sowohl im großen (z. B. dem Einhalten von Verträgen) als auch im kleinen (z. B. Ausführen von versprochenen Rückrufen).
7. *Fehler als Chance:* Fehler können passieren, aber sie müssen sofort behoben und ihre Ursachen systematisch ermittelt werden. Nur so kann verhindert werden, daß sie sich wiederholen.
8. *Professionalität:* Diese ist in fachlicher Hinsicht die Grundlage für Qualität; sie beginnt bereits bei der Einstellung der Mitarbeiterinnen und Mitarbeiter sowie deren Aus- und Weiterbildung. Dazu gehört aber auch, daß jeder seine Grenzen kennt und bei Bedarf den entsprechenden Spezialisten heranzieht.
9. *Glaubwürdigkeit der Führung:* Neben der Forderung nach der Vorbildfunktion wird hier insbesondere verankert, daß die Führung auch Innovationen in die Kommunikation einbeziehen muß.

Nach der Lancierung von ,,SPIRIT" und der Erarbeitung der Qualitätspolitik galt es nun, ,,Qualität" bei allen Mitarbeiterinnen und Mitarbeitern zu thematisieren. Zu diesem Zweck wurde ein zweites Referat erarbeitet und nach dem gleichen Verfahren wie bei der Lancierung verbreitet. Ziel war es, damit die Diskussion über das abstrakte Thema ,,Qualität" einzuleiten. Das Referat behandelte die folgenden Aspekte:

- Definition von Qualität,
- Nutzen der Beschäftigung mit Qualität,

- Elemente eines Qualitätsmanagements,
- Rolle eines Qualitätsmanagement-Systems,
- Einführung in die Qualitätsnormenreihe ISO 9000 ff.,
- weiteres Vorgehen der „Winterthur",
- erste Verbreitung und Kommentierung der Qualitätspolitik.

Parallel zur Verbreitung dieses Referates wurde die Qualitätspolitik zusammen mit einem Leitartikel des Departementleiters auch in Mitarbeiterpublikationen abgedruckt. Mittels eines eigens geschaffenen Plakats, das flächendeckend in der „Winterthur" verbreitet wurde, erinnerte man die Angehörigen der Unternehmung in kurzer, einprägsamer Form immer wieder an die Qualitätspolitik.

## 2.3 Erarbeitung des Vertiefungskonzepts

Während die Qualitätsdiskussion bis an die Peripherie der Organisation getragen wurde, begann man, ein Konzept zur Vertiefung der Bemühungen um das Thema Qualität zu erarbeiten. Es ging darum, Maßnahmen zu entwickeln, um:

- Verhaltensänderungen auszulösen,
- die Qualitätsschwerpunkte gemäß der Qualitätspolitik zu verinnerlichen,
- die Qualitätspolitik in das tägliche Leben umzusetzen und
- die Basis für ständige Qualitätsverbesserungen zu legen.

Es wurde rasch deutlich, daß eine effektive Auseinandersetzung mit dem Thema Qualität nur erfolgen kann, wenn eine *aktive Beteiligung aller Mitarbeiterinnen und Mitarbeiter* verlangt wird. Aus diesem Grunde wurde entschieden, Qualitäts-Workshops durchzuführen. Gleichzeitig fand die Entwicklung eines Qualitätsmanagement-Systems statt. Ausgangspunkt der Evaluation war das Wissen, daß in einem Versicherungsunternehmen Qualitätsmanagement grundsätzlich unter drei Gesichtspunkten angegangen werden kann:

1. Man kann rein verhaltensorientiert, d. h. durch Ausbildung/Training der Mitarbeiter vorgehen.

2. Man kann einfach Qualitätsvorgaben setzen und deren Erfüllung messen/kontrollieren.
3. Man kann diese beiden Formen miteinander verbinden.

Die „Winterthur" hat sich für die dritte Form entschieden, denn nur wenn durch Einbeziehung aller Mitarbeiterinnen und Mitarbeiter eine Basis gelegt wird, kann man auch auf ein aktives Mittragen der Bemühungen durch alle zählen. Daneben bedarf es aber auch einer Systematik und meßbarer Qualitätskriterien, um eine Langzeitwirkung und Kontinuität zu bewirken. Das System muß gewährleisten, daß auch in der Hektik der täglichen Arbeit die Beschäftigung mit Qualität nicht vergessen wird; es muß gewissermaßen zum „Glück Qualität" zwingen.

Damit stellte sich die Frage, welches Qualitätsmanagement-System gewählt werden sollte. Nach reiflicher Überlegung ist die „Winterthur" zu der Auffassung gelangt, daß ein System, welches den Anforderungen der Norm ISO 9001 entspricht, die eigenen Anforderungen an das gesuchte System erfüllt. Nachdem nun die Art und Weise der Fortführung des Projektes „SPIRIT" festgelegt war, wurde die Projektorganisation ausgebaut und dem vollamtlichen Projektleiter zwei ebenfalls vollamtliche Mitarbeiter zur Seite gestellt.

### 2.4 Vorbereitung der Qualitäts-Workshops

Die Workshops bezogen sämtliche Mitarbeiterinnen und Mitarbeiter der „Winterthur" ein. Sie erfolgten unter Leitung und in Verantwortung der Linie. Die als Workshop-Leiter tätigen Kaderleute wurden in insgesamt 19 *Kader-Workshops* durch die Projektleitung auf diese Aufgabe vorbereitet. Dabei handelte es sich nicht um Instruktionsveranstaltungen, sondern um eigene Qualitäts-Workshops im Maßstab 1:1. Damit erlebten die Kader einerseits die Workshops aus Sicht der Teilnehmer. Andererseits wurden die Workshop-Ergebnisse auch für die Führung erarbeitet.

Am Ende der Kader-Workshops erhielten die Teilnehmer ein Dossier mit dem Text der beiden Kurzreferate, Hinweisen zur Durchführung der Qualitäts-Workshops und allen notwendigen Unterlagen. Zudem wurde Zeit für die persönliche Vorbereitung der Qualitäts-Workshops eingeräumt. Auf diese Weise wurde einerseits eine „unité de doctrine" erreicht und andererseits der Aufwand für die Workshop-Leiter minimiert.

## 2.5 Aufbau, Durchführung und Inhalt der Qualitäts-Workshops

Ein Qualitäts-Workshop umfaßte jeweils 2 bis 3 Gruppen, die in der Regel durch die normalen Organisationseinheiten gebildet wurden. Es arbeiteten also z. B. die Haftpflicht-Underwriter miteinander oder die Schadenbearbeiter Motorfahrzeugversicherungen. Geleitet wurde ein Workshop von 1 bis 2 Kadermitgliedern, im Normalfall den Vorgesetzten der Teilnehmer. Ein Workshop dauerte zwei Arbeitstage, wobei am ersten Tag bis abends 10 Uhr gearbeitet wurde. Insgesamt fanden in der Schweiz innerhalb von fünf Monaten rund 270 solcher Workshops statt.

Die Workshops bestanden praktisch ausschließlich aus Gruppenarbeiten. Ein kurzes Einleitungsreferat und eine Einführung in das Thema Controlling bildeten die einzigen Ausnahmen.

In den Gruppenarbeiten setzten sich die Mitarbeiterinnen und Mitarbeiter mit folgenden Themen auseinander:

*Welches sind die konkret erbrachten Leistungen und wer ist jeweils Kunde?*

Es ging darum, die eigenen Tätigkeiten zu analysieren und sich zu fragen: ,,Was ist mein Output, was stelle ich eigentlich her?" Es war überraschend, wie schwer sich einzelne Gruppen taten, ihre täglichen Beschäftigungen zu katalogisieren und dies auch noch geordnet zu tun. Ebenfalls zur Arbeit gehörte, jeder der eruierten Tätigkeiten oder Leistungen die konkreten internen oder externen Kunden zuzuordnen.

Die folgenden Gruppenarbeiten bauten dann auf diesen Erkenntnissen auf.

*Welche Leistungen sind die Basis für den eingangs definierten Output und wer ist der konkrete ,,Lieferant" der Vorleistung?*

Die Teilnehmer versetzten sich dann in die Kundensituation und formulierten ihre Qualitätsansprüche an diese Vorleistungen. Leitlinie waren dabei die ,,neun Punkte der Qualitätspolitik".

*Konkretisierung der Qualitätspolitik hinsichtlich der eigenen Leistungen und Formulierung von Qualitätsversprechen*

Diese Gruppenarbeit bildete das eigentliche Kernstück des Workshops. Man fragte sich zuerst, welche Grundsätze der Qualitätspolitik für die jeweils am Anfang festgehaltenen Tätigkeiten entscheidend sind und konkretisierte sie anschließend in meßbaren *Standards*. Z. B.: Was genau heißt ,,rasch" im Zusammenhang mit der Angebotserstellung? Was exakt heißt „verfügbar" für die Beratung? Gestützt auf diese Überlegungen wurden hieran anschließend *Qualitätsversprechen* formuliert. Ein Beispiel: „Wir sorgen dafür, daß Offerten innerhalb eines Arbeitstages nach Eingang aller Angaben versandt sind."

*Regelung des Controlling*

Es ist klar, daß die Erfüllung dieser Qualitätsversprechen kontrolliert werden muß, da sie ansonsten in der Regel spätestens nach einem Jahr der täglichen Hektik zum Opfer gefallen sind. Wenn im Zusammenhang mit Qualitätsmanagement bei der „Winterthur" von Kontrolle gesprochen wird, dann ist *primär Eigenkontrolle* gemeint. Ausgangspunkt ist die Überzeugung, daß jeder, der eine Leistung erbringt, grundsätzlich für deren Qualität selbst verantwortlich ist. In der letzten Gruppenarbeit ging es also darum, *Controlling-Instrumente* zu erarbeiten, die den Mitarbeiterinnen und Mitarbeitern dabei helfen, Verstöße gegen die Qualitätsversprechen überhaupt zu erkennen, um anschließend entsprechend reagieren zu können.

Die Qualitäts-Workshops waren damit schwerpunktmäßig auf Qualitätssicherung ausgelegt. Um jedoch die in den Diskussionen und Gruppenarbeiten auftauchenden *Verbesserungsideen* nicht ungenutzt zu lassen, wurden diese systematisch erfaßt, dokumentiert und der Evaluation durch den jeweiligen Regionaldirektor zugeführt. In diesem Sinne wurde mit den Qualitäts-Workshops auch Qualitätsförderung betrieben.

## 2.6 Resultate

Bei der Beurteilung der Resultate muß grundsätzlich unterschieden werden zwischen erfaßbaren Ergebnissen in Form der Qualitätsversprechen und nicht erfaßbaren psychologischen Resultaten. Wurde engagiert gearbeitet, konnte ein gutes Ergebnis verbucht werden, auch wenn die Qualitätsversprechen nur mäßig ausfielen, denn jeder Mitarbeiter hatte sich zwei Tage lang engagiert mit dem Thema Qualität – bezogen auf seine tägliche Arbeit – auseinandergesetzt.

Bezüglich der Qualitätsversprechen kann festgehalten werden, daß der Großteil sehr brauchbar ist. Selbstverständlich ist eine relativ große Bandbreite festzustellen, die von schwammigen und nichtssagenden bis zu ambitiösen und griffig formulierten Versprechen reicht. Auffallend und so nicht zu erwarten war die große Einheitlichkeit, die zutage trat: In der ganzen Schweiz wurden immer wieder die gleichen Schwergewichte gelegt und über weite Strecken auch bis ins Detail gleiche Versprechen abgegeben.

Die Qualitätsversprechen wurden inzwischen umgesetzt, d. h. ins tägliche Leben übergeführt. Mittels des von den Betroffenen selbst entwickelten Controlling wird laufend sichergestellt, daß die Workshop-Ergebnisse nicht nur auf dem Papier stehen bleiben, sondern auch gelebt werden. Gleichzeitig bildeten die Ergebnisse der Qualitäts-Workshops auch einen wichtigen Fundus für die Erarbeitung des Qualitätsmanagement-Systems.

## 3. Erfahrungen

Die gewonnenen Erfahrungen sind in dreierlei Hinsicht wertvoll:

- Vergleich der Wirkungen von Referaten und Workshops,
- Gefahren von Qualitäts-Workshops,
- Vorteile der Workshops.

### 3.1 Vergleich der Wirkungen von Referaten und Workshops

Wenn im nachhinein die Wirkungen verglichen werden, dann bestätigt sich einmal mehr, daß man etwas selbst tun muß, um überzeugt zu sein, um den Sinn und Zweck zu verstehen und um ein Ergebnis zu erzielen. Die Referate wurden zur Kenntnis genommen, bewirkten vielleicht ein zustimmendes Kopfnicken oder gar ein bloßes Schulterzucken nach dem Motto: „Das wissen wir doch längst, das machen wir doch ohnehin schon so!". Spätestens zwei Wochen nach der Rückkehr an den Arbeitsplatz waren auch die wenigen wirklichen Denkanstöße wieder verpufft.

Nach den Workshops war dies jedoch anders. Die eigene Beschäftigung war intensiver gewesen, man hatte Defizite erkannt, zur Sprache gebracht und schließlich selbst ein Ergebnis erarbeitet. Dies blieb eindeutig haften, wirkte sich auf das Verhalten aus und wurde am Arbeitsplatz umgesetzt. Zudem wirkten die *Workshops bedeutend motivierender* als die Referate.

Die Mitarbeiterinnen und Mitarbeiter erkannten, daß es der Führung ernst war, daß in Qualität investiert wurde und man es nicht einfach bei schönen Worten bewenden ließ.

## 3.2 Gefahren von Qualitäts-Workshops

Die Auseinandersetzung mit dem Thema, die zudem auf eine ungewohnte Art erfolgte, bildete auf jeden Fall eine Herausforderung für die Mitarbeiterinnen und Mitarbeiter. Dabei bestand die Gefahr einer Überforderung, die – sofern möglich – vermieden werden mußte. Eine sehr sorgfältige Vorbereitung war daher zwingend erforderlich. Von Vorteil war insbesondere, daß die späteren Leiter der Workshops zuvor selbst die Rolle der Teilnehmer eingenommen hatten und deshalb mit den auftretenden Schwierigkeiten vertraut waren.

Gefährlich sind auch *akzeptanzhindernde Faktoren* wie

- die Befürchtung, daß es sich um eine Alibi-Übung handelt,
- die hohe zeitliche Belastung und
- das Gefühl, daß man ja schon heute gut genug sei.

Eine weitere Gefahr der intensiven und sich materiell in weiten Schranken bewegenden Beteiligung der Mitarbeiterinnen und Mitarbeiter liegt darin, daß einige bei der Formulierung der Qualitätsversprechen zu vorsichtig sind. Sie gestalten sie so, daß sie auf jeden Fall eingehalten werden können, bauen also beispielsweise bei der Geschwindigkeit Zeitpuffer ein. Die Folge kann sein, daß nicht wirklich gute Qualität definiert wird, sondern *Mittelmäßigkeit*. Mit einer ambitiösen Workshop-Leitung kann dieser Gefahr jedoch begegnet werden.

Die Hauptgefahr besteht jedoch in einer *Überlastung der Kader*. Man ist bei der „Winterthur" zwar nach wie vor überzeugt, daß bei einem so großen Unternehmen aus technischen, aber auch aus führungsbezogenen Gründen kein anderer Weg möglich ist. Aber es bleibt eine Tatsache, daß insbesondere das mittlere und untere Kader die Hauptlast bei der Realisierung eines Qualitätsmanagements zu tragen haben.

## 3.3 Vorteile der Qualitäts-Workshops

Einer der Hauptvorteile ist die *Motivation*. Immer wieder hörte man Äußerungen wie: ,,Endlich geht etwas, endlich wird gehandelt und nicht nur geredet!" Die Mitarbeiterinnen und Mitarbeiter sahen, daß die Departementsleitung und die Regionaldirektoren zu Investitionen bereit waren: Es wurde eine hauptamtliche Projektleitung bestellt, die Workshops wurden zum Teil extern in Hotels durchgeführt etc. Dies alles wirkte motivierend.

Motivierend wirkte auch die direkte Einbeziehung der Mitarbeiterinnen und Mitarbeiter, die es schnell schätzen lernten, selbst etwas beitragen und mitentwickeln zu können in einer Sache, die offensichtlich in der ,,Winterthur" höchste Bedeutung hat.

Mit dem gewählten Vorgehen wurde schließlich auch sichergestellt, daß Qualität von der Ebene der abstrakten Philosophie auf den Boden der Realität, der täglichen Arbeit geholt wurde. Qualität wurde plötzlich faßbar und damit verständlich.

# Anhang

*Rudolf Bätscher/Rudolf Lürzer*

Qualitätsmanagement und ISO 9000 ff.
in der Versicherung – Ein Kompendium

# Qualitätsmanagement und ISO 9000 ff. in der Versicherung

Häufig werden zum Qualitätsmanagement im allgemeinen oder zur Normenreihe ISO 9000 ff. im speziellen Fragen gestellt und Antworten gesucht. Das vorliegende Kompendium soll in diesem Zusammenhang Antworten auf häufig gestellte Fragen geben. Angesprochen sind die Themenkreise:

1. Die Qualitätsnormen ISO 9000 ff.,

2. Allgemeines zu Qualität und Qualitätsmanagement,

3. Qualitätsmanagement als OE-Prozeß
   (OE = Organisationsentwicklung).

## 1. Fragen und Antworten zu den Qualitätsnormen ISO 9000 ff.

Frage 1:

**Definiert die Norm ISO 9000 ff. Qualitätsstandards in einer Organisation?**

Antwort:

Nein. Die Norm ISO 9000 ff. ist eine Grundlage und stellt ein ,,Pflichtenheft" zum Aufbau eines Qualitätsmanagement-Systems (QM-Systems) dar. Sie definiert jedoch weder die konkreten Inhalte eines QM-Systems noch die Vorgehensweise beim Aufbau, der Umsetzung und der Weiterentwicklung, noch irgendwelche materiellen Qualitätsstandards.

Frage 2:

**Soll man sich die Norm beschaffen?**

Antwort:

Ja, denn eine aktive Auseinandersetzung mit den generell-abstrakten Normen fördert das Verständnis und erleichtert die Interpretation.

Frage 3:

**Was ist ein ISO-Zertifikat?**

Antwort:

Ein ISO-Zertifikat dokumentiert, daß ein Unternehmen ein QM-System nach einer der drei ISO-Qualitätsnormenreihen 9001, 9002 oder 9003 aufrechterhält und damit periodisch Qualitätsziele definiert, deren Erfüllung prüft und – wo notwendig – Korrekturmaßnahmen ergreift.

Frage 4:

**Können auch Teile einer Organisation zertifiziert werden?**

Antwort:

Ja. Das hat den Vorteil, daß ein stufenweiser Aufbau möglich wird. Die Nachteile bestehen darin, daß der Geltungsbereich eines QM-Systems mehrmals wechselt, die Dokumentationen entsprechend überarbeitet werden müssen und daß die Beschreibung der Schnittstellen nach innen schwierig ist.

Frage 5:

**Hat das Normenwerk ISO 9000 ff. nicht ein negatives Image?**

Antwort:

Ja, es stimmt, daß die Qualitätsnormen häufig als starr, ausschließlich industrieorientiert und bürokratisch bezeichnet werden. Allerdings: Oftmals handelt es sich um medienwirksam „hochgespielte" Einzelfälle oder „Altlasten". Manchmal machen Unternehmen beim Aufbau eines QM-Systems nach ISO 9000 ff. auch negative Erfahrungen, die lange noch einen negativen Eindruck prägen. Dem muß jedoch entgegengehalten werden, daß sich die ISO 9000er-Normen im Wandel befinden, daß sich eine Prozeßorientierung bei der Interpretation der Normen abzeichnet und daß auch den Besonderheiten von Dienstleistungsunternehmen vermehrt Rechnung getragen wird.

Frage 6:

**Was ist der Hauptnutzen eines QM-Systems nach ISO 9000 ff.?**

Antwort:

Grundsätzlich muß man davon ausgehen, daß jedes Unternehmen implizit ein mehr oder weniger ausgestaltetes QM-System besitzt. Wenn ein QM-System nach ISO 9000 ff. aufgebaut und eingeführt wird, dann manifestiert sich der Hauptnutzen auf zweifache Weise:

1. Die Norm stellt eine nützliche und international anerkannte Anleitung dar; sie ist vielfach erprobt und wird in vielen Unternehmen erfolgreich eingesetzt.

2. Bei Einhaltung der Anforderungen aus der Norm ist sichergestellt, daß Qualitätssicherungs- und -verbesserungskreisläufe im Managementsystem des Unternehmens eingebaut sind.

Frage 7:

**Was ist der Nutzen einer Zertifizierung?**

Antwort:

Das Zertifikat ist die Bestätigung durch einen unabhängigen Dritten, daß ein QM-System nach der Norm ISO 9000 ff. aufgebaut wurde und gelebt wird. Neben der Marketingwirkung nach außen wird mit einer Zertifizierung auch ein interner ,,Druck" aufgebaut. Dieser ,,Druck" fördert eine konzentrierte Arbeit mit dem QM-System und stellt so einen erheblichen Motivationsfaktor dar. Hinzu kommt, daß die Zertifizierung als Ziel und das Zertifikat als Dokument ein wichtiger Motivationsfaktor für alle Mitarbeiter in einem Unternehmen sind.

Frage 8:

**Berücksichtigt ISO 9000 ff. die Prozesse in einem Unternehmen?**

Antwort:

Ja. Die Entwicklung der Norm geht verstärkt in Richtung Prozeßorientierung. Auch heute ist es schon möglich, ein QM-System entlang von Prozessen aufzubauen und zertifizieren zu lassen.

Frage 9:

**Wie läuft eine Zertifizierung ab?**

Antwort:

Eine Zertifizierung umfaßt zwei Gebiete:

1. Einerseits werden die schriftlichen Unterlagen hinsichtlich der Abdeckung aller Anforderungen der Norm geprüft.
2. Andererseits wird vor Ort im Unternehmen geprüft, inwieweit die dokumentierten Verfahren und Regelungen tatsächlich gelebt werden. Zu diesem Zweck findet ein angemeldetes Audit beim zu zertifizierenden Unternehmen statt. Die Auditoren überprüfen dabei anhand von Stichproben die Einhaltung der QM-Dokumentationen im Unternehmen.

Frage 10:

**Was kostet eine Zertifizierung?**

Antwort:

Die Kosten einer Zertifizierung hängen ab von der Größe und der Komplexität eines Unternehmens. Zertifizierungsstellen verlangen in der Regel Zeithonorare und erstellen individuelle Kostenvoranschläge.

Frage 11:

**Wo kann ein Unternehmen sich in Deutschland zertifizieren lassen?**

Antwort:

Zertifizierer in Deutschland müssen von der TGA (Trägergemeinschaft für Akkreditierung GmbH, Streesemannstr. 13, 60596 Frankfurt am Main) zugelassen sein, um Qualitätsmanagement-Systeme auf ISO 9000 ff.-Konformität überprüfen zu können. Bei der TGA akkreditierte Zertifizierer sind (Stand: September 1995, ohne Gewähr):

Arbeitsgemeinschaft
Qualitätssicherung e. V.
Offerstraße 12
42551 Velbert

ASCERT Deutschland GmbH
Luisenstraße 129
40215 Düsseldorf

Dr. Adams und Partner
Zertifizierungsgesellschaft mbH
Königstraße 78
47198 Duisburg

Bureau Veritas Quality
International Ltd.
70, Borough High Street
UK – London SE 1 1XF

CETECOM GmbH
Im Teelbruch 122
45219 Essen

DEKRA Certifikation Services-DCS
Schulze-Delitzsch-Str. 49
70565 Stuttgart

Det Norske Veritas Zertifizierung
GmbH
Schnieringshof 10
45329 Essen

Deutsche Aerospace AG
Dasa-Zert
Willi-Messerschmidt-Straße
85521 Ottobrunn

DQS GmbH
August-Schanz-Str. 21 A
60433 Frankfurt am Main

DVS Zert e. V.
Aachener Str. 172
40233 Düsseldorf
EQ Zert
Auchertwiesenweg 5
89081 Ulm

FQM Fachgesellschaft
für Qualitätsmanagement mbH
Krausstraße 14
85737 Ismaning

Germanischer Lloyd
QS-Zertifizierungsstelle
Vorsetzen 32
20459 Hamburg

GlobalCert GmbH
Daimlerstr. 9
78559 Gosheim

Institut für Fenstertechnik e. V.
Theodor-Gletl-Str. 7–9
83026 Rosenheim

Institut für Holztechnik Dresden
GmbH
Zellescher Weg 24
01217 Dresden

Ifta-Cert
Institut für Tiergesundheit
und Agrarökologie
Neukirchstr. 26
13089 Berlin

Landesgewerbeanstalt
Bayern
Tillystraße 2
90431 Nürnberg

NIS Ingenieurgesellschaft
Zertifizierungsstelle
Donaustr. 23
63452 Hanau

ÖHMI EuroCert e. V.
Berliner Chaussee 66
39114 Magdeburg

Prüf- und Forschungsinstitut
für die Schuhherstellung e. V.
Hans-Sachs-Str. 2
66930 Primasens

Güteschutz Beton- und Fertigweil-
werke Baden-Württemberg
Reutlinger Str. 16
70597 Stuttgart-Degerloch

Q-Zert GmbH
Bleichstr. 19
75173 Pforzheim

Verein des Schienenfahrzeugbaus
zur Zertifizierung und
Warenzeichenkennung e. V.
Adlergestelle 598
12527 Berlin

SGS-ICS-Gesellschaft
für Zertifizierung mbH
Rabolsen 28
20095 Hamburg

Süddeutsches
Kunststoff-Zentrum
Zertifizierungsstelle
Frankfurter Str. 15–17
97082 Würzburg

SVG Zertifizierungsdienst GmbH
Moselring 11
56073 Koblenz

TÜV Bayern-Sachsen
Westendstr. 199
80686 München

TÜV-Zertifizierungs-
gemeinschaft e.V.
Reuterstr. 161
53113 Bonn

TÜV Product Service GmbH
Zertifizierungsstelle
Ridlerstr. 31
80339 München

VDE Prüf- und Zertifizierungsinstitut
Merianstr. 28
63069 Offenbach

Verband der Sachversicherer e. V.
Amsterdamer Str. 176–178
50735 Köln

ZER-QMS, Zertifizierungsstelle der
Recycling- und Entsorgungswirt-
schaft für QM-Systeme e. V.
Hauptstr. 305
51143 Köln

Frage 12:

**Wo können Unternehmen sich in Österreich zertifizieren lassen?**

Antwort:

Es gibt mehrere Zertifizierungsstellen (Stand September 1995):

Bureau Veritas Quality
International
Marokkanergasse 22/3
1030 Wien

Det Norske Veritas Classification GmbH
Wiener Straße 89
2500 Baden bei Wien

Österreichische Vereinigung
zur Zertifizierung von Qualitätssicherungssystemen (ÖQS)
Gonzagagasse 1/24
1010 Wien

SGS Austria Controll-Co. Ges.mbH
Johannesgasse 14
1015 Wien

TÜV Bayern Austria GmbH
Markgraf-Rüdiger-Straße 6–8
1150 Wien

TÜV Österreich
Krugerstraße 16
1015 Wien

Frage 13:

**Wo können Unternehmen sich in der Schweiz zertifizieren lassen?**

Antwort:

In der Schweiz müssen Zertifizierungsstellen beim Bundesamt für Meßwesen akkreditiert sein. Es sind dies (Stand: September 1995):

Bureau Veritas Quality International
Badenerstraße 780
8048 Zürich

Det Norske Veritas Schweiz
Querstraße 4
8304 Wallisellen

SGS/International Certification
Services AG
Technopark/Pfingstweidstraße 30
8005 Zürich

SQS Schweizerische Vereinigung für
Qualitäts- und Management-Systeme
Industriestraße 1
3052 Zollikofen

TÜV (Schweiz) AG
Allmendstraße 86
3602 Thun

## 2. Fragen und Antworten zu Qualität und Qualitätsmanagement generell

Frage 1:

**Läßt sich Qualität als Erfolgsfaktor rasch verwirklichen?**

Antwort:

Nein. Veränderungen, die eine spürbare Erhöhung der Qualität bewirken sollen, finden nicht von heute auf morgen statt. Hinter Qualität stehen Werthaltungen und Einstellungen bei Mitarbeitern und Kunden. Diese sind nicht einfach gestaltbar, sondern müssen Schritt für Schritt unter Einbeziehung aller erfolgen. Immer wieder müssen kleine Erfolge sichtbar gemacht werden.

Frage 2:

**Welches ist das wichtigste Ziel von Qualitätsprojekten?**

Antwort:

Das Verständnis aller Mitarbeiter für Qualität, Zusammenhänge der Arbeitsabläufe und Controllingmechanismen herbeiführen und fördern.

Frage 3:

**Welche Führungsaufgaben müssen zur Erzielung von Qualitätssteigerungen wahrgenommen werden?**

Antwort:

Die Führungsaufgaben zur nachhaltigen Steigerung der Qualität konzentrieren sich auf das Erzielen von Verhaltensänderungen. Besonders wichtig ist, daß

1. auf Vorstandsebene Einigkeit über das Anstreben von Qualität als Erfolgsfaktor herrscht;
2. die Qualitätspolitik von allen Führungskräften vorgelebt wird;
3. Qualitätsbeurteilungen durchgeführt werden;
4. Führungskräfte aktiv in Planungs- und Projektarbeiten im Zusammenhang mit Qualitätsmanagement einbezogen sind.

Frage 4:

**Was kennzeichnet Qualität als Erfolgsfaktor?**

Antwort:

Wichtig ist, daß Qualität für Mitarbeiter und Kunden erlebbar ist. Vor diesem Hintergrund muß sie sehr konkret beschrieben und gehandhabt werden – z. B. durch den konsequenten und systematischen Einsatz von Laptops im Außendienst, um die Beratungskompetenz zu erhöhen und gleichzeitig die Policierungsprozesse zu beschleunigen. Auf diese Weise können auch Synergieeffekte genutzt werden – ein weiteres Kennzeichen von Qualität als Erfolgsfaktor.

Frage 5:

**Hat Qualität als Erfolgsfaktor auch Auswirkungen auf das Top Management?**

Antwort:

Ja. Die künftigen Anforderungen werden vor allem zunehmen in bezug auf die Dimension Sozialkompetenz. Gleichzeitig muß ein Umdenken in der Linien- und Projektorganisation erfolgen. Dies erfordert nicht nur geistige, sondern auch organisatorisch-pragmatische Flexibilität.

Frage 6:

**Muß das Top Management beim Aufbau eines QM-Systems einbezogen werden?**

Antwort:

Ja, auf jeden Fall! Das Top Management muß originär und direkt einbezogen sein. Nur so ist sichergestellt, daß der Aufbau und die Einführung mit dem notwendigen Weitblick und der notwendigen Konsequenz erfolgen. Es müssen immer wieder entscheidende Impulse von ganz oben erfolgen. Nicht von ungefähr sieht die Qualitätsnorm ISO 9000 ff. unter dem Element 1 ,,Verantwortung der Leitung" vor, daß ein Mitglied der obersten Geschäftsleitung als Qualitätsbeauftragter bestellt sein muß.

## Frage 7:

**Wie sollten Aufbau und Einführung eines QM-Systems organisatorisch strukturiert werden?**

Antwort:

Zum Aufbau und zur Einführung eines QM-Systems bietet sich eine Projektorganisation an. Die Projektgruppe sollte auf jeden Fall mit einem vollamtlichen Projektleiter sowie, abhängig von der Größe des Unternehmens, mit einem oder mehreren voll- bzw. teilzeitlichen Projektmitarbeitern ausgestattet sein. Kontroll-, Berichts- und Entscheidungsinstanz ist ein Lenkungs- oder Steuerungsausschuß, welchem mehrere Mitglieder des Top Managements angehören. Das QM-System wird durch die Projektgruppe entwickelt. Die vertiefte Erarbeitung des QM-Systems geschieht dort, wo Fachwissen gefordert ist, in Kernteams. Diese Kernteams sind aus Spezialisten zusammengesetzt. Die Einführung und Umsetzung des QM-Systems geschieht in der Linie nach dem ,,Schneeballprinzip". Projektleiter und Mitglieder der Projektgruppe können nach der Einführung die Funktion ,,interner Auditoren" übernehmen und auf diese Weise überprüfen, ob das QM-System überhaupt gelebt wird und wenn ja, wie konsequent danach gelebt wird.

## Frage 8:

**Wie sieht das Kosten-Nutzen-Verhältnis beim Aufbau eines QM-Systems aus?**

Antwort:

Die internen und externen Kosten für den Aufbau eines QM-Systems lassen sich einfach berechnen. Zur Ermittlung der internen Kosten betrachtet man den realistischen internen Brutto-Mitarbeiterkostensatz. Die externen Kosten für Beratungen, Unterstützungen, Auditierungen und Zertifizierung lassen sich leicht aufgrund der Rechnungsstellung eruieren. Der eigentliche Nutzen ist in finanziellen Kategorien jedoch nicht oder nur sehr schwer faßbar. Die Bezifferung der ,,Unqualität" steckt in der Versicherungsbranche noch in den Kinderschuhen. Punktuelle Ansätze, wie das Messen der Reklamationshäufigkeit oder die Ermittlung finanzwirtschaftlicher Zusammenhänge zwischen Kunden- und Mitarbeiterzufriedenheit, sind zwar vorhanden, aber es besteht noch ein erheblicher konzeptioneller Entwicklungsbedarf.

Frage 9 :

**Wie können Mitarbeiter für den Aufbau und die Einführung eines QM-Systems motiviert werden?**

Antwort:

Indem sie Qualitätsstandards für sich selbst erarbeiten und auch die zur Überprüfung notwendigen Qualitäts-Controllingsysteme selbst entwikkeln. Verstärkend wirkt eine gelebte Grundphilosophie, wonach Controlling primär Selbstcontrolling und erst in zweiter Linie Fremdcontrolling sein soll. Ergänzende Motivationsfaktoren sind eigene Publikationen in Mitarbeiter- oder Kundenzeitschriften, ein Zertifikat, gemeinsame Veranstaltungen nach Erreichen bestimmter Meilensteine, aber auch Zielvereinbarungs- und Zielerreichungsgespräche.

## 3. Fragen und Antworten zu Qualitätsmanagement als OE-Prozeß

Frage 1:

**Kann Qualitätsmanagement als OE-Prozeß gestaltet sein?**

Antwort:

Ja, denn Qualitätsmanagement in der Assekuranz hängt wesentlich von menschlichen Fähigkeiten ab. Hinzu kommt, daß systematisches Qualitätsmanagement in der Versicherungswirtschaft immer noch eher die Ausnahme als die Regel ist. Deshalb muß mit einer relativ langen Entwicklungs- und Einführungsphase gerechnet werden. Diese Faktoren bewirken zusammengenommen, daß Qualitätsmanagement letztlich ein eigentlicher OE-Prozeß ist und entsprechend gestaltet werden kann.

Frage 2:

**Wie können Führungskräfte von der Zweckmäßigkeit eines Qualitätsmanagements als OE-Prozeß überzeugt werden?**

Antwort:

Die Hauptverantwortung für die Motivation liegt bei den einzelnen Vorstandsmitgliedern. Führungskräfte, die den Prozeß auf Dauer aktiv unterstützen, müssen gefördert werden. Für Führungskräfte, die den Prozeß auf Dauer nicht unterstützen oder bewußt konterkarieren, müssen unternehmensspezifische Konsequenzen gezogen werden.

Frage 3:

**Müssen Führungskräfte auf einen OE-Prozeß vorbereitet werden?**

Antwort:

Die Vorbereitung, Motivation und Schulung der Führungskräfte kann nicht intensiv genug betrieben werden, da diese Zielgruppe durch ihre Multiplikatorenwirkung wesentlich zum Erfolg eines OE-Prozesses beiträgt. Gleichzeitig sollten auftauchende Fragen strukturiert werden, beispielsweise nach Qualitäts-, Rationalisierungs- oder Fachfragen.

Frage 4:

**In welcher Organisationseinheit eines Unternehmens soll mit einem OE-Prozeß begonnen werden?**

Antwort:

Dies hängt stark von der individuellen Ausgangssituation in einem Unternehmen ab. Ein Start ist sowohl in der Außenorganisation als auch in der Innenorganisation oder in beiden Unternehmensbereichen gleichzeitig möglich. Wichtig ist, daß Klarheit herrscht über die mit dem OE-Prozeß zu erreichenden Ziele und daß man auf Konflikte vorbereitet ist.

*Rudolf Bätscher/Christoph Grossmann*

Glossar Qualitätsmanagement –
Die nackte Wahrheit unter Begriffshüllen
(unter besonderer Berücksichtigung der
Dienstleistungs- und Versicherungsbranche)

# Glossar Qualitätsmanagement

Das vorliegende Glossar für Begriffe, die im Zusammenhang mit Qualitätsmanagement immer wieder verwendet werden, soll die Orientierung erleichtern, wenn von Qualität die Rede ist. Es soll den Leserinnen und Lesern, die sich mit Qualität in Organisationen befassen, als Nachschlagewerk dienen. Die Begriffe sind in alphabetischer Reihenfolge geordnet. Die Erläuterungen geben einen ersten Hinweis auf die Bedeutung der Begriffe. Querverweise zu anderen Begriffen sind durch (→) gekennzeichnet.

**Audit:**
Ein Audit ist eine systematische, unabhängige Überprüfung von Vorgaben, Aktivitäten und Ergebnissen. Auf diese Weise sollen das Vorhandensein und die sachgerechte Erfüllung von Anforderungen beurteilt und dokumentiert werden. Bei Qualitätsaudits handelt es sich demzufolge um die Überprüfung der Elemente des QM-Systems eines Unternehmens im Hinblick auf vorgegebene Qualitätsziele oder Qualitätsnormen.
Wird ein QM-System als Ganzes nach den ISO 9001-/EN 29001-Qualitätsnormen überprüft, so handelt es sich um ein Systemaudit. Werden zur Beurteilung der Wirksamkeit der Qualitätsmanagement-Elemente nur Forderungen oder Spezifikationen an ein Produkt herangezogen, wird von einem Produktaudit gesprochen; entsprechendes gilt für ein Verfahrens- bzw. Prozeßaudit.

**Ausprägung der Qualität:**
Freundlichkeit, Vollständigkeit, Schnelligkeit, Zuverlässigkeit u. a. sind (→) Qualitätskriterien. Diese Kriterien haben eine bestimmte Ausprägung, wie das folgende semantische Differential zeigt:

freundlich   – unfreundlich
vollständig  – unvollständig
schnell      – langsam
zuverlässig  – unzuverlässig
etc.

Eine Ausprägung des Kriteriums „Freundlichkeit" könnte etwa wie folgt festgestellt werden: In 80 Prozent der Fälle freundlich, in 10 Prozent der Fälle ziemlich unfreundlich, in 10 Prozent der Fälle unfreundlich.

**Benchmarking:**
Benchmarking (= Referenztest) ist ein Analyse-Instrument, bei dem ein detaillierter Vergleich mit den besten Unternehmen der eigenen Branche oder mit erfolgreichen Unternehmen anderer Branchen angestrebt wird. Verglichen wurden zu Beginn der Benchmarking-Entwicklung die internen Kennzahlen mit jenen der Konkurrenz. Diese Vergleiche waren jedoch oft wenig aussagekräftig, da die Daten-Definitionen und die Erfassungsmethoden zu unterschiedlich waren, so daß oftmals „Äpfel mit Birnen" verglichen wurden.
Modernes Benchmarking untersucht vor allem Prozesse und stellt das Lernen voneinander in den Vordergrund. So soll aus einem Vergleich der Qualität in einzelnen Gliedern einer (→) Servicekette (auch: Wertschöpfungskette) gelernt werden, was weiter verbessert werden kann. Somit ist Benchmarking heute nicht mehr nur darauf ausgerichtet, die eigene Qualitätsposition zu relativieren, sondern auch darauf, eingefahrene Sicht- und Denkweisen zu überwinden und Handlungszwänge zur Qualitätsverbesserung frühzeitig zu erkennen.

**Beschwerden:**
Beschwerde-Management ist zum einen ein Spezialfall der Analyse von (→) Kundenbriefen, gleichzeitig aber auch eine Erweiterung: Im Hauptsitz und/oder in dezentralen Stellen der Vertriebs- und Verwaltungsorganisation (Bezirks-, Landes- oder Regionaldirektionen, Geschäftsstellen, Generalagenturen etc.) werden schriftliche, telefonische und persönlich vorgebrachte Beschwerden gesammelt, erledigt, zusammengefaßt, kategorisiert und ausgewertet. Auf diese Weise werden

- das Bewußtsein zur Nutzung von Beschwerden als Verbesserungspotential gefördert,
- die Reaktionszeit auf Beschwerden verkürzt und
- durch die gesammelten Auswertungen systematische Mängel erkannt.

**Betriebliches Vorschlagswesen:**
Das betriebliche Vorschlagswesen ist eine Einrichtung, die es allen Mitarbeitern ermöglicht, Anregungen und Ideen zur Verbesserung von Qualität und Effizienz aufzuzeigen. Es sollte Bestandteil eines kontinuierlichen Verbesserungsprozesses sein, mit dem Ziel, daß jedermann Kenntnisse und Erfahrungen zur Mitgestaltung der Arbeitsabläufe, der Arbeitsplätze sowie der Arbeitsumgebung einbringen soll und kann. Auf diese Weise lassen sich Mitarbeiter auch aktiv am unternehmerischen Geschehen beteiligen; das unternehmerische Denken wird gefördert.

**Blueprinting:**
Blueprinting ist die Analyse der Servicequalität vor Ort in einem Unternehmen. Der Ablauf der Kundenkontakte wird grafisch festgehalten. Neben der Anzahl der Kontaktstellen werden auch die positiven und negativen Kontakterlebnisse erfaßt. Ein anderes Wort für Blueprinting ist ,,Kontaktstellenanalyse". Der Zweck des Blueprinting besteht darin, sogenannte Moments of Truth, Augenblicke der Wahrheit, bei der Erbringung von Qualität zu erkennen.

**Bottom-up-Prinzip:**
Mit dem Bottom-up-Prinzip werden der Aufbau der Unternehmensstruktur und die Gestaltung der unternehmerischen Prozesse von unten nach oben aus dem Blickwinkel der Mitarbeiter umschrieben. Gemäß diesem Prinzip wird das Organigramm grafisch auf den Kopf gestellt: Der Vorstandsvorsitzende bzw. der Generaldirektor befindet sich ganz unten, der Kunde ganz oben an der Spitze der Organisationspyramide.

**Bushido:**
Japanisches Wort für ,,den ritterlichen Weg" zur Erhöhung der Kundenbindung. Das Verhältnis zum Kunden soll geprägt sein durch Einfachheit, persönliche Bindung und gegenseitige Ehrerbietung.

**Company-Wide Quality Control:**
Die Company-Wide Quality Control (CWQC) umfaßt alle qualitätsrelevanten Aktivitäten innerhalb eines Unternehmens. Dazu werden sämtliche Mitarbeiter auf allen Hierarchieebenen einbezogen. Es handelt sich um ein mitarbeiterorientiertes Konzept für die unternehmensweite Verbesserung der Qualität. Die dem CWQC-Konzept zugrundeliegende Philosophie lautet verdichtet auf sieben Aussagen:

- Qualität ist wichtiger als kurzfristiger Gewinn,
- Kundenorientierung steht im Fokus,
- der Aufbau von Kunden-Lieferanten-Beziehungen geschieht im gesamten Unternehmen,
- die Nutzung von Daten und Fakten dient der Objektivierung,
- die Berücksichtigung humanitärer und sozialer Aspekte genießt einen hohen Stellenwert,
- Einbezug sämtlicher Unternehmensangehöriger,
- Einführung von Qualitätszirkeln auf allen Hierarchieebenen.

Ursprung dieses Konzepts waren neben den Arbeiten von *W. E. Deming* die Arbeiten der (→) JUSE-Forschungsgruppe unter der Leitung von

*Kaoru Ishikawa.* Er entwickelte ein gruppenarbeitsorientiertes Konzept, welches weltweit unter der Bezeichnung (→) Qualitätszirkel (Quality Circle) bekannt wurde.

**Critical Incidents:**
Critical Incidents sind „kritische" Ereignisse. „Kritisch" bedeutet hier, daß Ereignisse von einem Kunden oder einem Leistungsempfänger besonders intensiv erlebt werden und dadurch lange im Gedächtnis haften bleiben. Unerheblich ist, ob es sich um positive oder um negative Ereignisse handelt.
Critical Incidents geben aus subjektiver Empfänger- oder Kundensicht Auskunft darüber, was von ihnen als gut oder als schlecht, bzw. als wichtig oder als unwichtig beurteilt wird.

**Customer Satisfaction Index (CSI):**
Die Abkürzung CSI steht für Customer Satisfaction Index oder zu deutsch: das Kundenzufriedenheitsniveau. Von besonderer Bedeutung ist die Veränderung der Kundenzufriedenheit über die Zeit. Schon geringe festgestellte Veränderungen können dramatische Einflüsse auf den Umsatz im Handel, die Produktion in der Assekuranz oder den Zufluß von Spargeldern bei Banken haben.

**Deming Prize:**
*W. Edwards Deming*, Berater, Lehrer und Autor zum Thema Qualität, ging nach dem Zweiten Weltkrieg nach Japan und beteiligte sich dort am Wiederaufbau der Wirtschaft. Er führte dort das „Demings-Management-Programm" ein und trug so maßgeblich zur Steigerung von Qualität und Produktivität der japanischen Industrie bei. In Anerkennung seiner Verdienste um die japanische Wirtschaft verleiht die Japanese Union of Scientists and Engineers (→ JUSE) jährlich den Deming-Prize für erfolgreiche Anwendung von unternehmensweiten Qualitätskonzepten.
Der Deming Prize wird in drei unterschiedlichen Sparten verliehen:

- *Deming Application Prize* an Firmen,
- *Deming Prize for Individuals* an Einzelpersonen,
- *Deming Prize for Overseas* an ausländische Firmen.

Die Qualität einer Firma wird dabei anhand von zehn Elementen gemessen und qualifiziert: Unternehmenspolitik, Unternehmen und Management, Förderung der Qualität durch Ausbildung, Sammlung von Informationen hinsichtlich Qualität, Analysen hinsichtlich Qualität, Normierung, Qualitätsmanagement, Qualitätssicherung, Geschäftsergebnisse und Langfristplanung. Diese Kriterien sind vor dem Hintergrund von Demings Management-Program zu verstehen. Die einzelnen Bestandteile dieses Programms beruhen auf 14 allgemeinen Management-Prinzipien, sieben tödlichen Krankheiten, der Vorwegnahme von Hindernissen, der Vermeidung von Fehlstarts sowie der Verinnerlichung des Prinzips der ständigen Verbesserung (Continuous Improvement Process), welches in Japan als (→) Kaizen bezeichnet und erfolgreich umgesetzt wurde.

**Design-Review:**
Unter Design-Review ist im Qualitätsmanagement die Entwurfsprüfung zu verstehen. Sie beinhaltet die systematische Überprüfung der Entwicklungsergebnisse am Ende einer jeden Entwicklungsphase (z. B. Entwicklung eines Versicherungsprodukts, eines Sparplanes, einer Finanzierung, eines Reiseplans etc.). Voraussetzung ist häufig eine Projektplanung, die den Entwicklungsprozeß in Phasen untergliedert und die zu erreichenden Ziele für jede Phase als Meilensteine festlegt.

**DIN:**
DIN steht als Abkürzung für die Deutsche Industrie Norm.

**Drei-Mu/Vier-M/Sechs-W:**
3Mu-, 4M- und 6W-Checklisten sind (→) Kaizen-Checkpoint-Systeme. Sie sind Hilfsmittel, um sich stets der Verbesserungsmöglichkeiten bewußt zu sein.
Mit der *Drei-Mu-Checkliste* werden drei Qualitätsfaktoren analysiert:

- Muda (Verschwendung),
- Muri (Überlastung),
- Mura (Abweichung).

Mit der *Vier-M-Checkliste* wird gefragt, wie Mensch, Maschine, Material und Methode funktionieren.
Mit der *Sechs-W-Checkliste* wird gefragt: Wer macht Was, Wann, Wo, Warum und Wie. Durch gezieltes Fragen werden bestehende Arbeitsabläufe hinterfragt und Möglichkeiten zur Verbesserung von Qualität und Effizienz gesucht.

**EQNet:**
EQNet steht als Abkürzung für das „European Network for Quality System Assessment and Certification". Bei dieser Organisation handelt es sich um eine institutionalisierte, internationale Zusammenarbeit verschiedener Zertifizierungsstellen.

**Eigenverantwortung:**
Bei der Eigenverantwortung wird die Verantwortung für Leistung und Zielerreichung denjenigen Personen übertragen, die mit der Ausführung einer Tätigkeit beauftragt sind. Entscheidungen sollen auf den betreffenden Arbeitsebenen getroffen und die Ergebnisse den nächsthöheren Verantwortlichen mitgeteilt werden. Wichtige Voraussetzungen einer erfolgreichen Praktizierung von Eigenverantwortung sind:

- die Erfüllung des (→) Bottom-up-Prinzips,
- eine regelmäßige Qualifikation der Mitarbeiter,
- das Vorliegen klarer Richtlinien für Arbeitsweisen und Qualität,
- das Vorhandensein eindeutiger Programme über Aufgaben, Ziele und Verfahren.

**EN:**
EN steht als Abkürzung für die Europäische Norm.

**Entlohnung:**
(→) Qualitätserfolge sollen nicht nur durch allgemeine Anerkennung, sondern auch handfest finanziell belohnt werden. Dies hat zur Folge, daß ein Entlohnungssystem auch qualitätsbezogene Leistungskomponenten enthält: Ein Lohnbestandteil neben anderen ist geprägt durch die Qualität der eigenen Leistung. Bei hoher Qualität ist dieser Bestandteil zu 100 Prozent, bei tiefer Qualität zu einem entsprechend niedrigeren Prozentsatz auszahlbar. Die Beurteilung der Qualität muß durch die Kunden bzw. Leistungsempfänger erfolgen.

**European Organization for Quality Control (EOQC):**
EOQC steht als Abkürzung für die European Organization for Quality Control. Bei dieser Institution handelt es sich um die europäische Dachorganisation nationaler Qualitätssicherungs-Organisationen. Sie wurde maßgeblich geprägt durch *Walter Masing*, Unternehmer, Wissenschaftler und Mitarbeiter nationaler und internationaler Organisationen, die sich mit Qualität befassen. W. Masing ist Herausgeber der Fachzeitschrift „Qualität und Zuverlässigkeit" (QZ). Sein Hauptwerk, „Handbuch der Qualitätssicherung", gilt als Standardwerk für die Anwendung qualitätssichernder Maßnahmen.

**European Foundation for Quality Management (EFQM):**
14 führende westeuropäische Unternehmen ergriffen 1988 die Initiative zur Gründung der EFQM. Heute beträgt die Zahl der Mitglieder über 300.

Der Zweck besteht in der Förderung der Wettbewerbsfähigkeit westeuropäischer Unternehmen durch:

- die Förderung der Akzeptanz von TQM als Strategie und
- die Förderung und Unterstützung der Einführung von Maßnahmen zur Qualitätsverbesserung.

Die EFQM vergibt unter anderem den (→) European Quality Award (TEQA = The European Quality Award).

**European Quality Award (TEQA):**
Der European Quality Award ist ein europäischer Qualitätspreis. Seine Kriterien sind gewichtet und aufeinander abgestimmt. Der Preis wurde erstmals 1991 durch die European Foundation for Quality Management (→ EFQM) verliehen. Es handelt sich um einen Wettbewerb mit jeweils jährlich einem Sieger. Alle neun der Prüfung zugrundeliegenden Kriterien sind ausgerichtet auf die Erzielung positiver Geschäftsergebnisse. Die neun Kriterien sind (mit Angabe ihrer Gewichtung):

1. Leadership oder Unternehmensführung (10 Prozent),
2. Unternehmenspolitik bzw. -strategie (8 Prozent),
3. Mitarbeiterführung (9 Prozent),
4. Qualität der Ressourcen wie Vorleistungen, Finanzierungen, Maschinen oder Know-how etc. (9 Prozent),
5. Qualität der Prozesse (14 Prozent),
6. Mitarbeiterzufriedenheit (9 Prozent),
7. Kundenzufriedenheit (20 Prozent),
8. Auswirkungen auf Umwelt und Gesellschaft (6 Prozent),
9. Geschäftsergebnis (15 Prozent).

Angesichts dieser Kriterien kann davon ausgegangen werden, daß der European Quality Award dem Verständnis von (→) IQM am weitesten entgegenkommt.

**Feedback:**
Feedback ist die englische Bezeichnung für Rückmeldung. Durch ein Feedback kann die Wirkung einer Tätigkeit mit der Absicht bzw. der beabsichtigten Wirkung verglichen werden. Auf diese Weise läßt sich das

eigene Handeln steuern. Im positiven Fall dient das Feedback als Bestätigung, im negativen als Anstoß zur Verbesserung. Feedback erfordert Offenheit, Vertrauen und damit eine gewisse Reife im Umgang mit Rückmeldungen – doch wer schlechte Nachrichten scheut, wird nie wirklich gute erhalten.

**Fehler:**
Ein Fehler (Fault) ist nach ISO 8402 allgemein die Nichterfüllung einer festgelegten Forderung und speziell die Nichterfüllung festgelegter Qualitätsmerkmale und -standards. In dieser ISO-Norm werden zudem Fehler von Mängeln (Defects) unterschieden. Als Mangel gilt die Nichterfüllung einer auch nur beabsichtigten Forderung oder einer berechtigten, den Umständen angemessenen Erwartung. Die Zweckmäßigkeit dieser technisch geprägten Unterscheidung von Fehler und Mangel ist fraglich, da nach der geltenden Rechtsprechung und Praxis beide Begriffe synonym verwendet werden.

**Fehlerkosten:**
Fehlerkosten sind Kosten, die durch Fehler hervorgerufen werden. Sie werden fälschlicherweise oft auch gleichgesetzt mit Qualitätskosten. Aus betriebswirtschaftlicher Sicht ist es vorteilhaft, sich mit Fehlerkosten auseinanderzusetzen. Es können direkte und indirekte Fehlerkosten sowie fehlerbedingte Opportunitätskosten unterschieden werden.
Zu den *direkten Fehlerkosten* zählen:

- Nacharbeitskosten: Dabei handelt es sich um Kosten für Nachbesserungen oder für die Korrektur fehlerhafter Produkte oder nicht einwandfreier Dienstleistungen.
- Ausschußkosten: Sie entstehen durch den Ersatz eines fehlerhaften, unbrauchbaren Produktes bzw. durch die Wiederholung einer nicht brauchbaren bzw. einer nicht zustandegekommenen Dienstleistung.
- Fehlerbedingte Wertminderung des Produktes oder der Dienstleistung.
- Kosten aus vertraglicher Haftung bei Produkt- oder Dienstleistungsfehlern, z. B. Service- und Ersatzleistungen im Rahmen von Gewährleistung.
- Haftungskosten: Aufgrund gesetzlicher Verpflichtungen bei Produkt- und Dienstleistungsfehlern zu bezahlende Entschädigungen, z. B. bei Produkthaftpflicht, „best advice", curia in eligendo custodiendo et instruendo etc.

Zu den *indirekten Fehlerkosten* zählen:
- Service und Ersatzleistungen im Rahmen von Kulanz. Dabei entsteht kein vertraglich oder rechtlich begründeter Anspruch. Zur Kundenpflege wird jedoch ein Fehler kostenfrei behoben.
- Bearbeitungsaufwand, der bei der Behandlung von Fehlern im Unternehmen entsteht. Meist wird dieser Aufwand nicht oder nur sehr unvollständig erfaßt.
- Kosten, die aus der zeitlichen Verzögerung entstehen, z. B. interner Mehraufwand, zeitliche Verzögerung der Kundenzahlung.

Zu den *fehlerbedingten Opportunitätskosten* zählen:

- Verlust künftiger Aufträge, Verträge, Abschlüsse etc.,
- vermehrter Aufwand bei Werbung, im Verkauf etc. zur Kompensation von vorausgehenden Fehlern,
- Verlust verärgerter Kunden,
- negatives Weitererzählverhalten,
- entgangener Gewinn.

**Fehlerprotokoll:**

In einem Fehlerprotokoll werden Fehler, die im Verlaufe der Arbeit entstanden sind oder vermutet werden, festgehalten und Maßnahmen vorgeschlagen, um gleichartige Fehler in Zukunft zu vermeiden. Fehlerprotokolle werden zu (→) Fehlerstatistiken zusammengefaßt.

**Fehlerstatistik:**

Mittels Fehlerstatistiken können zum einen systematisch Fehler erkannt, zum anderen aber auch systematische Fehler in der Organisation ermittelt werden. Auf diese Weise lassen sich neben Sofortmaßnahmen zur Korrektur auch geeignete grundsätzliche Verbesserungsmaßnahmen ergreifen. In der Regel führt jeder Mitarbeiter eine Liste, in welche sämtliche bemerkten Fehler eingetragen werden. Jeder Gruppenleiter bespricht diese Liste periodisch mit seinen Mitarbeitern und konsolidiert die Fehler auf Gruppenebene. Jeder Abteilungsleiter bespricht die konsolidierte Fehlerliste periodisch mit seinen Gruppenleitern und erstellt eine Fehlerstatistik für seine Abteilung. Als Anreizsystem zum Führen werden auch Prämien vergeben für die höchste Anzahl erfaßter Fehler, für die besten Verbesserungsmaßnahmen, die höchste Qualitätsverbesserung etc.

**Fertigungsqualität:**
Mit Fertigungsqualität ist in der Regel die Material- und Technologiequalität gemeint, selten im Dienstleistungsgeschäft die (→) Servicequalität.

**Führungsstil:**
Im Qualitätsmanagement ist ein qualitätsorientierter Führungsstil von entscheidender Bedeutung für die Umsetzung verabschiedeter Qualitätsverbesserungsmaßnahmen. Er zeichnet sich im wesentlichen durch folgende Eigenschaften aus:

– Er setzt kompromißlos die Behandlung von Kunden und Leistungsempfängern an die oberste Stelle der Prioritätenliste.
– Er zeichnet sich durch Perfektionismus in der Leistungserbringung aus.
– Er fördert die Eigeninitiative, die Selbstkontrolle und die persönliche Verantwortung für Qualität.
– Er spart nicht mit Anerkennung bei Erfüllung/Übererfüllung von Qualitätsstandards.

**Fünf S-Prinzip:**
„Fünf S" steht für fünf Regeln zur Erhöhung der Qualität des Arbeitsplatzes und der Arbeit. Der Terminus ist nach den Anfangsbuchstaben von fünf japanischen Begriffen benannt, die alle mit „S" beginnen:

– *Seiri* (Ordnung schaffen: Trenne Notwendiges von nicht Notwendigem und entferne alles nicht Notwendige),
– *Seiton* (Ablage: Alles am Platz, d. h. Arbeitsmittel müssen so aufbewahrt werden, daß sie bei Bedarf griffbereit sind),
– *Seiso* (Sauberkeit: Halte deinen Arbeitsplatz sauber),
– *Seiketsu* (Persönliche Sauberkeit: Mach Dir Sauberkeit und Ordnung zur Gewohnheit, indem du damit bei dir selbst beginnst),
– *Shitesuke* (Disziplin: Halte an deinem Arbeitsplatz und bei deiner Arbeit die Vorschriften und Weisungen ein).

**Fünf W-Prinzip:**
Fünf W steht für „fünfmal Warum fragen". Im Kern geht es darum, einen Fehler solange zurückzuverfolgen, bis die letzte Ursache gefunden ist.

**Interaktion:**
Interaktion umschreibt das Zusammenwirken, das Kontaktieren, das „sich austauschen" im Sinne von: „Ich habe ein Problem, Sie helfen mir".

**IQM: Integriertes Qualitätsmanagement:**
IQM steht als Abkürzung für Integriertes Qualitätsmanagement und meint in seiner Wortbedeutung eine Form von Qualitätsmanagement, welche das gesamte Unternehmen umfaßt, ganzheitlich ausgerichtet ist, das Unternehmen als produktives soziales System versteht und die Wechselwirkungen im unternehmerischen Geschehen in allen Facetten berücksichtigt und einschließt.

**Irradation:**
Wissenschaftlicher Begriff für das Phänomen, daß der erste Eindruck das Ganze prägt (pars pro toto). Ein einziger, aus Interessenten-, Kunden- oder Leistungsempfängersicht dilettantischer oder schlechter Kontakt prägt die gesamte Qualität eines Unternehmens, eines Produktes, einer Dienstleistung. Der Zirkelschluß ist kurz und nachhaltig: Wer schlecht im Kontakt mit mir umgeht, wird auch keine guten Produkte haben oder keine guten Dienstleistungen erbringen.

**ISO: Internationale Standard Organisation:**
ISO steht als Abkürzung für die Internationale Standard Organisation, eine weltweite Vereinigung nationaler Normungsinstitute mit Sitz in Genf. Sie erarbeitet (→) Normen, unter anderem auch zur (→) Qualitätssicherung. Die Normen bieten Organisationen und Unternehmen aller Art Hilfestellungen bei der Gestaltung, Entwicklung und Pflege eines Qualitätsmanagement-Systems. Im Rahmen der ISO werden weltweit gültige Normen und Standards für Produkte und Verfahren entwickelt – unter anderem auch die ISO 9000er-Normenreihe zu Qualitätsmanagement-Systemen. Vorgaben der ISO sind grundsätzlich Empfehlungen; ihre Befolgung ist freiwillig. Es wirkt keine staatliche oder überstaatliche „Macht". Trotzdem glauben viele Unternehmen, ISO sei ein Gesetz. Dieser Eindruck entsteht, weil jeder einmal gesetzte Standard einen starken Sog an amtlich geprägten Vorschriften, an Zwang zur Nachvollziehbarkeit, an Entscheidungs- und Nachweisformalismus nach sich zieht – bis hin zu öffentlichen Ausschreibungen, die sich nach ISO-Normen richten oder Schadenersatzprozessen und Versicherungsbedingungen, die sich auf ISO-Normen berufen.
Über 90 Prozent der bisher im deutschen Sprachraum nach ISO zertifizierten Unternehmen sind Industrieunternehmen. Allerdings kann ein zunehmendes Interesse seitens der Dienstleistungsunternehmen beobachtet werden. Davon zeugt die laufende Weiterentwicklung der Normenserie ISO 9004/EN 29004, Teil 2, „Qualitätsmanagement und Elemente

eines Qualitätsmanagement-System-Leitfadens für Dienstleistungen". Damit wird den Besonderheiten der Dienstleistungserstellung immer besser Rechnung getragen. Wünscht ein Unternehmen eine umfassende (→) Zertifizierung nach ISO 9001/EN 29001, so geschieht dies durch die Erfüllung von 20 Kriterien. In einer oder mehreren Prüfungen – in der Fachterminologie (→) Qualitätsaudit genannt – untersuchen Experten unabhängiger, eigens dafür autorisierter bzw. akkreditierter Institutionen, ob die relevanten Normen erfüllt sind. Mit einem Zertifikat wird einem Unternehmen dies bescheinigt. Es muß über ein Qualitätsmanagement-System verfügen, das unter Berücksichtigung aller Unternehmensfunktionen vollständig aufgebaut und zweckmäßig geführt sowie entsprechend gelebt wird. Das Qualitätsmanagement-System dient dazu, Fehler im Geschäftssystem zu vermeiden und Abweichungen von Qualitätsstandards frühzeitig zu erkennen, um Verbesserungsmaßnahmen zu ergreifen. Ein Zertifikat nach der ISO 9000-/EN 29000-Normenreihe, das nur drei Jahre Gültigkeit hat und dann wieder neu erworben werden muß, bietet eine Garantie für ein ständiges Bemühen um höchste Qualität für Kunden und Leistungsempfänger.

**Job-rotation:**
„Job-rotation" ist der englische Begriff für einen periodischen Wechsel des Arbeitsplatzes zur Horizonterweiterung, zur Abwechslung und zur persönlichen oder beruflichen Weiterentwicklung.

**JUSE:**
JUSE ist die Abkürzung für die Japanese Union of Scientists and Engineers.

**Just in time:**
Just in time bedeutet „zum richtigen Zeitpunkt". In der Produktion ist damit gemeint, den Produktionsprozeß so zu organisieren, daß die richtigen Teile zum richtigen Zeitpunkt in der richtigen Qualität am richtigen Ort der Produktion angeliefert werden. Übertragen auf Dienstleistungen heißt Just in Time: Erreichbarkeit und Tagfertigkeit; erreichbar sein, wenn der Kunde ruft und seine Probleme tagfertig lösen. Tagfertig bedeutet, daß an jedem Arbeitsplatz jeden Tag alles erledigt wird, was zu erledigen ist. Dies hat zur Folge, daß es im Normalfall an einem Arbeitsplatz keine Arbeitsrückstände gibt.

**Kaizen:**
Japanisches Wort für ständige Verbesserung unter Einbeziehung aller Mitarbeiter und die dauernde Verbesserung in kleinen Schritten. Dahinter steht als Denkhaltung und Einstellung die Überzeugung, daß alles noch weiter verbessert werden kann und daß alle Mitarbeiter ständig an Verbesserungen beteiligt sein müssen; sie sollen ihre Kenntnisse und Erfahrungen zur Mitgestaltung der Arbeitsabläufe, der Arbeitsplätze sowie der Arbeitsumgebung einbringen. Eine derart verstandene nachhaltige Verbesserungsbereitschaft verlangt von allen Unternehmensangehörigen Offenheit, Fehlertoleranz, Vertrauen und eine dauerhafte Veränderungsbereitschaft.

**Kanban/Kamban:**
Japanisch (englische Schreibweise: Conbon). Wörtlich: Tafel, Karte, Zettel. Mit Kanban wird eine Karte generiert, die alle Daten einer Folgelieferung enthält und in dem Moment in einem Lager eine Lieferung auslöst, wenn sich der Bestand zu Ende neigt. Bekannt ist Kanban im Alltag auch beim Scheckgebrauch: Neigt sich das Scheckbündel dem Ende zu, so ist das fünftletzte Blatt kein Scheck, sondern ein Anforderungsformular für ein nächstes Scheckbuch.

Das Kanban-Konzept ist eine konsequente Anwendung der kundenauftragsbezogenen Disposition. Es steht im Gegensatz zur erwartungsbezogenen Disposition, die darauf abgestimmt ist, zu produzieren, zu liefern, Leistungen zu erbringen, ohne den oder die Empfänger zu fragen. Die hinter dem Kanban-Konzept stehende Denkhaltung läßt sich auch in Dienstleistungsunternehmen anwenden, handelt es sich bei ihr doch um eine konsequente Anwendung des Hol-Prinzips.

**Kontaktpunkt:**
Der Kontaktpunkt ist ein Ort, an dem ein Kontakt zwischen Kunde und Unternehmen, zwischen Leistungserbringer und Leistungsempfänger, stattfindet. Der Kontaktpunkt kann auch ein theoretisches Konstrukt sein, wenn es inhaltlich, zeitlich oder örtlich definiert werden muß (z. B. Telefonkontaktpunkt, schriftlicher Kontaktpunkt, Zeitpunkt etc.). Es besteht eine enge Beziehung zum (→) Moment of Truth.

**Kontaktqualität:**
Unter Kontaktqualität wird meist die Qualität der Kommunikation im direkten oder indirekten Kundenkontakt sowie die Qualität der Kundenbetreuung verstanden.

**Kontinuierlicher Verbesserungsprozeß (KVP):**
Qualität ist nicht einfach gegeben oder fehlt; in Unternehmen geht es vielmehr darum, die verschiedenen Arten von Qualität (Produktqualität, Managementqualität, Prozeßqualität etc.) über die Zeit kontinuierlich zu verbessern. Ziel vieler Qualitätsprojekte und auch -auszeichnungen ist es deshalb, einen kontinuierlichen Prozeß der Qualitätsverbesserung ins Leben zu rufen, dessen grundsätzliche Methodik (Regelkreis) für Jahre gilt, konkrete Qualitätsziele und (→) Qualitätsstandards aber für kürzere Perioden definiert werden.

**Kundenbindungsrate (KBR):**
Die Kundenbindungsrate ist derjenige Prozentsatz von Kunden zu Beginn eines Jahres, die bis zum Jahresende Kunden bleiben. Anstelle eines Jahres kann eine beliebige andere Zeitperiode betrachtet werden. Mit diesem Prozentsatz kann die durchschnittliche Verweildauer von Kunden ermittelt werden. Die Formel lautet:
1 : (1 − KBR) = durchschnittliche Verweildauer

**Kundenbriefe:**
Über Kundenbriefe und ihre systematische Auswertung lassen sich Entwicklungstrends in Kundenmeinungen erkennen. Bei der Anlayse von Kundenbriefen werden Schreiben von Kunden systematisch gesammelt, kategorisiert, ausgewertet und die Ergebnisse anonymisiert im ganzen Unternehmen bekannt gemacht.

**Kundenorientierung:**
Kundenorientierung ist die Ausrichtung aller Unternehmensfunktionen auf die Bedürfnisse der externen und internen Kunden.

**Kundenumfrage:**
Kunden eines Versicherungsunternehmens, die in den letzten 12 bis 24 Monaten ,,aktiv" waren, werden bei einer Kundenumfrage zur Servicequalität ihres Versicherers befragt. ,,Aktiv" heißt, daß ein Kunde entweder einen Schaden hatte, einen neuen Versicherungsantrag unterzeichnete, ein Storno vornahm oder eine andere prämienwirksame Änderung seines Versicherungsvertrages hatte.

**Lean:**
,,Lean" ist der englische Ausdruck für schlank. Er besitzt Gültigkeit und Relevanz in Industrie- und in Dienstleistungsbetrieben und wird oft im Zusammenhang mit lean production (schlanke Produktion) verwendet. Lean production ist ,,schlank", weil sie von allen Ressourcen weniger

einsetzt und schneller qualitativ höherwertige Leistungen erbringt als in herkömmlichen Industrie- und Dienstleistungsorganisationen. Lean ist ein Unternehmen, wenn

1. Die Arbeitsgeschwindigkeit durch systematisches und kontinuierliches Training und laufende Verbesserung der Arbeitsabläufe ausgereizt ist;

2. strengste Kundenorientierung und Qualitätsverantwortung vorliegt;

3. strikte Fehleranalysen und Fehlerbeseitigungen bei der Arbeit, bei der Leistungserstellung, beim Produkt, bei der Dienstleistung und beim Erbringen der Dienstleistung vorgenommen werden;

4. konsequent Projektmanagement und Teamorientierung praktiziert werden;

5. Überfluß, Ausschuß und Abfall strikt vermieden werden;

6. permanente Verbesserungs- und Optimierungsaktivitäten in allen Unternehmensbereichen und auf allen Unternehmensebenen stattfinden;

7. inflexible Strukturen konsequent eliminiert werden.

**Lean Management:**
Unter Lean Management wird ein Managementsystem verstanden, das zur Herstellung von Produkten oder zur Erbringung von Dienstleistungen niedrigsten Aufwand betreibt und gleichzeitig vorzügliche Qualität bietet. Dieses System erfaßt das gesamte Unternehmen, stellt den Menschen in den Mittelpunkt des unternehmerischen Geschehens, legt höchsten Wert auf schlanke Produktionsprozesse und Serviceketten und benutzt eine Vielzahl pragmatischer Instrumente zur Förderung und Sicherung von Schlankheit und Qualität. Lean Management ist Voraussetzung und Folge von Qualitätsmanagement zugleich. Lean Management ist in der unternehmerischen Praxis durch Eigenschaften geprägt, die auch Bestandteil des (→) IQM sind:

1. Aufgaben werden in Gruppen oder Teams erledigt.

2. Jede Tätigkeit wird in Eigenverantwortung durchgeführt. Den Rahmen dazu bilden Standards, die für jede Tätigkeit erstellt werden. Kann der geforderte Qualitätsstandard nicht eingehalten werden, wird Hilfe angefordert.

3. Alle Aktivitäten werden von einem intensiven Feedback begleitet.
4. Alle Aktivitäten sind auf den Kunden oder den internen Leistungsempfänger ausgerichtet.
5. Wertschöpfende Tätigkeiten haben erste Priorität beim Einsatz der verfügbaren Ressourcen.
6. Formalisierung und Standardisierung der Arbeitsabläufe geschehen durch verständliche, übersichtliche, schriftliche und bildliche Darstellungen.
7. Die ständige Verbesserung aller Leistungsprozesse bestimmt die täglichen Aktivitäten.
8. Jeder Fehler wird als Störung im Prozeß angesehen; ihm ist bis auf die tatsächliche Ursache nachzugehen.
9. Die Entwicklung erfolgt in vielen kleinen, beherrschten und beherrschbaren Schritten; das Feedback auf jeden Schritt steuert den nächsten.

**Mängelbericht:**
Mängelberichte sind Berichte über Qualitätsmängel innerhalb der Organisation. Sie werden systematisch durch die Mitarbeiter erstellt, periodisch ausgewertet und besprochen. Analyse, Auswertung und das Ergreifen von Verbesserungsmaßnahmen, die sich aus den Mängelberichten ergeben, müssen koordiniert erfolgen, um Wildwuchs zu verhindern. Mängelberichte sind in enger Verbindung mit (→) Fehlerstatistiken zu sehen.

**Malcolm Baldridge Quality Award:**
Der Malcolm Baldridge Quality Award wurde 1987 erstmals in den USA verliehen. Es handelt sich um einen Wettbewerb, aus dem jedes Jahr ein Unternehmen als Sieger hervorgeht. In diesem Wettbewerb werden sieben Themenkreise mit insgesamt 28 Aspekten beurteilt, so daß ein relativ breites Bild über Bemühungen und Erfolge eines Unternehmens hinsichtlich Qualität gewonnen werden kann:

1. *Führungsqualität.* Z. B.: Ist die Unternehmensführung persönlich in einen permanenten Qualitätsprozeß integriert? Wie wird Kundenorientierung in den Führungsprozeß eingebunden?

2. *Informationen, Analysen und Auswertungen.* Z. B.: Enthalten die Informationssysteme aussagefähige Daten über Qualität? Wie vergleicht das Unternehmen sich regelmäßig mit den Leistungen seiner Konkurrenten (→ Benchmarking)?
3. *Qualität der Ergebnisse.* Z. B.: Welche Produkt- und Dienstleistungsqualität erreicht das Unternehmen im Vergleich zur Konkurrenz? Wie hoch ist das Qualitätsniveau der Lieferanten?
4. *Qualitätsplanung.* Z. B.: Welche Maßnahmen werden aus der erkannten Produkt- und Dienstleistungsqualität abgeleitet? Wie sind Qualität und Kundenzufriedenheit in der strategischen und operativen Unternehmensplanung berücksichtigt?
5. *Personalmanagement.* Z. B.: Wie sind Mitarbeiter in die Qualitätsprozesse integriert? Wie ist Qualität in die Weiterbildungsmaßnahmen eingebaut? Wie werden Mitarbeiterbeiträge zur Qualitätssteigerung honoriert?
6. *Management der Prozeßqualität.* Z. B.: Wie wird Qualität bei der Entwicklung neuer Produkte und Dienstleistungen berücksichtigt? Wie werden Lieferanten oder Kunden in die Qualitätsmanagement-Prozesse einbezogen?
7. *Kundenzufriedenheit.* Z. B.: Mit welchen Methoden untersucht das Unternehmen die Kundenzufriedenheit? Welches Zufriedenheitsniveau erzielt es im Vergleich zur Konkurrenz?

**Management:**
Management bedeutet Unternehmensführung: Gestalten, lenken und entwickeln produktiver sozialer Systeme (z. B. Unternehmen, gemeinnützige Organisationen, Verwaltungen etc.).

**Mitarbeiterbefragung:**
Mitarbeiter im Innen- und Außendienst eines Versicherers werden als interne Kunden (Leistungsempfänger) verstanden und – vorzugsweise schriftlich – zur Qualität der empfangenen Leistungen befragt. Erfaßt werden zu jeder empfangenen Leistung die wichtigsten Qualitätskriterien, die aktuelle und die realistisch wünschbare Qualitätsausprägung sowie die Bedeutung der empfangenen Leistung für die eigene Tätigkeit. Ermittelt werden auf diese Weise die Servicequalität innerhalb eines Versicherungsunternehmens sowie Anhaltspunkte für Schwachstellen bei internen (→) Serviceketten.

## Mitarbeiterbeschwerden:
Die systematische Erfassung und Bearbeitung von Mitarbeiterbeschwerden bezweckt die Konkretisierung und Illustration der Mitarbeiterzufriedenheit. Es sollen praktische Ansatzpunkte zur Verbesserung gefunden werden. Zur systematischen Analyse von Mitarbeiterbeschwerden müssen alle Mitarbeiter die Möglichkeit haben, sich bei einer neutralen Beschwerdestelle zu beschweren. Diese neutrale Beschwerdestelle erfüllt entweder

– nur Koordinationsfunktionen (= veranlaßt die Bearbeitung einer Beschwerde),
– auch Ombudsmann- oder Friedensrichter-Funktionen (= betreut Beschwerdebearbeitung aktiv),
– wertet Beschwerden systematisch aus und/oder
– veranlaßt systematische Verbesserungen.

## Mitarbeiterzufriedenheit:
Der Indikator Mitarbeiterzufriedenheit gibt Hinweise auf die interne Qualität, kann als Monitor eingesetzt werden und deckt eventuell auch Schwachstellen in der Qualität von Kultur, Einstellungen etc. auf. Die Messung der Mitarbeiterzufriedenheit basiert auf der Annahme, daß zufriedene Mitarbeiter positive Erlebnisse im Arbeitsumfeld vier- bis achtmal und unzufriedene Mitarbeiter negative Erlebnisse im Arbeitsumfeld („Geschichten", „Gerüchte") neun- bis sechzehnmal weitererzählen. Dies hat zur Folge, daß negative Mitarbeiterzufriedenheit
– ein unkontrollierter und unkontrollierbarer Negativ-Multiplikator für Qualität wird und
– Ineffizienz in der Arbeit bei negativ zufriedenen Mitarbeitern und Zusatzkosten durch die Beeinflussung anderer Mitarbeiter verursacht.

Die Messung der Mitarbeiterzufriedenheit ist vor diesem Hintergrund ein Basis-Instrument zur Ermittlung der Zufriedenheit mit der beruflichen Tätigkeit und dem beruflichen Umfeld im weitesten Sinne. Durch die Ausrichtung dieses Basis-Instruments auf Qualität werden im Zeitverlauf Trendaussagen zum Qualitätsmanagement und zur Managementqualität möglich.

## Moment of Truth:
Der „Moment of Truth" ist der Augenblick der Wahrheit, jener Zeitpunkt, in dem ein Kontakt zwischen Kunde und Unternehmen stattfindet. Er ist gleichzeitig auch ein Kontakterlebnis. Dynamisch betrachtet muß man

von einem „Process of Truth" sprechen. Dieses Verständnis ist insbesondere bei Dienstleistungen von großer Bedeutung, da das Erbringen von Dienstleistungen oft in einem Prozeß geschieht, in dem sich die Moments of Truth in einer (→) Servicekette zum Process of Truth verdichten.

Jedes Kontakterlebnis ist auch ein Qualitätserlebnis, ein Augenblick der Wahrheit. Die Kontaktqualität prägt das Bild des Kunden vom Unternehmen, von den Produkten und Dienstleistungen des Unternehmens. Üblicherweise werden Kontakterlebnisse, die sich weder positiv noch negativ stark abheben, nur sehr schwach wahrgenommen und kaum erinnert. Bei kritischen Kontakterlebnissen, die sehr negativ oder sehr positiv empfunden werden, ist dies anders: Sie beeinflussen stark die Einstellung und das künftige Verhalten der betroffenen Personen gegenüber dem Unternehmen, seinen Produkten und Dienstleistungen. Hier spricht man von (→) critical incidents.

**Mystery Shopping:**
„Mystery Shopping" heißt Scheinkauf. Als Kunden „getarnte" Käufer oder Leistungsempfänger versuchen, durch ihr Verhalten in Verkaufs- oder Beratungssituationen, in einem Schadenfall, beim Erfragen von Auskünften etc. Schwächen in den Serviceketten zu ermitteln. Mystery Shopping sollte mit grundsätzlicher Kenntnis der Betroffenen betrieben werden. Dies wirkt bereits per se qualitätsverbessernd. Der eigentliche Scheinkauf kann ungewiß bleiben. Die Ergebnisse sind dann jedoch wieder mit den Mitarbeitern zu besprechen und die ermittelten Schwächen gemeinsam zu beheben.

**Norm:**
Eine Norm ist ein Standard, ein bestimmtes Niveau oder ein vereinbarter Richtwert, der einzuhalten ist. Bezüglich Qualität spricht man von Qualitätsnormen (z. B. (→) ISO 9000-Qualitätsnormen) oder (→) Qualitätsstandards.

**Nullfehlerprogramm:**
Grundsätzlich handelt es sich bei einem Nullfehlerprogramm um eine Denkhaltung, die davon ausgeht, daß

1. dem Kunden kein Fehler entgeht, so daß das Nullfehlerprinzip kein Luxus, sondern Notwendigkeit ist;

2. Qualität auf Anhieb weniger kostet als Reparaturen – zumal Reparaturen dann, wenn sie erforderlich sind, in bester Qualität ausgeführt werden müssen und dementsprechend teuer sind.

Ursprünglich wurde das Nullfehlerprogramm (Zero Defects Concept) von *Philip B. Crosby* entwickelt. Es zielt grundsätzlich auf eine fehlerfreie Produktion, auf eine fehlerfreie Dienstleistungserbringung ab. Philip B. Crosby war Präsident der American Society for Quality Control (ASQC) und ist heute selbständiger Unternehmensberater.

**ÖN:**
ÖN steht als Abkürzung für die Österreichische Norm.

**PDCA-Zyklus:**
Der PDCA-Zyklus ist eine Abfolge von Aktivitäten mit dem Ziel, etwas zu verbessern (P = to plan/planen; D = to do/tun; C = to check/überprüfen; A = to act/handeln). Der Zyklus beginnt mit der Analyse der Ist-Situation und mündet in einen Verbesserungsplan. Dieser wird umgesetzt. Es wird überprüft, ob die Umsetzung die erwarteten Verbesserungen mit sich bringt. Ist das Prüfergebnis negativ, beginnt der Zyklus von vorn; ist es positiv, können Prozesse standardisiert werden.

**PIMS: Profit Impact of Market Strategy:**
PIMS ist die Abkürzung für „Profit Impact of Market Strategy". Dabei handelt es sich um ein Forschungsprogramm über den Einfluß der Marktstrategie auf die Unternehmensgewinne. In ihrem Buch „The PIMS-Principles", Verlag Free Press, New York 1987, S. 7 ff., zeigen die Autoren *Robert D. Buzzell* und *Bradley T. Gale*: Der wichtigste Einzeleinfluß auf den Ertrag eines Unternehmens ist die Qualität seiner Produkte und Dienstleistungen im Vergleich zu derjenigen seiner Konkurrenten. Ein Qualitätsvorsprung steigert die Ertragsleistung zweifach. Kurzfristig durch höhere erzielbare Preise, längerfristig durch niedrigere Kosten.

**Poka Yoke:**
„Poka Yoke" ist der japanische Begriff für ein System zur Vermeidung oder Verminderung unbeabsichtigter Fehler (Poka = unbeabsichter Fehler; Yoke = Vermeidung oder Verminderung).

**Produktqualität:**
Mit der Produktqualität ist die Qualität eines Produktes gemeint. Dabei handelt es sich in erster Linie um eine technische Qualität, die Funktionsfähigkeit, die Qualität im Design, in der ergonomischen Handhabung oder in der Umweltverträglichkeit. Im wesentlichen sind dies die quantitativen und qualitativen Anforderungen an ein Produkt. Sie finden ihren Niederschlag in den Spezifikationen.

**Prozeßqualität:**
Bei der Prozeßqualität handelt es sich um die Qualität der Abläufe und der Führung, wie etwa die Kooperations-, Koordinations- oder Schnittstellenqualität.

**Qualität:**
Der Begriff Qualität stammt ursprünglich aus dem Lateinischen, „qualitas" = Beschaffenheit. Er wird gemäß ISO Norm 8402 verstanden als „Gesamtheit von Merkmalen eines Produkts oder einer Dienstleistung in bezug auf deren Eignung, festgelegte Anforderungen zu erfüllen". Damit ist Qualität die Funktion aller quantitativen und qualitativen Eigenschaften eines Produktes oder einer Dienstleistung in Relation zu den Kundenerwartungen oder, vereinfacht, die Gesamtheit von Eigenschaften und Merkmalen eines Produktes oder einer Dienstleistung, die sich auf deren Eignung zur Erfüllung festgelegter oder vorausgesetzter Bedürfnisse beziehen.

Im Bereich der industriellen Fertigung wurde Qualität lange Zei¹ ¹eichgesetzt mit der Einhaltung möglichst hoher technischer Norme. und Spezifikationen, insbesondere langer Lebensdauer als Sinnbild guter Qualität. Zudem war das Verständnis von Qualität lange Zeit ausschließlich herstellerbestimmt. Erst in den sechziger Jahren fand ein Wandel statt. Nicht mehr der Produzent beurteilte die Qualität seines Produktes, sondern der Verwendungszweck für den Anwender rückte ins Zentrum des Qualitätsverständnisses. Es entstand das Schlagwort „Fitness for Use" (= Gebrauchstüchtigkeit). Technische Spezifikationen wurden mehr und mehr ergänzt durch Spezifikationen des Verwendungszwecks. Das Gesamtbild eines Produktes bestimmte die Qualität.

In den achtziger Jahren schließlich wurde Qualität zu einem Maß für die Erfüllung von Kundenbedürfnissen: Qualität als Übereinstimmung des Produktes mit den Anforderungen des Kunden bezüglich Funktion, Zuverlässigkeit, Preis, Kosten, Beratung, Betreuung, Aktualität etc. Damit ist der erste Schritt bei der Beurteilung der Qualität eines Produktes oder einer Dienstleistung die Ermittlung der Kundenbedürfnisse und der zweite Schritt der Einbezug der Kunden in das Design von Produkten und Dienstleistungen. Gleichzeitig fand eine Erweiterung des Begriffsverständnisses auf die Verfahrensebene statt. Qualität bezweckt hier die Entwicklung und Gestaltung von Verfahren, welche darauf ausgerichtet sind, daß die Erzielung einer definierten oder angestrebten Qualität von Produkten oder Dienstleistungen in den Unternehmensprozessen sichergestellt und gefördert wird.

**Qualitätsaudit:**
Grundsätzlich ist ein (→) Audit eine systematische, unabhängige Überprüfung von Vorgaben, Aktivitäten und Ergebnissen. Damit sollen das Vorhandensein und die sachgerechte Erfüllung von Anforderungen beurteilt und dokumentiert werden. Bei Qualitätsaudits handelt es sich demzufolge um die Überprüfung der Elemente eines Qualitätsmanagement-Systems eines Unternehmens im Hinblick auf die selbst festgelegten Qualitätsziele, -standards und -verfahren. Wird das Qualitätsmanagement-System als Ganzes nach einer der ISO 9000er-Qualitätsnormenreihen überprüft, so handelt es sich um ein Systemaudit. Werden zur Beurteilung der Wirksamkeit der Qualitätsmanagement-Elemente nur Forderungen oder Spezifikationen an ein Produkt herangezogen, so wird von einem Produktaudit gesprochen. Entsprechendes gilt für ein Verfahrens- bzw. ein Prozeßaudit.

**Qualitäts-Checklisten:**
Qualitäts-Checklisten systematisieren die Beurteilung der Qualitätsorientierung in einem Versicherungsunternehmen. Im Zeitverlauf können Trends erkannt werden. Schwerpunkte der Checklisten können sein:

- Kundenorientierung,
- Qualitätsmanagement,
- Führungsqualität,
- Organisation,
- Vertrieb,
- etc.

**Qualitätscontrolling:**
Qualitätscontrolling ist das Steuern und Regeln (Regeln = Kontrollieren und Korrigieren) der Qualität. Der Begriff entwickelte sich aus dem englischen Quality Control (QC) und ist gemäß Definition der Japanese Industrial Standards ein „System von Mitteln zum wirtschaftlichen Hervorbringen von Gütern oder Dienstleistungen, welche die Kundenanforderungen erfüllen". Bei der Einführung von Quality Control in Japan durch *W. E. Deming* in den fünfziger Jahren lag die Betonung auf der Verbesserung der Produktionsqualität durch Anwendung statistischer Qualitätssicherungsverfahren im Produktionsprozeß. 1954 entwickelte *J. M. Juran* (→ Qualitäts-Trilogie) die Quality Control zum Werkzeug für verbesserte Managementleistung weiter. Heute dient Quality Control dem Aufbau und der Pflege von Qualität in allen Unternehmensbereichen.
Im betriebswirtschaftlichen Verständnis umfaßt Qualitätscontrolling das

Festlegen von Qualitätszielen, das Ergreifen von Maßnahmen zur Erreichung dieser Qualitätsziele, das Überwachen der Zielerfüllung, das Korrigieren bei auffälligen Abweichungen sowie die Verfolgung der Wirksamkeit von Korrekturmaßnahmen.

**Qualitätsdesign:**
Qualitätsdesign bedeutet, daß Qualität in Produkten und Dienstleistungen berücksichtigt und eingebaut wird. Die Qualität einer Dienstleistung hängt maßgeblich davon ab, wie gut eine Vielzahl von Elementen in einer (→) Servicekette so zusammen funktioniert, daß sie als Ganzes den Kundenerwartungen entspricht. Design-Mängel in Teilen einer Servicekette können fatale Folgen für die (→) Servicequalität haben.

**Qualitätserfolg:**
„Quality costs; it doesn't pay" – „Qualität kostet, zahlt sich aber nicht aus". Eine solche Aussage ist häufig zu hören. Um diesem Vorurteil fundiert entgegenwirken zu können, empfiehlt sich die Messung von diversen Indikatoren, mit denen festgestellt werden kann, ob Maßnahmen zur Verbesserung von Qualität erfolgreich waren oder nicht. Damit läßt sich beurteilen, ob der Nutzen von Investitionen in Qualität und von laufenden Kosten für Qualität den Einsatz finanzieller Ressourcen rechtfertigt.

**Qualitätsförderung:**
Qualitätsförderung bezweckt die Erhöhung der Qualität von Prozessen, Produkten und Dienstleistungen sowie des gesamten Unternehmens, um dadurch die Wettbewerbsfähigkeit zu steigern. Sie ist ausgerichtet auf eine permanente Verbesserung der Qualität und des Qualitätsbewußtseins. Unter Qualitätsförderung wird auch die Entwicklung des Qualitätsgedankens bei allen Mitarbeitern verstanden.

**Qualitätsmanagement-Handbuch (QM-Handbuch):**
Im Sinne der ISO-Normen ist ein QM-Handbuch die Dokumentation des Qualitätsmanagent-Systems. Es spiegelt das tatsächliche Geschehen im Unternehmen wider und bildet eine Basis für die Mitarbeiterschulung. Im Sinne eines integrierten Qualitätsmanagements enthält ein QM-Handbuch die wesentlichen Qualitätsgrundsätze, Prozeßbeschreibungen, Handlungsanweisungen und Hilfsmittel zur Umsetzung von Qualitätssicherung und -förderung.
Ein QM-Handbuch ist dann suboptimal und ein erheblicher bürokratischer Hemmschuh, wenn es nur als Dokumentation nach außen gedacht ist.

**Qualitätsindikatoren:**
Qualität läßt sich nur selten direkt messen. Sie muß deshalb meistens anhand von meßbaren Qualitätsindikatoren beurteilt werden – in der Assekuranz beispielsweise

- Policierungsdauer,
- Schadenregulierungsdauer,
- Inkassoqualität,
- Verständlichkeit,
- Termintreue,
- Telefonstandards,
- etc.

**Qualitäts-Kompetenzzentrum:**
Unter einem Qualitäts-Kompetenzzentrum kann man eine Person, eine (→) Qualitätsstelle oder eine Gruppe von Qualitäts-Spezialisten verstehen. Aufgaben, Kompetenzen und Verantwortungen zur Sicherstellung und Förderung von Qualität müssen unternehmensindividuell festgelegt werden. Das Tätigkeitsfeld kann beliebig gewählt werden und unter anderem umfassen:

- die Herausgabe von Publikationen,
- die Abgabe von Empfehlungen,
- Diskussionen zum Thema Servicequalität,
- Informationsaustausch,
- die Suche neuer Ideen zur Qualitätsverbesserung,
- etc.

Da Qualitätssicherung und -förderung jedoch primär Linienfunktionen sind, muß alles getan werden, um den „Delegationseffekt" an eine Stabsstelle, wie er aus dem Marketing oder aus dem Risk Management bekannt ist, zu vermeiden.

**Qualitätskriterien:**
Mit Qualitätskriterien werden Eigenschaften von Leistungen beschrieben, die einen Rückschluß auf die Höhe von Qualität ermöglichen. Es handelt sich um Merkmale, anhand derer Qualität gemessen werden kann. Auf Produktebene gelten primär Produktspezifikationen als Qualitätsmerkmale. Auf Prozeßebene zählen Geschwindigkeit, Fehlerhäufigkeit oder Bedarfsgerechtigkeit zu den Qualitätskriterien. Bei Dienstleistungen spielen zudem zwischenmenschliche Merkmale wie Freundlichkeit, Ver-

ständlichkeit oder Erreichbarkeit eine wichtige Rolle. Qualitätskriterien müssen überprüfbar, meßbar und operationalisierbar sein.

**Qualitätslenkung:**
Unter Qualitätslenkung wird die Steuerung der Qualität verstanden. Sie bezweckt die Durchführung sämtlicher Produktions- und Dienstleistungsprozesse derart, daß vorgegebene Spezifikationen und Standards eingehalten sowie fehlerfreie Produkte und Dienstleistungen entstehen bzw. erbracht werden. Mit anderen Worten: Prozesse werden so gesteuert, daß nur fehlerfreie, spezifikationskonforme Leistungen geboten werden.

**Qualitätsmanagement:**
Unter Qualitätsmanagement versteht man die Unternehmensführung unter dem Aspekt der Qualität. Sie umfaßt die Funktionen Gestalten, Lenken und Entwickeln von Qualitätssicherung und Qualitätsförderung. Ihr Zweck liegt in der Produktion von Gütern und im Erbringen von Dienstleistungen zum Nutzen von Kunden, der Öffentlichkeit und des Unternehmens. Kernanliegen ist die Vermeidung von Fehlern. Die damit verbundene Hauptaufgabe besteht in der Bewältigung der Schnittstellenproblematik in einer Organisation. In Anlehnung an ISO 9004/EN 29004 umfassen die Hauptaufgaben des Qualitätsmanagements vor allem die Festlegung der Qualitätspolitik, die Definition der Qualitätsziele sowie die Einrichtung eines zweckmäßigen Qualitätsmanagement-Systems. Ein Qualitätsmanagement-System muß geeignet sein, die Durchführung der Qualitätspolitik und das Erreichen der Qualitätsziele zu gewährleisten. Dazu gehören insbesondere die Festlegung einer darauf ausgerichteten Aufbau-, Führungs- und Ablauforganisation sowie die Bereitstellung der notwendigen Mittel für die Durchführung. Häufig wird im Qualitätsmanagement auch differenziert in Produktqualität, Fertigungsqualität, (interne) Prozeßqualität und Kontaktqualität.

**Qualitätsniveau:**
Auch Ausmaß oder Höhe der Qualität. Das Qualitätsniveau ist die Ausprägung bestimmter (→) Qualitätskriterien. Basis ist ein festgelegter (→) Qualitätsstandard oder ein bestimmtes Qualitätsziel, z. B. telefonischer Rückruf innerhalb von 24 Stunden, Erreichbarkeit 24 Stunden oder maximal ein Fehler pro Monat.

**Qualitätsnormen:**
Eine Qualitätsnorm ist ein qualitätsbezogener Standard, der erfüllt sein muß, um ein gewisses Qualitätsniveau zu erreichen bzw. um als Lieferant,

als Leistungserbringer überhaupt akzeptiert zu werden. Bereits im Anschluß an den Zweiten Weltkrieg hatten militärische Stellen in den USA und in der NATO durchgesetzt, daß ihre großen Zulieferanten bestimmte Qualitätsnormen erfüllen müssen (militärische Normen wie MIL-Standards, AQAP-Normen). In den siebziger Jahren haben sich die Luftfahrt- und die Automobil-Industrie dieser Entwicklung angeschlossen und von ihren Zulieferanten ebenfalls die Erfüllung bestimmter technischer Qualitätsnormen verlangt. Mit der Einführung von (→) Just-in-time-Konzepten kam der Erfüllung dieser Qualitätsnormen eine noch wichtigere Bedeutung zu, weil „just in time" nur dann funktioniert, wenn fehlerfrei geliefert wird. Die gleichzeitige Ausrichtung auf unterschiedliche Anforderungen von unterschiedlichen Abnehmern oder Branchen führte zu Komplikationen und Mehrkosten. In der Folge stellten die Normenorganisationen einzelner Länder nationale Qualitätsnormen auf. Mit zunehmender Internationalisierung und Globalisierung der Märkte genügten jedoch auch nationale Normen nicht mehr, da sie immer mehr zu nichttarifären Handelshemmnissen wurden. Aus diesem Grunde brachte die Internationale Normenorganisation ISO in den Jahren 1986/87 als Systemnorm die internationale Qualitätsnormenreihe ISO 9000 ff. heraus. EG und EFTA erstellten in Zusammenarbeit mit den europäischen Normenvereinigungen CEN/CENELEC auf dieser Basis die europäische Normenreihe EN 29000, womit diese Normen in Europa zu einem rechtsverbindlichen Instrument wurden. Vgl. auch (→) ISO.

**Qualitätsorientierung:**
Man kann in einer Organisation dann von Qualitätsorientierung sprechen, wenn jeder Leistungsempfänger in der nachgelagerten Phase einer (→) Servicekette als Kunde angesehen und auch so behandelt wird.

**Qualitätspartnerschaft:**
Qualitätspartnerschaften sollen dauerhafte und langfristige Beziehungen zwischen Abteilungen oder Gruppen, die in ihrer Zusammenarbeit auf beste Qualität angewiesen sind, herstellen sowie Kunden als Partner in die eigene Leistungserbringung einbinden. Dies hat manche Vorteile:

– raschere Kommunikation,
– weniger Mißverständnisse,
– mehr Vertrauen,
– transparentere Erwartungshaltungen.

Im Innenverhältnis übernimmt in der Regel ein erfahrener und motivierter Mitarbeiter zugunsten eines unerfahrenen Mitarbeiters eine Patenfunktion. Im Außenverhältnis werden Kunden von fähigen Kundenbetreuern betreut.

**Qualitätsplanung:**
Unter Qualitätsplanung versteht man die Ermittlung von Qualitätsbedürfnissen und deren Umsetzung in Prozesse, Produkte und Dienstleistungen.

**Qualitätspolitik:**
Die Qualitätspolitik legt in wenigen Sätzen die unternehmerische Absicht bezüglich der zu erbringenden Qualität in allen Unternehmensbereichen fest. Es werden darin die Leistungen für die Kunden, die Produktionsprozesse, die Nutzung von Ressourcen und die Managementprozesse angesprochen.

**Qualitätssicherung:**
Qualitätssicherung ist die Sicherstellung eines bestimmten, vorgegebenen (→) Qualitätsniveaus. Dies geschieht durch die Ermittlung von Qualitätsrisiken sowie die Entwicklung und Umsetzung von Maßnahmen zu deren Vermeidung bzw. Verminderung.

**Qualitätsstandard:**
Qualitätsstandards beschreiben eine angestrebte oder tatsächliche Qualität von Produkten, Dienstleistungen, Prozessen, Leistungen oder Tätigkeiten. Sie werden konkretisiert durch die Festlegung spezifischer (→) Ausprägungen von (→) Qualitätskriterien. Einer Leistung können mehrere präzise, definierte Standards zugewiesen werden, vergleichbar mit Pflichtenheften oder technischen Spezifikationen.
Beispiel: „95 Prozent aller Kunden beurteilen uns als freundliche Dienstleister."

**Qualitätsstellen:**
Qualitätsstellen sind Arbeitsplätze in der Linie oder in einem (→) Qualitäts-Kompetenzzentrum. In der Linie umfaßt das Anforderungsprofil die Forderung, sich im Rahmen der eigentlichen Kerntätigkeit auch mit Qualitätssicherung und -förderung zu befassen. In einem Qualitäts-Kompetenzzentrum bilden Tätigkeiten zur Qualitätssicherung und Qualitätsförderung die Kernfunktion.

## Qualitätsmanagement-System:
Ein System ist eine Ganzheit von Elementen, die unter sich in Beziehung stehen. Ein Qualitätsmanagement-System ist demzufolge eine Ganzheit von Qualitätsmanagement-Elementen (Grundsätze, Verfahren, Instrumente), die miteinander in Beziehung stehen.

## Qualitäts-Szenario:
Mittels Qualitäts-Szenarien können Servicesituationen hinsichtlich ihrer Auswirkung auf Qualität dargestellt und beurteilt werden. In unterschiedlichen Ausgangslagen lassen sich mögliche Servicesituationen gestalten und ihre Auswirkungen auf die Servicequalität im Zeitverlauf konkret beurteilen. Darauf basierend können z.b. präventive Qualitätssicherungsmaßnahmen entwickelt werden.

## Qualitäts-Trilogie:
Die Qualitäts-Trilogie ist ein systematischer, kontinuierlicher Prozeß zur Qualitätsverbesserung. Er umfaßt drei Stufen und wiederholt sich ständig. Die drei Stufen bestehen aus der Planung eines Prozesses (z. B. eines Wertschöpfungs-, Produktions- oder Serviceprozesses), der Implementierung und Absicherung sowie der eigentlichen Prozeßverbesserung. Die Qualitäts-Trilogie wird nach ihrem Begründer auch als Juran-Trilogie bezeichnet. *Joseph M. Juran* war tätig als Ingenieur, Unternehmensberater, Jurist, Hochschullehrer und Autor, gründete das Juran-Institut und ist Autor zahlreicher Publikationen zu Qualitätsthemen.

## Qualitätsverlust:
Qualitätsverluste können, basierend auf der mathematisch geprägten Qualitätsphilosophie von *Genichi Taguchi*, auf gesamtwirtschaftlicher Ebene in einer Funktion beschrieben werden. Danach wird Qualitätsverlust durch eine kostenorientierte Betrachtung als derjenige volkswirtschaftliche Verlust angesehen, der entsteht, wenn ein ausgeliefertes Produkt oder eine erbrachte Dienstleistung die vom Kunden gewünschten Anforderungen nicht erfüllen und/oder bei der Nutzung bzw. beim Bezug schädliche Nebenwirkungen auftreten, beispielsweise Fehler in der Produktion, unzufriedene Kunden oder Zusatzkosten für Nacharbeiten und Verbesserungen.

## Qualitätsversprechen:
Ein Qualitätsversprechen ist die zielgruppenorientierte Beschreibung der erhältlichen Qualität. Das Qualitätsversprechen nimmt die Grundaussagen aus der (→) Qualitätspolitik sowie (→) Qualitätsstandards auf und

verdichtet beide zu Kernaussagen. In formaler Hinsicht reichen fünf bis zwölf Sätze meistens aus, um den angesprochenen Empfängern die Qualität eines Angebots zu verdeutlichen.

**Qualitätswerkzeuge:**
Die Qualitätswerkzeuge (Tools of Quality) werden oft auch als „die sieben klassischen Qualitätswerkzeuge" (7-Tools) bezeichnet. Sie wurden vom Japaner *Ishikawa* (vgl. → Company-Wide Quality Control) zusammengestellt. Diese Qualitätswerkzeuge sind visuelle Hilfsmittel, um Qualitätsprobleme zu erkennen, zu verstehen und zu lösen. Es sind dies:

- Fehlersammellisten,
- Histogramme/Säulendiagramme,
- Korrelations- oder Streudiagramme,
- Qualitätsregelkarten,
- Pareto-Diagramme (z.B. ABC-Analyse),
- Brainstorming,
- Ursache-Wirkungs-Diagramme oder Ishikawa-Diagramme.

Neben diesen elementaren Werkzeugen werden auch allgemein bekannte Management-Werkzeuge zur Qualitätssicherung und -förderung eingesetzt. Zu ihnen zählen:

- Affinitäts-Diagramm,
- Relationen-Diagramm,
- Baum-Diagramm,
- Matrix-Diagramm,
- Portfolio,
- Netzplan,
- Problem-Entscheidungsplan.

Zur Bewältigung komplexer Qualitätsprobleme wurden weitere Qualitätswerkzeuge entwickelt. Sie werden überwiegend in der Industrie eingesetzt. Die Anpassung an die Besonderheiten der Dienstleistungserbringung ist noch nicht erfolgt und dürfte angesichts der technischen Ausprägung auch nicht leicht zu vollziehen sein. Zu diesen Werkzeugen zählen:

- die Qualitätsplanung mit Hilfe von (→) QFD (Quality Function Deployment),
- die Schwachstellenanalyse mit Hilfe von FMEA (Failure Mode and Effects Analysis oder Fehlermöglichkeits- und -einflußanalyse),

- das Robust Design mit Hilfe der Versuchsplanung (DoE – Design of Experiments),
- die statistische Prozeßregelung mit Hilfe von SPC (Statistical Process Control) oder Statistische Prozeßregelung (SPR)).

**Qualitätsworkshop:**
Qualitätsworkshops sind gestaltet wie jeder andere Workshop auch, haben aber speziell Qualitätsfragen zum Gegenstand. Sie sind darauf ausgerichtet

- gezielt Verbesserungen zu erarbeiten,
- Qualitätsverbesserungen in Gang zu setzen,
- einen natürlichen Selbstentwicklungsprozeß zu fördern,
- Fähigkeiten zu entwickeln und
- das Zusammenwirken als Schrittmacher zu nutzen, um die Erhöhung von Servicequalität bewußt zu machen.

Vor diesem Hintergrund weisen Qualitätsworkshops große Ähnlichkeit mit (→) Qualitätszirkeln auf.

**Qualitätszirkel:**
Qualitätszirkel sind kleine, abteilungs- oder bereichsbezogene, manchmal auch bereichsübergreifende Arbeitsgruppen. Mitarbeiter unterer Hierarchieebenen treffen sich auf freiwilliger Basis, um selbstgewählte Qualitätsprobleme zu erörtern und Lösungsvorschläge zu erarbeiten. Wichtige Erfolgsvoraussetzungen sind die Anerkennung und Umsetzung der Ergebnisse der Qualitätszirkel sowie die methodische und fachliche Unterstützung durch Koordinatoren, Vorgesetzte, Experten oder Moderatoren.
Grundsätzlich sind Qualitätszirkel darauf ausgerichtet, die Zusammenarbeit, Selbstorganisation und Selbstmotivation systematisch zu verbessern sowie das Qualitätsbewußtsein und die Qualitätsmotivation zu fördern.

**Quality Function Deployment (QFD):**
Fehler in Serviceketten verursachen Kosten. Um diese Kosten zu vermeiden, bietet sich QFD an. QFD ist ein Instrument, das in einem aufwendigen Verfahren sicherstellt, daß Kundenwünsche und -anforderungen „entfaltet" (deployment = Entfaltung) werden und systematisch in die Produkt- und Dienstleistungsentwicklung einfließen. Die Notwendigkeit, Kunden und Lieferanten, Leistungserbringer und Leistungsempfänger, Versicherungskunden und Versicherer näher zusammenzubringen, ergibt sich aus vier Gründen:

1. Beide sprechen nicht dieselbe Sprache. Daraus leitet sich ein Übersetzungsbedarf ab.
2. Beide haben unterschiedliche, oft nicht artikulierte Qualitätserwartungen. Daraus leitet sich ein Klärungsbedarf ab.
3. Beide finden unabhängig voneinander jeweils nur suboptimale Lösungen. Daraus leitet sich ein Bedarf nach Teamwork ab.
4. Qualität ist mehrdimensional. Daraus ergibt sich der Bedarf nach einer mehrdimensionalen Erfassung von Qualitätsaspekten.

**Robustheit:**
Produkte und Dienstleistungen sowie die damit verknüpften Prozesse (Produktions- und Serviceketten) sollen robust sein. D. h., daß Störungen sich nicht oder nur wenig auf die Qualität von Produkten und Dienstleistungen auswirken.

**Schwachstellenanalyse:**
Mit Schwachstellenanalysen sollen konkrete Ansatzpunkte zur Verbesserung der Ablaufqualität sowie eine ganzheitliche Sichtweise für das interne unternehmerische Geschehen entwickelt und gefördert werden.
Bei einer Schwachstellenanalyse werden in einem ersten Schritt interne (→) Serviceketten ermittelt und dokumentiert. Dies geschieht vorzugsweise in abteilungs-, bereichs- und ressortübergreifenden Arbeitsgruppen. Die Ermittlung und Dokumentation der Serviceketten erfolgt differenziert nach Sparten und umfaßt auch übrige „rückwärtige Kettenglieder". In einem zweiten Schritt werden Schwachstellen in den Serviceketten aufgedeckt sowie deren mögliche Ursachen hinterfragt.

**Sensitivitätsanalyse:**
Die Anwendung der Sensitivitätsanalyse im Qualitätsmanagement strukturiert Qualitätsfragen in Einflußfaktoren und Wechselbeziehungen zwischen diesen Einflußfaktoren; sie zeigt, wie sensibel Qualität auf Veränderungen bei den Einflußfaktoren der Qualität reagiert. Grundsätzlich ist die Sensitivitätsanalyse ein Instrument zur Bewältigung komplexer (Qualitäts-)Probleme. Sie erlaubt ein rasches Erkennen von Zusammenhängen, welche die Qualität bestimmen. Das Verfahren zum Erkennen, Beschreiben und Ableiten von Konsequenzen ist allerdings zeitaufwendig.

**Servicekette:**
Eine Dienstleistung wie beispielsweise eine Versicherung, eine Finanzierung, eine Reise oder eine Kur, läßt sich in Dienstleistungskomponenten

zerlegen. Die Verknüpfung dieser Dienstleistungskomponenten zu einem Ablauf führt zu Serviceketten. Für diese können präzise und meßbare Qualitätsnormen aufgestellt und durchgesetzt werden. Damit werden auch Serviceketten standardisierbar. Eine Servicekette kann auch als Abfolge einzelner Schritte beim Erbringen von Dienstleistungen verstanden werden. Im wesentlichen handelt es sich dabei um die Prozeßorganisation: Um Betriebsabläufe in einem Industrieunternehmen oder um Geschäftsprozesse bei einem Dienstleister. Analoges gilt für den Produktionsprozeß in der Industrie oder den Serviceprozeß im industriellen Kundendienst.

Serviceketten bestehen sowohl innerhalb eines Unternehmens als auch zwischen Unternehmen und Kunden. Alle Serviceketten sind jedoch letztendlich auf den Endkunden ausgerichtet.

**Servicequalität:**
Servicequalität ist die Qualität einer Dienstleistung. Sie unterscheidet sich von der Qualität eines Produktes, da Dienstleistungen andere Eigenschaften als Produkte haben:

– Produkte sind gegenständlich, Dienstleistungen sind immateriell;
– Produkte können gelagert werden, Dienstleistungen sind nicht lagerfähig;
– Produkte können vor dem Kauf vorgeführt und demonstriert werden, eine Dienstleistung kann nicht vorgezeigt werden, sie existiert vor dem Kauf noch nicht;
– bei Produkten findet nach dem Kauf ein Besitzwechsel statt, bei Dienstleistungen kann nach dem Kauf nicht von einem Besitzwechsel gesprochen werden;
– Produktion und Marketing fallen bei Produkten auseinander, bei Dienstleistungen erfolgen Produktion und Marketing gleichzeitig;
– Produktionsprozesse erfolgen bei der Herstellung von Produkten ohne Mitarbeit des Kunden, bei Dienstleistungen verkörpert die Interaktion zwischen Dienstleistungsanbieter und Kunde einen wichtigen Teil im ,,Produktionsprozeß";
– Produktfehler entstehen bei der Produktion von Produkten im Produktionsprozeß, bei Dienstleistungen sind ,,Produktfehler" häufig auch Verhaltensfehler;
– ein Produkt hat seine (physische) Form nach dem Produktionsprozeß erhalten, Dienstleistungen erhalten ihre (immaterielle) Form (meist als

eine Art von Befindlichkeit, Zufriedenheit oder Gefühlslage) erst in der Service-Situation oder danach.

Servicequalität entzieht sich dadurch aber nicht einer Spezifikation der Qualität. Im Gegenteil: Marketing-, kunden- und prozeßbezogene Qualitätsspezifikationen erhalten im Vergleich zur Produktqualität einen ungleich höheren Stellenwert, wobei der Harmonie zwischen Schaffung einer Erwartungshaltung und Erfüllung einer Erwartungshaltung entscheidende Bedeutung zukommt. Somit geht es bei der Sicherung und Förderung von Servicequalität um zwei Dinge: Die richtigen Dienstleistungen bzw. das richtige Dienstleistungspaket zu entwickeln und die Dienstleistungen, das Dienstleistungspaket, richtig zu erbringen, wobei die Richtigkeit am Erfüllungsgrad der Kundenerwartungen gemessen wird.

**Service-Reportkarte:**
Eine Service-Reportkarte ist ein kleiner Fragebogen, idealerweise in der Größe einer Antwort-Postkarte. Gefragt wird beispielsweise nach der Zufriedenheit der Leistungsempfänger oder Kunden mit der Qualität der empfangenen Leistungen oder nach dem Erfüllungsgrad bestimmter (→) Qualitätsstandards. Die systematische Nutzung der Service-Reportkarte bei unternehmensinterner Anwendung erfordert eine reife Unternehmenskultur bei allen Mitarbeitern, da der Umgang mit transparenten und auch negativen Rückmeldungen häufig noch ungewohnt ist. Der Leitsatz „Fehler als Chance erkennen" erfordert vielfach einen Kulturwandel. Bei unternehmensexterner Anwendung sollten Service-Reportkarten an Kunden gegeben werden, die kürzlich direkte Erfahrungen mit der Qualität der Leistungen gemacht haben.

**Servqual:**
„Servqual" ist ein branchenunabhängiges Instrument zur Messung der Qualitätserwartung und der Qualitätswahrnehmung. Gemessen wird mit einem Fragebogen die Differenz zwischen der vom Kunden erwarteten („so sollte es sein") und der tatsächlichen („so ist es") Qualität einer Serviceleistung. Die Bewertung kaufentscheidender Qualitätsdimensionen erfolgt mittels einer Sieben-Punkte-Skala. Ein Servqual-Fragebogen kann unternehmensindividuell angepaßt oder erweitert werden – z. B. zur Erfassung eines bestimmten Stimmungs- oder Meinungsbildes.

**SN:**
SN steht als Abkürzung für Schweizer Norm.

**Standardisierung:**
Standardisierung ist das verbindliche Festschreiben von Arbeitsweisen, Zielen oder Qualitätsniveaus. Standards sind Normen, Spezifikationen, Hilfsmittel und Orientierungshilfen. Sie ermöglichen ein klares und zielorientiertes Arbeiten und erhöhen die Arbeitssicherheit beim Leistungsersteller sowie die Erwartungssicherheit beim Kunden oder Leistungsempfänger. Die Standardisierung von Routinetätigkeiten setzt auch Kapazitäten frei zur persönlicheren und besseren Bedienung guter Kunden. Durch Standardisierung werden Arbeitsabläufe vereinheitlicht und die Leistungen bezüglich ihrer erforderlichen Qualität genormt. In der Regel gilt:

- Standards sind Ziele oder Gesetze,
- jeder muß sich an Standards halten – kann sie aber auch verbessern,
- Standards müssen einfach formuliert sein,
- Standards sind öffentlich und jedem zugänglich,
- Standards sollen das Beste sein und nicht der kleinste gemeinsame Nenner,
- Standards sind Arbeitshilfen, ausgerichtet auf die Ergebnissicherheit, nicht auf die Rechtssicherheit.

**Taylorismus:**
Der Taylorismus steht für das Prinzip der Arbeitsteilung. Unter Qualitätsgesichtspunkten ist dieses oft suboptimal, da Schnittstellen in der Praxis häufig zu wenig abgestimmt werden oder die Arbeitseinheiten ein „Eigenleben" entwickeln: So ist beispielsweise die Planung für die Kosten zuständig, die „Produktion" für die Termine und die Qualitätskontrolle für Qualität.

**Time to Market:**
„Time to Market" ist die Zeitspanne, die ein Unternehmen benötigt, um auf Markt- oder Kundenanforderungen, aber auch auf Anforderungen der internen Leistungsempfänger, mit adäquaten Produkten oder Dienstleistungen zu reagieren. Time to Market-Denken mündet auch in einen Zeitwettbewerb: Wer schneller ist, gewinnt das Geschäft.

**Top-down-Prinzip:**
Top-down heißt von oben nach unten. Zur Umsetzung einer gewünschten, unternehmensweiten Qualität sind Vorgaben durch das obere Manage-

ment zweckmäßig. Diese müssen für die Mitarbeiter den notwendigen Handlungsrahmen so definieren, daß die Auftragserfüllung im Sinne der (→) Eigenverantwortung relativ autonom wahrgenommen werden kann.

**TPM: Total Productive Maintenance:**
Total Productive Maintenance ist ein einfaches Konzept zur effizienten Instandhaltung und Wartung von Maschinen und Betriebsmitteln. Das Konzept geht dabei davon aus, daß die Instandhaltung von allen Mitarbeitern und nicht nur vom Instandhaltungspersonal durchgeführt wird. Ziel ist die Sicherstellung höchster Qualität bei der technischen Ausstattung.

**TPS: Toyota Production System:**
Als „Toyota Production System" wird das Organisations- und Produktionssystem der Toyota Motor Company Ltd. bezeichnet. Es ist geprägt als System ohne Zwischenlager bzw. als Lean Production System (LPS) und umfaßt zwar das gesamte Unternehmen, ist in seiner operativen Umsetzung aber besonders auf die Fertigung ausgerichtet. Dieses System wurde vom Japaner *Taiichi Ohno* entwickelt, der auch das (→) Just-in-Time-Prinzip bei Toyota einführte. Von Bedeutung ist die Funktion von TPS auf normativer und strategischer Ebene als Initialzündung zur Umsetzung von Qualitätsmanagement in Organisationen aller Art. Die Ergebnisse von TPS hatten in europäischen und amerikanischen Märkten sichtbaren Erfolg; dadurch resultierte eine Signalwirkung für die hohe Bedeutung von Qualität im Management von Unternehmen und Organisationen aller Art.

**TQC: Total Quality Control:**
Mit einem Total Quality Control-Konzept wird verhindert, daß ein Fehler durch einen gesamten Prozeß, durch eine gesamte Servicekette getragen wird und sich die Fehlerauswirkungen kumulieren. Das Konzept wurde von *Armand V. Feigenbaum* entwickelt und ist darauf ausgerichtet, daß alle Anstrengungen der verschiedenen Bereiche eines Unternehmens zur Entwicklung, Aufrechterhaltung und Verbesserung der Qualität integriert werden. TQC unterscheidet sich von der (→) Company-Wide Quality Control durch den weniger umfassenden Einbezug der Mitarbeiter sowie durch die Zuordnung vieler qualitätsbezogener Aufgaben auf eine spezielle Qualitätsabteilung. Zuständigkeiten und Verantwortlichkeiten eines jeden Mitarbeiters im Rahmen seiner Möglichkeiten werden im TQC-Konzept nach Feigenbaum nicht berücksichtigt oder spielen eine untergeordnete Rolle.

## Total Quality Management (TQM):
Total Quality Management (umfassendes, totales Qualitätsmanagement) beinhaltet als Denkweise eine umfassende Qualitätserzeugung als übergreifende Unternehmensfunktion. Sofern als Verfahren verstanden, handelt es sich um einen Ansatz zur unternehmensweiten Qualitätsverbesserung. In der Definition gemäß ISO 8402 ist Total Quality Management die Führungsmethode einer Organisation, die auf einer Mitwirkung aller ihrer Mitglieder beruht, Qualität in den Mittelpunkt stellt und durch Zufriedenstellung der Kunden auf langfristigen Geschäftserfolg sowie auf Nutzen für die Mitglieder der Organisation und für die Gesellschaft zielt.

TQM wird oft auch verwendet als Ausdruck einer Unternehmensstrategie, die auf die Erfüllung von Qualitätszielen ausgerichtet ist, wobei die Qualitätsziele aus Kundenanforderungen abgeleitet sind. TQM bedeutet in diesem Verständnis die konsequente Betrachtung von Qualität aus Kunden- bzw. Empfängersicht. Maßstab zur Ausrichtung von Qualität ist der Kunde; er bestimmt die Qualitätskriterien und das Qualitätsniveau. Das gesamte Unternehmen betreibt darauf ausgerichtet Qualitätsmanagement. Zur Verbreitung und als Anreiz zur Umsetzung von TQM werden häufig auch Wettbewerbe durchgeführt und Preise vergeben. Zu den bekanntesten zählen der (→) Deming Prize, der (→) European Quality Award und der (→) Malcolm Baldridge Quality Award.

## Transaktion:
Eine Transaktion ist die zumeist unpersönliche Abwicklung eines Geschäfts im Sinne von: „Ich bestelle, Sie liefern".

## Zertifizierung:
Eine Zertifizierung ist die Anerkennung, daß Normvorgaben erfüllt sind. Sie ist das Ergebnis einer erfolgreichen Überprüfung des Qualitätsmanagement-Systems (→ Qualitätsaudit) entlang der ISO 9000-/EN 29000-Qualitätsnormenreihen. Durch eine Zertifizierung wird dem bewerteten Unternehmen ein Zertifikat der entsprechenden Normenstufe erteilt. Dieses Zertifikat kann auch als Vertragsbestandteil in das Verhältnis Kunde zu Lieferant oder Versicherungsnehmer zu Versicherer, Versicherer zu Rückversicherer, Versicherer zu Makler etc. einbezogen werden.

## Zertifizierungsstelle:
Organisationen, welche Qualitätsmanagement-Systeme auf ISO 9000-Konformität prüfen (= auditieren) und bescheinigen (= zertifizieren), daß die ISO 9000er-Anforderungen erfüllt sind.

# Verzeichnis der Herausgeber und Autoren

### Rudolf Bätscher, Dr. oec. HSG, Winterthur

Geboren 1952. Kaufmännische Lehre. Anschließend nebenberufliche Vorbereitung auf die Matura. Betriebswirtschaftliches Studium an der Hochschule St. Gallen. Abschluß 1982 mit dem Lizentiat, 1989 mit dem Doktorat. Studienbegleitend berufliche Tätigkeit in verschiedenen Industrie- und Dienstleistungsunternehmen sowie Projektleitertätigkeit an einem Institut der Hochschule St. Gallen, verbunden mit internationaler Beratungs- und Seminartätigkeit. Seit 1988 geschäftsführender Partner der GCN AG, Winterthur.

### Helmut Fink, Dr. rer. soc. oec., Bregenz

Geboren 1964. Studium an der Wirtschaftsuniversität Wien mit Vertiefungsrichtung „Industriebetriebslehre". Praktika bei verschiedenen Industrieunternehmen. Studienaufenthalte in London und New York. 1989 bis 1992 Unternehmensberater bei McKinsey & Co., Düsseldorf, mit Projekten bei Dienstleistungs- und Konsumgüterunternehmen in Deutschland. 1992 Promotion mit einer Dissertation zum Thema „Strategische Optionen für Versicherungsunternehmen". Seit Mitte 1992 geschäftsführender Partner der GCN GmbH, Bregenz.

### Heinz Gaugler, München

Zwölf Jahre Management in verschiedenen Unternehmen der Informationstechnik: Vertriebsleiter, Division Manager, Mitglied der Geschäftsleitung. Acht Jahre Geschäftsführer der Crosby Associates Deutschland (Quality Management Consulting). Seit 1991 Geschäftsführender Gesellschafter der concito Gesellschaft für Unternehmensentwicklung mbH. Schulung von mehr als 2 000 Führungskräften in über 150 Seminaren; Autor zahlreicher Artikel über Qualität und Management, Vorträge und Lehrveranstaltungen an verschiedenen Universitäten und anderen Bildungseinrichtungen.

### Christoph Grossmann, Dr. oec. HSG, Winterthur

Geboren 1960. Studium der Betriebswirtschaft an der Hochschule St. Gallen. Praktika bei einem Rückversicherer und einem weltweit exportierenden, feinmechanischen Betrieb mit Aufenthalten in den USA. Mehrjährige Tätigkeit als Projektleiter an einem Hochschulinstitut, verbunden mit internationaler Seminartätigkeit. Seit 1988 geschäftsführender Partner der GCN AG, Winterthur. 1992 Promotion zum Dr. oec. HSG mit einer Dissertation zum Thema ,,Komplexitätsbewältigung im Management".

### Ulrich Jansen, Vorstand, Düsseldorf

Geboren 1951. Nach dem Abitur Studium der Mathematik an der Universität Köln mit Schwerpunkt in den Nebenfächern Wirtschafts- und Versicherungswissenschaften. 1977 Abschluß als Diplom-Mathematiker.

1978 Sachbearbeiter bei der Colonia Leben, im gleichen Jahr Wechsel zum Verband der Sachversicherer. 1982 Eintritt als Abteilungsleiter Kraftfahrt Betrieb und Stellvertretung des Bereichs Kraftfahrtversicherung in die Provinzial. 1985 Ernennung zum Bereichsleiter Kraftfahrtversicherung, 1990 zum stellvertretenden und 1991 zum ordentlichen Vorstandsmitglied.

### Diether Kuhn, Dr. jur., Vizedirektor, Winterthur

Aufgewachsen in Winterthur, Schulabschluß 1974 mit der Maturität Typ B. 1974 bis 1980 Jura-Studium an der Universität Zürich. Promotion mit dem Thema ,,Behandlung der Nebentätigkeit im Individualarbeitsrecht". Nach einer zweijährigen Gerichtstätigkeit Erlangung des Rechtsanwaltspatents 1986.

1985 Eintritt bei der Winterthur-Rechtsschutz. 1986 Schadenjurist im Departement Schweiz, Abteilung Haftpflicht- und Motorfahrzeugversicherungen. Von 1990 bis 1993 Leitung der Unterabteilung Schaden 2 dieser Abteilung.

Nach der Leitung eines Strategieprojektes auf Stufe Departement im Jahre 1993 übernahm er anfangs 1994 die Projektleitung ,,Aufbau eines Qualitätsmanagement-Systems".

**Rudolf Lürzer, Dr. oec. HSG, Bregenz**

Geboren 1959. Studium der Betriebswirtschaft an der Hochschule St. Gallen. 1982 Lizentiat. 1982 bis 1986 Projektleiter an einem Hochschulinstitut, verbunden mit internationaler Seminartätigkeit. 1986 Doktorat. 1987 bis 1990 Unternehmensberater bei McKinsey & Co., München mit Projekten in Industrie- und Dienstleistungsunternehmen in Deutschland und Österreich. Seit Mitte 1990 geschäftsführender Partner der GCN GmbH, Bregenz.

**Andreas Pöll, Mag. rer. soc. oec., Bregenz**

Geboren 1968. Studium der Betriebswirtschaft an der Universität Innsbruck. Studienbegleitend freiberufliche Mitarbeit bei verschiedenen Beratungsprojekten, diverse Praktika. Lehrauftrag Wirtschaftsförderungsinstitut. Projektmitarbeiter am Institut für Handel, Absatz und Marketing. 1994 berufsbegleitende Weiterbildung am „College of Insurance", New York. Seit Anfang 1994 Berater bei GCN GmbH, Bregenz.

**Josef Svoboda, Vorstandsvorsitzender, Wien**

Geboren 1934. Nach der Ausbildung zum Industriekaufmann 1951 Eintritt bei der Interunfall. 1964 mit der Leitung der gemeinsamen Datenverarbeitungsabteilung der Interunfall und der Riunione Österreich sowie 1967 mit dem Aufbau einer Abteilung für Betriebsorganisation betraut. 1973 Berufung in den Vorstand der Interunfall, zuständig für Personalwesen, Innenorganisation und Informationsverarbeitung.

Nach einem Studienaufenthalt in den USA 1975 ordentliches Vorstandsmitglied der Interunfall. 1982 Berufung in den Vorstand der RAS Österreich. Seit der Fusion Interunfall – RAS Österreich auch für Rechnungswesen und Betriebswirtschaft zuständig. Seit 1. Juli 1994 Vorsitzender des Vorstandes der Interunfall Versicherung AG. Mitglied des Exekutivkomitees des Verbandes der Versicherungsunternehmen Österreichs und Präsident des Kuratoriums für Verkehrssicherheit. Bis 1991 während vieler Jahre im Komitee für Betriebsorganisation und Datenverarbeitung des Verbandes der Versicherungsunternehmen Österreichs tätig, zunächst als stellvertretender Vorsitzender, später als Vorsitzender.

Träger des Großen Ehrenzeichens für Verdienste um die Republik Österreich.

**Ulrike Vogt, Auditorin, Frankfurt**

Diplom-Betriebswirtin. Nach einer kaufmännischen Ausbildung in der Logistikbranche als Verkehrsleiterin einer internationalen Spedition tätig.

Nach dem Studium der Betriebswirtschaft Sammlung von Erfahrungen in Dienstleistungsunternehmen in leitenden Positionen. Verantwortlich für die erfolgreiche Einführung von Qualitätsmanagement-Systemen nach der Normenreihe ISO 9000 ff. und die anschließende Zertifizierung.

Branchenbeauftragte der DQS Deutsche Gesellschaft zur Zertifizierung von Qualitätsmanagement-Systemen mbH, Frankfurt. Zuständig für das Kredit- und Versicherungsgewerbe.

# Literaturhinweise

*Ackermann, W./Lehmann, A. (Hrsg.):* Qualitätsmanagement im Versicherungsunternehmen, St. Gallen, 1990
*Adams, H. W./Löhr, V.:* Bedeutung von Qualitätssicherungssystemen in der entstehenden Haftungsgesellschaft, in: Qualität und Zuverlässigkeit, 36. Jg., 1991, S. 24 ff.
*Akao, Y.:* Quality Function Deployment. Wie Japaner Kundenwünsche in Qualitätsprodukte umsetzen, Landsberg/Lech, 1992
*Aubrey, Ch. A./Felkins, P. K.:* Teamwork. Involving People in Quality and Productivity Improvement, New York, 1988
*Bahlsen, H.:* Qualität ist unsere Stärke, in: Qualität und Zuverlässigkeit, 32. Jg., 1987, S. 325 ff.
*Band, W. A.:* Werte für den Kunden schaffen. Besonderer Kundenservice durch ganzheitliche Unternehmensstrategie, Wien, 1991
*Bätscher, R.:* Service-Management: Eine transparente Service-Konzeption als Beitrag zur Komplexitätsbewältigung in der Assekuranz, in: NET, 2/1992
*Bätscher, R./Lürzer, R.:* Service-Management – ein integraler Marketingansatz für Industrie- und Dienstleistungsunternehmen, in: Schweizerische Versicherungs-Zeitschrift, 3/4, 1991
*Bätscher, R./Lürzer, R.:* Integriertes Qualitätsmanagement in der Assekuranz (I) und (II), in: Versicherungswirtschaft, 10/1994, S 626 ff. und 11/1994, S. 687 ff.
*Becker, A.:* ISO-Norm 9001 macht Ihren Kundendienst unschlagbar, in: Impulse, 1992, Nr. 10, S. 116 ff.
*Behrens, R.:* Qualitätsmanagement in Banken, Köln, 1989
*Belz, C.:* Marketing- und Servicequalität, in: Thexis, 6. Jg., 1989, Heft 6, S. 26 ff.
*Berens, N.:* Anwendung der FMEA in Entwicklung und Produktion, Landsberg/Lech, 1989
*Berghaus/Langner:* Das CE-Zeichen, Richtlinientexte, Fundstellen der harmonisierten Normen, Zertifizierungsverfahren, Prüfstellen, München, 1994
*Bläsing, J.:* Praxishandbuch Qualitätssicherung, München, 1987
*Blechschmidt, H.:* Qualitätskosten?, in: Qualität und Zuverlässigkeit, 33. Jg., 1988, S. 442 ff.
*Bleicher, K.:* Das Konzept Integriertes Management, Frankfurt am Main, 1991
*Bösenberg, D./Metzen, H.:* Lean Management – Vorsprung durch schlanke Konzepte, Landsberg/Lech, 1993
*Brockhoff, K.:* Schnittstellen-Management, Abstimmungsprobleme zwischen Marketing und Forschung und Entwicklung, Düsseldorf, Frankfurt am Main, 1988
*Bruhn, M./Stauss, B. (Hrsg.):* Dienstleistungsqualität, Wiesbaden, 1991
*Bruhn, M.:* Qualitätssicherung im Dienstleistungsmarketing – eine Einführung in die theoretischen und praktischen Probleme, in: Bruhn, M./Stauss, B. (Hrsg.), Dienstleistungsqualität, Wiesbaden, 1991, S. 19 ff.

*Bruhn, M.:* Beschwerdemanagement, in: Harvard Manager, 8. Jg., 1986, Nr. 3, S. 104 ff.
*Bruhn, M.:* Sicherstellung der Qualität im Markt, in: Masing W. (Hrsg.), Handbuch der Qualitätssicherung, München, Wien, 1988, S. 265 ff.
*Brunner, F. J.:* Die Taguchi-Optimierungsmethode, in: Qualität und Zuverlässigkeit, 34. Jg., 1989, S. 339 ff.
*Bullinger, H.-J./Wasserloos, G.:* Innovative Unternehmensstrukturen: Paradigmen des schlanken Unternehmens, in: Office Management (1992)
*Bungard, W./Dorr, J./Lezius, W./Oess, A. (Hrsg.):* Menschen machen Qualität, Ludwigshafen, 1991
*Bungard, W./Wiendieck, G. (Hrsg.):* Qualitätszirkel als Instrument zeitgemäßer Betriebsführung, Landsberg/Lech, 1986
*Bunk, B.:* Fluktuation minimieren. Was Kunden bindet, in: Absatzwirtschaft, 35. Jg., Heft 4/92, S. 36 ff.
*Burckhardt, W. (Hrsg.):* Schlank, intelligent und schnell – So führen Sie Ihr Unternehmen zur Hochleistung, Wiesbaden, 1992
*Burdet, J. O.:* A Model for Customer-Supplier-Alliances. Strategie Customer-Supplier Alliances provide a New Approach to Marketing, in: Management Decision, 29. Jg., Heft 5, S. 28 ff.
*Buzzell, R. D./Gale, B. T.:* Das PIMS-Programm – Strategien und Unternehmenserfolg, Wiesbaden, 1989
*Camp, R. C.:* Benchmarking. The Search for Industry best Practices that lead to Superior Performance, New York, 1989
*Camp, R. C.:* Benchmarking, München, 1994
*Carlzon, J.:* Alles für den Kunden: Jan Carlzon revolutioniert ein Unternehmen, Frankfurt am Main, New York, 1989
*Coenenberg, A./Fischer, F.:* Prozeßkostenrechnung – Strategische Neuorientierung in der Kostenrechnung, in: Die Betriebswirtschaft, Nr. 5, 1991, S. 21 ff.
*Conti, T.:* Building Total Quality – A guide for management, London, 1993
*Corsten, H.:* Vergleichende Gegenüberstellung des Quality-Circle-Ansatzes mit anderen mitarbeiterorientierten Qualitätsförderungskonzepten, Teil I, in: Das Wirtschaftsstudium, 4/1987, S. 196 ff., Teil II, in: Das Wirtschaftsstudium, 5/1987, S. 250 ff.
*Crosby, P. B.:* Let's Talk Quality, New York, 1989
*Crosby, P. B.:* Qualität 2000: kundennah, teamorientiert, umfassend, München, 1994
*Crosby, P. B.:* Qualität ist machbar, Hamburg, 1986
*Crosby, P. B.:* Quality is Free, New York, 1979
*Crosby, P. B.:* Qualität bringt Gewinn, Hamburg et al., 1986
*Danzer, H. H.:* Qualitätsmanagement im Verdrängungswettbewerb, Der Schlüssel zum Überleben im Käufermarkt, Zürich, 1995
*Davidow, W. H.:* So wird Ihr Kundendienst unschlagbar, in: Harvardmanager, 12. Jg., 2. Quartal, 1990, S. 14 ff.
*Davidow, W. H./Uttal, B.:* Service total – mit perfektem Dienst am Kunden die Konkurrenz schlagen, Frankfurt am Main, New York, 1991
*Demes, H.:* Nicht euphorisch, sondern nachdenklich. Die Debatte um Lean Production in Japan, in: Die Mitbestimmung, 38. Jg., Heft 4, S. 44 ff.
*Deming, W. E.:* Out of the Crisis, Cambridge/Mass., 1986

*Deming, W. E.:* Quality, Productivity and Competitive Position, Cambridge/Mass., 1982
*Deppe, J.:* Quality Circle und Lernstatt, Wiesbaden, 1992
*Deppe, J.:* Quality Circle und Lernstatt. Ein integrierter Ansatz, Wiesbaden, 1992
*Deppe, J.:* Quality-Circle und Lernstatt – Ein integrativer Ansatz, Wiesbaden, 1989
*Deutsche Gesellschaft für Qualitätssicherung (DGQ):* Leitfaden zum Ertellen eines Qualitätshandbuches, Berlin, 1984
*Deutsche Gesellschaft für Qualitätssicherung (DGQ):* Qualitätskennzahlen und Qualitätskennzahlensysteme, Berlin, 1984
*Deutsche Marketing Vereinigung e. V./Deutsche Bundespost Postdienst (Hrsg.):* Das Deutsche Kundenbarometer: Qualität und Zufriedenheit – Eine Studie zur Kundenzufriedenheit in der Bundesrepublik Deutschland, Düsseldorf et al., 1992
*Deutsche Gesellschaft für Qualität (Hrsg.):* TQM. Total Quality Management. Unternehmensweite Verpflichtung zur Qualität, Berlin, 1990
*Diemer, R. v.:* Mitarbeiter-Motivation bei der Einführung neuer Q-Techniken, in: Qualität und Zuverlässigkeit, 36. Jg., 1991, S. 328 ff.
*Dillon, L. S.:* Can Japanese Methods be applied in the Western Workplace?, in: Quality Process, Oktober 1990, S. 27 ff.
*Dilg, P.:* Praktisches Qualitätsmanagement in der Informationstechnologie, Von der ISO 9000 zum TQM, München, 1995
*DIN (Hrsg.):* DIN ISO 9004, Qualitätsmanagement und Elemente eines Qualitätssicherungssystems, Leitfaden
*DIN – Deutsches Institut für Normung (Hrsg.):* ISO 9000–9004: Qualitätsmanagement- und Qualitätssicherungsnormen, Berlin, 1990
*DIN:* ISO 9000: Qualitätsmanagement- und Qualitätssicherungsnormen; Leitfaden zur Auswahl und Anwendung, EN 29000: 1987
*DIN:* ISO 9000, Teil 3: Qualitätsmanagement- und Qualitätssicherungsnormen; Leitfaden für die Anwendung, von ISO 9001 auf die Entwicklung, Lieferung und Wartung von Software, 1992
*DIN:* ISO 9001: Qualitätssicherungssysteme, Modell zur Darlegung der Qualitätssicherung in Design/Entwicklung, Produktion, Montage und Kundendienst, Mai 1992
*DIN:* ISO 9002: Qualitätssicherungssysteme, Modell zur Darlegung der Qualitätssicherung in Produktion, Montage, Mai 1990
*DIN:* ISO 9003: Qualitätssicherungssysteme, Modell zur Darlegung der Qualitätssicherung bei der Endprüfung, Mai 1990
*DIN:* ISO 9004: Qualitätsmanagement und Elemente eines Qualitätssicherungssystems, Leitfaden, Mai 1990
*Dunn, R. H.:* Software Qualität Konzepte und Pläne, München, 1993
*Ebeling, J.:* Qualität auf neuen Wegen – Denkweise, Strategien und aktuelle Methoden auf dem Weg von der Qualitätskontrolle zur Qualitätsbeherrschung, in: BMW AG (Hrsg.), Qualitätssicherungszentrale, München, 1988
*Eberle, W./Heidack, C.:* Qualitätsmanagement, in: Management-Enzyklopädie, Band 8, Landsberg/Lech 1984, S. 15 ff.

*Ebrahimpour, M./Cullen, J. B.:* Quality Management in Japanese and American Firms Operating in the United States – A Comparative Study of Styles and Motivational Beliefs, in: Management International Review, Vol. 33, 1993, Special Issue No. 1, S. 23 ff.
*Edosomwan, J. A.:* Productivity and Quality Improvement, Berlin, Heidelberg, New York, 1988
*Engel, P.:* Japanische Organisationsprinzipien: Verbesserung der Produktivität durch Qualitätszirkel, Zürich, 1981
*Engelhardt, W. H./Schütz, P.:* Total Quality Management – mehr als ein gutes Produkt, in: Absatzwirtschaft, 32. Jg., 1989, Sondernummer 10, S. 204 ff.
*Engelhardt, W. H./Schütz, P.:* Total Quality Management, in: Wirtschaftswissenschaftliches Studium, 20. Jg., 1991, Heft 8, S. 394 ff.
*EOQC (Hrsg.):* Qualität – Herausforderung und Chance, München, 1987
*Evans, J. R./Lindsay, W. M.:* The Management and Control of Quality, St. Paul, Mich., 1989
*Feigenbaum, A. V.:* Total Quality Control, New York, 1983
*Feigenbaum, A. V.:* Total Quality Developments into the 1990s – An international Perspective, in: EOQC (Hrsg.), Qualität – Herausforderung und Chance, München, 1987
*Finkelmann, D./Goland, T.:* Störfaktor Kunde. Guter Service ist leicht versprochen – aber das dicke Ende kommt bestimmt, in: Harvard Manager, 13. Jg., Heft 4, S. 121 ff.
*Fischer, C-A.:* Kundenzufriedenheit durch Qualitätsmanagement im Dienstleistungssektor, Winterthur, 1995
*Foerst, J.:* Entscheidungsmodell zur unternehmensspezifischen Auswahl von Funktionen des Qualitätsmanagements. Dissertation, RWTH Aachen 1994
*Forster, W.:* Qualitätsmanagement als Kulturentwicklung, in: Organisationsentwicklung, Nr. 3, 1990, S. 64 ff.
*Franke, W. D.:* Handbuch der modernen Qualitätssicherung, Landsberg/Lech, 1992
*Franke, W. D.:* FMEA – Fehlermöglichkeits- und -Einfluß-Analyse in der industriellen Praxis, Landsberg/Lech, 1990
*Franke, W. D.:* Made in Quality – Strategien und Methoden, Landsberg/Lech, 1987
*Frehr, H. U.:* Unternehmensweite Qualitätsverbesserung, in: Masing, W. (Hrsg.), Handbuch der Qualitätssicherung, München, Wien, 1988, S. 797 ff.
*Frehr, H. U.:* Total Quality Management – Unternehmensweite Qualitätsverbesserung, München, Wien, 1993
*Fröhling, O./Wullenkord, A.:* Qualitätsmangement als Herausforderung an das Controlling, in: Kostenrechnungspraxis, Nr. 4, 1991, S.171
*Garvin, D. A.:* What Does „Product Quality" Really Mean, in: Sloan Management Review, Vol. 25, 1984, S. 25 ff.
*Garvin, D. A.:* Competing on the Eight Dimensions of Quality, in: Harvard Business Review, Vol. 65, 1987, Nr. 6, S. 101 ff.
*Garvin, D. A.:* Managing-Quality: The Strategic and Competitive Edge, New York, 1988
*Gaster, D.:* Aufbauorganisation der Qualitätssicherung, Berlin, 1987
*Gaster, D.:* Systemaudit. Die Beurteilung des QS-Systems, Berlin, 1987

*Gaster, D.:* Produkt und Verfahrensaudit, Berlin, 1987
*Gaster, D.:* Qualitätsaudit, in: Masing, W. (Hrsg.), Handbuch der Qualitätssicherung, München, Wien, 1988, S. 901 ff.
*Gaugler, H./Tröndle, B.:* Die Orientierung an der Qualitäts-Prozeßkette und deren Umsetzung im Versicherungsunternehmen, in: Versicherungswirtschaft Heft 7/1995
*Geiger, W.:* Geschichte und Zukunft des Qualitätsbegriffs, in: Qualität und Zuverlässigkeit, 37. Jg., 1992, S. 33 ff.
*Gesellschaft für Arbeitsmethodik (GFA):* Methodenhandbuch der Arbeits-, Führungs- und Erfolgsmethoden für Mitglieder der GFA, Hannover, 1989
*Glaap, W.:* ISO 9000 leichtgemacht, Overath, 1993
*Glaap, W.:* ISO 9000 leichtgemacht, Praktische Hinweise und Hilfen zur Entwicklung und Einführung von QS-Systemen, München, 1993
*Goodman, J. A./Malech, A. R./Marra, T. R.:* Beschwerdepolitik unter Kosten/Nutzen-Gesichtspunkten – Lernmöglichkeiten aus den USA, in: Hansen, U./Schoenheit, I. (Hrsg.), Verbraucherunzufriedenheit und Beschwerdeverhalten, Frankfurt am Main, New York, 1987, S. 165 ff.
*Grönroos, Ch.:* Service Management and Marketing: Managing the Moments of Truth in Service Competition, Lexington, Toronto, 1990
*Groocock, J. M.:* The Chain of quality – Market dominance, New York, 1986
*Gutman, J./Reynolds, T. J.:* Developing Images for Services through Means-End Chain Analysis, in: Berry, L. L./Shostack, G. L./Ipah, G. D. (Hrsg.), Emerging Perspectives on Services Marketing, Chicago, 1983, S. 207 ff.
*Haist, F./Fromm, H.:* Qualität im Unternehmen, München, Wien, 1991
*Haist, F./Fromm, H.-J.:* Qualität im Unternehmen – Prinzipien, Methoden, Techniken München, Wien, 1989
*Harbrücker, U.:* Qualitätsmanagement in Versicherungsunternehmen, in: Versicherungswirtschaft, 13/1993, S. 817 ff.
*Harrington, H. J.:* The improvement process – How America's leading companies improve quality, New York, 1987
*Harrington, H. J.:* Poor quality cost, New York, 1987
*Hauser, J. R./Clausing, D.:* Wenn die Stimme des Kunden bis in die Produktion vordringen soll. Qualität erfordert ein enges Zusammenspiel von Produktentwicklung, Fertigung und Marketing, in: Harvard Manager, 10. Jg., IV. Quartal, 1988, Heft 4, S. 57 ff.
*Hauser, J. R./Clausing, D.:* The House of Quality, in: Harvard Business Review, Vol. 66, 1988, Nr. 3, S. 63 ff.
*Haywood-Farmer, J./Stuart, F. J.:* Measuring the Quality of Professional Services, in: Johnston, R. (Hrsg.), The Management of Service Operations, Berlin, 1988, S. 207 ff.
*Hedvall, M.-B./Paltschik, M.:* An Investigation in and Generation of Service Quality Concepts, in: Avlonitis, G. J./Papavasiliou, N./Kouremenos, A. G. (Hrsg.), Marketing Thought and Practice in the 1990s, Athens, 1989, S. 473 ff.
*Heidack, C.:* Qualitätszirkel, in: Management-Enzyklopädie, Bd. 8, Landsberg/Lech, 1984, S. 55 ff.
*Helten, E./Schmidt, H./Schneider W.:* Qualitätszirkel – Ergebnisse einer empirischen Untersuchung von Versicherungsunternehmen, in: Versicherungswirtschaft, 16/1992, S. 998 ff.

*Hentschel, B.:* Die Messung wahrgenommener Dienstleistungsqualität mit SERVQUAL. Eine kritische Auseinandersetzung, in: Marketing – Zeitschrift für Forschung und Praxis, 12. Jg., 1990, Nr. 4, S. 230 ff.

*Hentschel, B.:* Dienstleistungsqualität aus Kundensicht: Vom merkmals- zum ereignisorientierten Ansatz, Wiesbaden, 1992

*Heskett, J./Sasser, W. E./Hart, C.:* Service breakthroughs – Changing the rules of the game, Milwaukee, 1990

*Heskett, J. L./Sasser, W. E./Hart, C. W. L.:* Bahnbrechender Service – Standards für den Wettbewerb von morgen, Frankfurt am Main, New York, 1991

*Heuss, Th.:* Was ist Qualität?, Stuttgart, 1951

*Hirano, H.:* JIT Factory Revolution: A pictorial guide to factory design of the future, Cambridge/Mass., Norwalk/Conn., 1988

*Hirano, H.:* Poka-yoke – 240 Tips für Null-Fehler-Programme, Landsberg/Lech, 1992

*Höhler, G./Jürgens, U.:* Lean Production in Japan: Mythos und Realität, in: IAT/IGM/IAO/HBS (Hrsg.), Lean Production, Düsseldorf, 1992

*Horovitz, J.:* Service entscheidet, Frankfurt am Main, New York, 1990

*Horovitz, J./Panak, M. J.:* Marktführer durch Service, Frankfurt am Main, New York, 1993

*Horvath, P./Herter, R. N.:* Benchmarking, in: Controlling, 4. Jg., 1992, Nr. 1, S. 4 ff.

*Hosotani, K.:* Overview of Japanese Quality Concepts. QC Attitude and Point of View, New York, 1991

*Imai, M.:* Kontinuierliche Verbesserung der Qualität ist die einfache Wahrheit hinter Japans Erfolg. Karriere-Gespräche mit dem japanischen Top Consultant Masaaki Imai über das Kaizen-Konzept, in: Handelsblatt-Karriere, 22.11.1991, S. K1

*Imai, M.:* Kaizen – der Schlüssel zum Erfolg der Japaner im Wettbewerb, München, 1992

*Ishikawa, K.:* Quality Control in Japan, in: Zeitschrift für Betriebswirtschaft, 52. Jg., 1982, Heft 11/12, S. 1104 ff.

*Ishikawa, K.:* The Quality Control Audit, in: Quality Process, Januar 1987, S. 39 ff.

*Ishikawa, K.:* What is Total Quality Control? The Japanese Way, Englewood Cliffs/New York, 1985

*Juran, J. M.:* Quality planning and analysis – from product development through use, New York, 1980

*Juran, J. M.:* The Quality Function, in: Juran, J. M./Gryna, F. M. (Hrsg.), Juran's Quality Control Handbook, Section 2, New York, 1988

*Juran, J. M.:* Quality Control Handbook, New York, 1988

*Juran, J. M.:* Juran on Leadership for Quality, New York, 1989

*Juran, J. M.:* Handbuch der Qualitätsplanung, Landsberg/Lech, 1991

*Kami, M. J.:* 10 Prozent besser als die Konkurrenz. Worauf es ankommt – Schlüsselstrategien für den Wettbewerb, Frankfurt am Main, 1990

*Kamiske, G.:* Qualität = Technik + Geisteshaltung, in: Qualität und Zuverlässigkeit, 35. Jg., 1990, S. 251 ff.

*Kamiske, G. F.:* Das untaugliche Mittel der Qualitätskostenrechnung, in: Qualität und Zuverlässigkeit, 37. Jg., 1992, S. 11 ff.

*Kamiske, G. F. (Hrsg.):* Die Hohe Schule des Total Quality Management, Berlin, Heidelberg, 1994

*Kamiske/Brauer:* Qualitätsmanagement von A – Z, Erläuterungen moderner Begriffe des Qualitätsmanagements. München, 1994

*Kamiske, G. F./Malorny, Chr.:* Total Quality Management – Ein bestechendes Führungsmodell mit hohen Anforderungen und großen Chancen, in: Zeitschrift Führung und Organisation, 1992, Heft 5, S. 274 ff.

*Karabatsos, N. A.:* Dr. Kaoru Ishikawa: Quality Organizer, in: Quality Process, Juni 1989, S. 20 ff.

*Karatsu, H./Ikeda, T.:* Mastering the Tools of QC. Learning Through Diagrams and Illustrations, Singapore, 1987

*Kawlath, A.:* Theoretische Grundlagen der Qualitätspolitik, Wiesbaden, 1969

*Kelly, M. R.:* The Handbook of Problem Solving Tools for Quality, New York, 1991

*Kirschling, G.:* Qualitätsregelkarten, in: Masing, W. (Hrsg.), Handbuch der Qualitätssicherung, München, Wien, 1988, S. 171 ff.

*Kirstein, H.:* Deming in Deutschland?, in: Qualität und Zuverlässigkeit, 34. Jg., 1989, S. 487 ff.

*Kirstein, H.:* Audit als Managementinstrument zur Prozeßverbesserung, in: Qualität und Zuverlässigkeit, 36 Jg., 1991, S. 207 ff.

*Kirstein, H.:* Qualitätssicherung im Unternehmen: Methode – Strategie – Philosophie, in: Qualität und Zuverlässigkeit, 37 Jg., 1992, S. 400 ff.

*Klatte, H./Sondermann, J. P.:* Qualitätsplanung von Prozessen, in: Qualität und Zuverlässigkeit, 33. Jg., 1988, S. 190 ff.

*Koblauch, R./Schnabel, R. E.:* Qualität beginnt und endet beim Mitarbeiter, in: Gablers Magazin, 2/1992, S. 11 ff.

*Kohoutek, H. J.:* Coupling Quality Assurance Programms to Marketing, in: Industrial Marketing Management, 1989, S. 177 ff.

*Köster, H.:* Total Quality Management: Im Internationalen Wettbewerb bestehen, in: Qualität und Zuverlässigkeit, 37. Jg., 1992, S. 393 ff.

*Kürzl, A.:* Qualität und Qualitätsmanagement – aus der Praxis für die Praxis, Berlin, 1989

*Lammermeyr, H. U.:* Human Relations. The Key to Quality, New York, 1990

*Kromschröder, R. et. al.:* Qualität und Qualitätsmanagement in der Versicherungswirtschaft, in: Zeitschrift für Betriebswirtschaft, 62. Jg., Heft 1, S. 43

*Lehmann, A.:* Dienstleistungsmanagement – Strategien und Ansatzpunkte zur Schaffung von Servicequalität, Zürich, 1993

*Lehmann, A.:* Marketing-Qualität im Dienstleistungsmanagament – eine neue Perspektive?, in: Thexis, 6/1989, S. 46 ff.

*Lehmann, A.:* Integrierte Versicherungsstrategie – gibt es das?, in: Verkauf & Marketing, 10/1989, S. 19 ff.

*Lehmann, A.:* Qualitätsmanagement: Eine bewußte Führungsdimension für den Versicherer?, in: Versicherungswirtschaft, 11/1989, S. 664 ff.

*Lehmann, A.:* Qualitätsmanagement – gelebte Unternehmensidentität: Wege zur Quality Obsessed Company, in: Zeitschrift für das Versicherungswesen, 20/1990, S. 495 ff.

*Lehmann, A.:* Qualität und Kosten – Neue Erfolgsfaktoren stellen neue Anforderungen, in: Schweizer Versicherung, 3/1991, S. 30 ff.

*Lehmann, A.:* Top Service – Top Quality, in: Thexis, 1/1992, S. 20 ff.
*Lehmann, A.:* Total Quality Management made in USA, in: Versicherungswirtschaft, 7/1992, S. 405 ff.
*Lehmann, A.:* Dienstleistungsmanagement – Strategien und Ansatzpunkte zur Schaffung von Servicequalität, Zürich, 1993
*Lerner, F.:* Geschichte der Qualitätssicherung: in: Masing, W. (Hrsg.), Handbuch der Qualitätssicherung: München, Wien, 1988, S. 19 ff.
*Levitt, T.:* The Industrialization of Service, in: Harvard Business Review, 5/1976, S. 63 ff.
*Lewis, R. C./Booms, B. H.:* The Marketing Aspects of Service Quality, in: Berry, L. L./Shostack, G. L./Ipah, G. D. (Hrsg.), Emerging Perspectives on Services Marketing, Chicago, 1983, S. 99 ff.
*Lingenfelder, M./Schneider, W.:* Die Kundenzufriedenheit – Bedeutung, Meßkonzepte und empirische Befunde, in: Marketing-ZFP, 13. Jg., 1991, Nr. 2, S. 109 ff.
*Lisson, A. (Hrsg.):* Qualität – Die Herausforderung: Erfahrungen – Perspekiven, Berlin et al., 1987
*Little, A. D. (Hrsg.):* Management der Hochleistungsorganisation, Wiesbaden, 1989
*Little, A. D.:* Management von Spitzenqualität, Wiesbaden, 1992
*Luchs, R. H./Neubauer, F. F.:* Qualitätsmanagement: Wettbewerbsvorsprung durch Differenzierung, Frankfurt am Main, 1986
*Mählck, H./Panskus, G.:* Herausforderung Lean Production, Düsseldorf, 1993
*Malär, A.:* Praxishandbuch Organisationsinstrumente, Wien, 1990
*Malär, A.:* Praxishandbuch Führungsinstrumente, Wien, 1990
*Martin, K.:* Qualitätssicherung und Risk Management, in: versicherungswirtschaft, 44/1989, S. 1196
*Masing, W.:* Qualitätspolitik des Unternehmens, in: Masing, W. (Hrsg.), Handbuch der Qualitätssicherung, München, Wien, 1988, S. 3 ff.
*Masing, W. (Hrsg.):* Handbuch der Qualitätssicherung, München, Wien, 1988
*Masing, W.:* Null Fehler, in: Qualität und Zuverlässigkeit, 32. Jg., 1987, S. 11 ff.
*Masing, W.:* Fehlleistungsaufwand, in: Qualität und Zuverlässigkeit, 33. Jg., 1988, S. 11 ff.
*Masing, W.:* Fehlleistungsaufwand, in: Qualität und Zuverlässigkeit, 33. Jg., 1988, S. 11 ff.
*Masing, W.:* Nachdenken über qualitätsbezogene Kosten, in: Qualität und Zuverlässigkeit, 38. Jg., 1993, S. 149 ff.
*Masing, W.:* Handbuch Qualitätsmanagement, München, 1994
*Meyer, A./Mattmüller, R.:* Qualität von Dienstleistungen. Entwurf eines praxisorientierten Qualitätsmodells, in: Marketing – Zeitschrift für Forschung und Praxis, 9. Jg., 1987, Nr. 3, S. 187 ff.
*Mittag, H.-J.:* Qualitätsregelkarten, München 1993
*Mizuno, S.:* Management for Quality Improvement: The 7 new QC Tools, Milwaukee, 1988
*Mollenhauer, M./Ring, T.:* Total Quality Management – das organisierte Bewußtsein, in: Little, A. D. (Hrsg.), Management der Hochleistungsorganisation, Wiesbaden, 1989, S. 118 ff.
*Monden, Y.:* Toyota Production System, Norcross/Georg., 1983

*Müller, K.:* Einführung eines Qualitätszirkels – Konzept, Durchführung, Erfahrungen, Köln, 1987
*Müller, K. G.:* Integrierte Qualitäts-Verantwortung, in: Qualität und Zuverlässigkeit, 31. Jg., 1986, S. 403 ff.
*Murphy, J. A.:* Dienstleistungsqualität, Ein Handbuch für den praktischen Gebrauch, München, 1994
*Murphy, J. A.:* Dienstleistungsqualität in der Praxis, Ein Handbuch für den Praktischen Gebrauch, München, 1994
*Nakajima, S.:* TQM development program, Cambridge/Mass., Norwalk/Conn., 1988
*Nemoto, M.:* Total Quality Control for Management, Strategies and Techniques from Toyota and Toyoda Gosei, Englewood Cliffs/New York, 1987
*Normann, R.:* Service-Management: Strategy and Leadership in Service Businesses, New York, 1984 Wiesbaden, 1991
*Oakland, J. S.:* Total Quality Managment, Oxford u. a., 1989
*Oess, A.:* Total Quality Management, Wiesbaden, 1991
*Ohno, T.:* Toyota Production System,: Beyond Large Scale Production, Cambridge/Mass., 1988
*Ozeki, K./Asaka, T.:* Handbook of Quality Tools, Cambridge/Mass., 1990
*Parasuraman, A./Zeithaml, V. A./Berry, L. L.:* A Conceptual Model of Service Quality and Its Implications for Future Research, in: Journal of Marketing, Vol. 49, 1985, S. 41 ff.
*Park, Sung-Jo:* Was können wir von den Japanern lernen?, in: Qualität und Zuverlässigkeit, 37. Jg., 1992, S. 380 ff.
*Park, Sung-Jo/Jürgens, U./Merz, H.-P.:* Transfer des japanischen Managementsystems, Berlin, 1985
*Petrick, K./Reihlen, H.:* Qualitätssicherung und Normung, in: Masing, W. (Hrsg.), Handbuch der Qualitätssicherung, München, Wien, 1988, S. 51 ff.
*Pfeifer, T.:* Qualitätsmanagement – Strategien, Methoden, Techniken, München, 1993
*Pickert, M.:* Die Konzeption der Werbung – Determinanten, Strategien, Kommuniqués, Zürich, 1995
*Prätorius, G.:* Qualität und Umweltschutz, in: Bungard, W./Dorr, J./Lezius, W./Oess, A. (Hrsg.), Menschen machen Qualität, Ludwigshafen, 1991, S. 235 ff.
*Probst, G. J. B. (Hrsg.):* Qualitätsmanagement – ein Erfolgspotential, Bern, Stuttgart, 1983
*Quentin, H.:* Statistische Versuchsmethodik, in: Qualität und Zuverlässigkeit, 34. Jg., 1989, S. 229 ff.
*Rehm, S.:* Qualitätsbewußtsein als Eckpfeiler der Firmenphilosophie, in: Qualität und Zuverlässigkeit, 31. Jg., 1986, S. 449 ff.
*Reichheld, F. F./Sasser, W. E.:* Zero-Migration: Dienstleister im Sog der Qualitätsrevolution, in: Harvardmanager, 13. Jg., IV. Quartal, 1991, S. 108 ff.
*Reichheld, F. F./Sysser, W. E.:* Zero Defections: Quality Comes to Services, in: Harvard Business Review, September/Oktober 1990, S. 105 ff.
*Reisner, F.:* Qualität und Service im Versicherungswesen – ein managementorientierter Ansatz, in: Die Versicherungsrundschau, 6/1991, S. 189 ff.

*Riester, W.:* Die alten Strukturen der Tayloristischen Arbeitsorganisation verändern, in: Hans-Böckler-Stiftung et al. (Hrsg.), Lean Production. Schlanke Produktion. Neues Produktionskonzept humanerer Arbeit?, Düsseldorf, 1992, S. 93 ff.

*Rinne, H./Mittag, H.-J.:* Statistische Methoden der Qualitätsförderung, München, 1989

*Rinne, H./Mittag, H.-J.:* Statistische Methoden der Qualitätssicherung, München 1995

*Rossander, A. C.:* The quest for quality in services, Milwaukee, 1989

*Rothery:* Der Leitfaden zur ISO 9000, Mit QM – Musterhandbuch und Erläuterungen, München, 1994

*Sachs, M. C.:* Computergestützte Qualitätssicherung, München, 1989

*Schäfer, H.:* Eigenapital als Maßstab für die Qualität der Marketing-Arbeit (Qualität als Prozeß: Gewinnmarketing), in: Absatzwirtschaft, Sondernr: Mit Qualität gewinnen, 34. Jg., Okt. 1992, S. 196 ff.

*Scharrer, E.:* Qualität – ein betriebswirtschaftlicher Faktor?, in: Zeitschrift für Betriebswirtschaft, 61. Jg., 1991, Heft 7, S. 695 ff.

*Schildknecht, R.:* Total Quality Management – Konzeption und State of the art, Frankfurt am Main, New York, 1992

*Schlesinger, L. A./Heskett, J. L.:* Dem Kunden dienen – das müssen viele Dienstleister erst noch lernen, in: Harvardmanager, 14. Jg., I. Quartal, 1992, S. 106 ff.

*Schneider, M.:* Perfekt auf jeder Ebene, in: Manager Magazin, 21. Jg., 1991, Nr. 2, S. 132 ff.

*Schneider, W.:* Erfolgsfaktor Qualität – Einführung und Leitfaden, Berlin, 1994

*Schonberger, R. J.:* Building a Chain of Customers. Linking Business Functions to Create the World Class Company, New York, London, 1990

*Schubert, M.:* Qualitätszirkel, in: Masing, W. (Hrsg.), Handbuch der Qualitätssicherung, München, Wien, 1988, S. 829 ff.

*Schubert, M.:* Praxis der Qualitätszirkelarbeit, Berlin, 1989

*Schradin, H./Schäfer, D./Spaeth, M.:* Qualitätsmanagement in der Praxis der Versicherungsunternehmen, in: Versicherungswirtschaft, 5/1993, S. 295 ff.

*Schuler, W.:* FMEA – Ein Instrument des Risikomanagements, in: Qualität und Zuverlässigkeit, 35. Jg., 1990, S. 444 ff.

*Schulz, P.:* Fehlerursachen ermitteln, in: Qualität und Zuverlässigkeit, 32. Jg., 1987, S. 307 ff.

*Schweitzer, W./Baumgartner, C.:* Off-line-Qualitätskontrolle und statistische Versuchsplanung. Die Taguchi-Methode, in: Zeitschrift für Betriebswirtschaft, 62. Jg., Heft 1, S. 75 ff.

*Seiling, H.:* Der neue Führungsstil, Firmenqualität durch ISO 9000 ff. und TQM, München, 1994

*Seghezzi, H. D.:* Bewirtschaftung der Qualität – eine betriebswirtschaftliche Aufgabe, Zürich, 1992

*Seghezzi, H. D. (Hrsg.):* To Management and Quality, München et al., 1992

*Seghezzi, H. D. (Hrsg.):* Qualitätsstrategien, München, Wien, 1993

*Seghezzi, H. D.:* Qualitätssicherung von Neuprodukten, in: Masing, W. (Hrsg.), Handbuch der Qualitätssicherung, München, Wien, 1988, S. 331 ff.

*Seghezzi, H. D.:* Total Quality Management, in: Thexis, 6. Jg., 1989, Nr. 6, S. 21 ff.
*Seghezzi, H. D.:* Top Management and Quality, München 1992
*Shelly, Y. W.:* Product Quality and Competitive Strategy, in: Business Horizons, 30. Jg., Heft 3, 1987, S. 46 ff.
*Shingo, S.:* Das Erfolgsgeheimnis der Toyota-Produktion, Landsberg/Lech, 1992
*Siegwart, H./Seghezzi, H. D.:* Management und Qualitätssicherung, in: Probst, G. J. B. (Hrsg.), Qualitätsmanagement – ein Erfolgspotential, Bern, Stuttgart, 1983, S. 9 ff.
*Simon, W./Hess, M.:* Handbuch Qualitätszirkel. Hilfsmittel zur Produktion von Qualität, Köln, 1989
*Sinha, M. N./Willborn, W. W. O.:* The Management of Quality Assurance, New York, 1985
*Sommerlatte, H./Mollenhauer, M.:* Qualität, Kosten, Zeit – das magische Dreieck, in: Little, A. D. (Hrsg.), Management von Spitzenqualität, Wiesbaden, 1992, S. 26 ff.
*Sommerlatte, H./Ring, T.:* Qualität – deutsche Unternehmen im Aufholrennen, in: Little, A. D. (Hrsg.), Management von Spitzenqualität, Wiesbaden, 1992, S. 1 ff.
*Sondermann, P./Leist, F.:* Methodenbausteine für eine qualitätsorientierte Prozeßplanung, in: Qualität und Zuverlässigkeit, 34. Jg., 1989, S. 656 ff.
*Sondermann, J. P.:* Poka-Yoke – Hokuspokus oder notwendiges Element einer Null-Fehler-Strategie?, in: Qualität und Zuverlässigkeit, 36. Jg., 1991, S. 407 ff
*Specht, G./Schmelzer, H. J.:* Qualitäts-Management in der Produktentwicklung, Stuttgart, 1991
*Spitzner, W.: Qualität und Kosten, in: Qualität und Zuverlässigkeit, 28. Jg., 1983, S. 303 ff.*
*Staal, R.:* Qualitätszirkel-Handbuch für Praktiker, Stuttgart, 1987
*Staal, R.:* Qualitätsorientierte Unternehmensführung. Strategie und operative Umsetzung, Stuttgart, 1990
*Stalk, G.:* Time – the Next Source of Competitive Advantage, in: Harvard Business Review, Vol. 66, 1988, Nr. 4, S. 41 ff.
*Stalk, G./Hout, T. M.:* Zeitwettbewerb: Schnelligkeit entscheidet auf den Märkten der Zukunft, Frankfurt am Main, New York, 1990
*Staudt, E./Hinterwäller, H.:* Von der Qualitätssicherung zur Qualitätspolitik – Konzeption einer integralen unternehmerischen Qualitätspolitik, in: Zeitschrift für Betriebswirtschaft, 52, 1982, S. 1000 ff.
*Stauss, B./Hentschel, B.:* Verfahren der Problemdeckung und -analyse im Qualitätsmanagement von Dienstleistungsunternehmen, in: Jahrbuch der Absatz- und Verbrauchsforschung, 36. Jg., 1987, Heft 3, S. 232 ff.
*Stauss, B.:* „Augenblicke der Wahrheit" in der Dienstleistungserstellung – Ihre Relevanz und ihre Messung mit Hilfe der Kontaktpunkte-Analyse, in: Bruhn, M./Strauss, B. (Hrsg.), Dienstleistungsqualität, Wiesbaden, 1991, S. 345 ff.
*Stauss, B./Hantschel, B.:* Dienstleistungsqualität, in: Wirtschaftswissenschaftliches Studium, 5/1991, S. 238 ff.
*Stauss, B.:* Qualitätsstandards als Steuerungsgrößen für öffentliche Unternehmen, in: Die Betriebswirtschaft, 47. Jg., 1987, Nr. 5, S. 594 ff.

*Steigerwald, H.:* Quality Circles (QC) als Instrument zur Förderung von Produktivität, Innovation und Arbeitszufriedenheit, Köln, 1989
*Stern, J. C.:* Kundenorientierung durch dynamisches Qualitätsmanagement, in: Kompetenz 20, März 1993, S. 4 ff.
*Sullivan, L. P.:* The Seven Stages in Company-Wide Quality Control, in: Quality Progress, 1989, Heft 6, S. 39 ff.
*Taguchi, G.:* System of Experimental Design, Engineering Methods to Optimize Quality and Minimize Costs, New York, 1987
*Taguchi, G.:* Introduction to quality engineering – Designing quality into products and processes, Tokio, 1988
*Taguchi, G./Clausing, D.:* Radikale Ideen zur Qualitätssicherung, in: Harvard Manager, 1990, Heft 4, S. 35 ff.
*Taguchi, G.:* Quality Engineering. Minimierung von Verlusten durch Prozeßbeherrschung, München, 1989
*Thom, N.:* Das betriebliche Vorschlagswesen, in: Staudt, E. (Hrsg.), Das Management von Innovationen, Frankfurt am Main, 1986, S. 445 ff.
*Timischl, W.:* Qualitätssicherung, Statistische Methoden, München, 1995
*Tokunaga, Sh. et al.:* Japanisches Personalmanagement – ein anderer Weg?, Frankfurt am Main, 1991
*Töpfer, A./Mehdorn, H.:* Total Quality Management, Berlin, 1994
*Trumpold, H./Beck, C.:* Toleranzsysteme und Toleranzdesign – Qualität im Austauschbau, München, 1995
*Tschopp, P.:* Qualitätsmanagement – der Weg zur besseren Nutzung des Mitarbeiterpotentials, in: io Management Zeitschrift, 57. Jg., 1988, Heft 10, S. 447 ff.
*Walsh, L./Wurster, R./Kimber, R. J. (Hrsg.):* Quality Management Handbook, New York et al., 1986
*Warnecke, H.-J.:* Die Fraktale Fabrik, Berlin, Heidelberg, 1992
*Weigang, F.:* Hinweise für die Einführung eines TQC-Konzeptes, in: Qualität und Zuverlässigkeit, 33. Jg., 1988, S. 619 ff.
*Weltz, F. u. a.:* Qualitätsförderung im Büro, Frankfurt am Main, New York, 1989
*Wicher, H.:* Qualitätsmanagement in der Praxis, in: Das Wirtschaftsstudium, 1/1988, S. 40 ff.
*Wiest, R.:* Aus dem „Vorschlagswesen" wurde das Denken in Qualitätszirkeln, in: io Management Zeitschrift, 56. Jg., 1987, Heft 9, S. 393 ff.
*Wildemann, H.:* Kosten- und Leistungsbeurteilung von Qualitätssicherungssystemen, in: Zeitschrift für Betriebswirtschaft, 62. Jg., 1992, S. 761 ff.
*Wildemann, H.:* Qualität und Informationsstrategien für den Wettbewerb, München, 1993
*Wildemann, H.:* Die modulare Fabrik: Kundennahe Produktion durch Fertigungssegmentierung, München, 1988
*Wildemann, H.:* Kosten- und Leistungsbeurteilung von Qualitätssicherungssystemen, in: Zeitschrift für Betriebswirtschaft, 62. Jg., 1992, Heft 7, S. 761 ff.
*Wildemann, H.:* Qualitätsmanagement (5teilige Serie), in: Handelsblatt Nr. 81, 85, 90, 104, 27.4. bis 1.6.1992 (Rubrik: Führen, Planen, Entscheiden)
*Wildemann, H.:* Unternehmensqualität: Einführung einer kontinuierlichen Qualitätsverbesserung, München, 1993

*Womack, J. P./Jones, D. T./Roos, D.:* Die zweite Revolution in der Autoindustrie: Konsequenzen aus der weltweiten Studie des Massachusetts Institute of Technologie, Frankfurt am Main, New York, 1991

*Wonigeit, J.:* Total Quality Management – Grundzüge und Effizienzanlyse, Wiesbaden, 1994

*Zeithaml, V. A./Parasuraman, A./Berry, L. L.:* Qualitätsservice, Frankfurt am Main, New York, 1992

*Zeithaml, V. A./Parasuraman, A./Berry, L. L.:* Delivering Quality Service: Balancing Customer Perceptions and Expectations, New York, 1990

*Zeller, H.:* Qualität von Anfang an, in: Qualität und Zuverlässigkeit, 32. Jg., 1987, S. 161 ff.

*Ziegler, A./Zöller, W.:* Qualität auf dem Prüfstand. Studie zur Erfassung des Stellenwertes und der Umsetzung von Total Quality Management in Deutschland, Frankfurt am Main, 1992

*Zink, K. J.:* Qualität: Notwendigkeit – Wege – Chancen, in: IBM Nachrichten, 38. Jg., 1988, Heft 195, S. 15 ff.

*Zink, K. J.:* Qualität als Management-Aufgabe, Landsberg/Lech, 1989

*Zink, K. J. (Hrsg.):* Quality Circles 2 – Fallbeispiele, Erfahrungen, Perspektiven, München, 1986

*Zink, K. J.:* Die Bausteine eines umfassenden Qualitätsmanagements, ,,Total Quality Management" kann man nicht kaufen, in: Blick durch die Wirtschaft, Serie ,,Die neue Fabrik", Teil XIV, 13.9.1989, S. 16

*Zink, K. J. (Hrsg.):* Qualität als Managementaufgabe, Landberg/Lech, 1992

*Zink, K. J./Schick, G.:* Quality Circles 1 – Grundlagen, München, 1987 (2. Aufl.)

*Zink, K. J.:* Qualität als Herausforderung, in: Zink, K. J. (Hrsg.), Qualität als Managementaufgabe – Total Quality Management, Landberg/Lech, 1989, S. 9 ff.

# GABLER Versicherungsbücher

Werner Asmus
**Kraftfahrtversicherung**
Ein Leitfaden für Praktiker
6., vollständig überarbeitete Auflage 1994, 232 Seiten, gebunden DM 86,–
ISBN 3-409-85407-X

In diesem aktualisierten Leitfaden werden die Novellen zur Tarifordnung ebenso berücksichtigt wie wesentliche Änderungen der AKB und der Tarifbestimmungen.

Christian Pfeiffer
**Einführung in die Rückversicherung**
Das Standardwerk für Theorie und Praxis
4., neu bearbeitete Auflage, 1994, 126 Seiten, gebunden DM 58,–
ISBN 3-409-85527-0

In dieser neu bearbeiteten Auflage des Standardwerks zur Einführung in die komplexe Rückversicherungs-Materie wird dem Grundgedanken Rechnung getragen, eine anschauliche Darstellung des Instrumentariums vorzulegen, dessen sich Rückversicherer in ihrer täglichen Praxis bedienen.

Karl Sieg
**Allgemeines Versicherungsvertragsrecht**
3., vollständig überarbeitete Auflage
1994, 206 Seiten, gebunden DM 89,–
ISBN 3-409-85417-X

Diese aktualisierte Neuauflage wird erneut dem Anliegen gerecht, die spröde Materie der Vorschriften für sämtliche Versicherungszweige und für die Schadenversicherung (§§ 1–80 VVG) didaktisch aufzubereiten und das Verständnis des Gesetzes zu erleichtern.

SCG St. Gallen Consulting Group
Detlef Schmidt/Andreas E. Steinmann/Ferdinand Graf Wolf Metternich
(Herausgeber)
**Handbuch Management Versicherungsbetrieb**
1995, 636 Seiten, gebunden DM 268,–
ISBN 3-409-19908-X

Dieses Handbuch vermittelt praxisnah Ideen, Hinweise und Anregungen für strategische und operative Managementaufgaben und zeigt Lösungen auf. Die Beiträge stammen von managementerfahrenen Praktikern aus der Versicherungswirtschaft.

**GABLER**

Betriebswirtschaftlicher Verlag Dr. Th. Gabler Gmbh,
Taunusstrasse 52–54, 65183 Wiesbaden